Unendlicher Pazifik

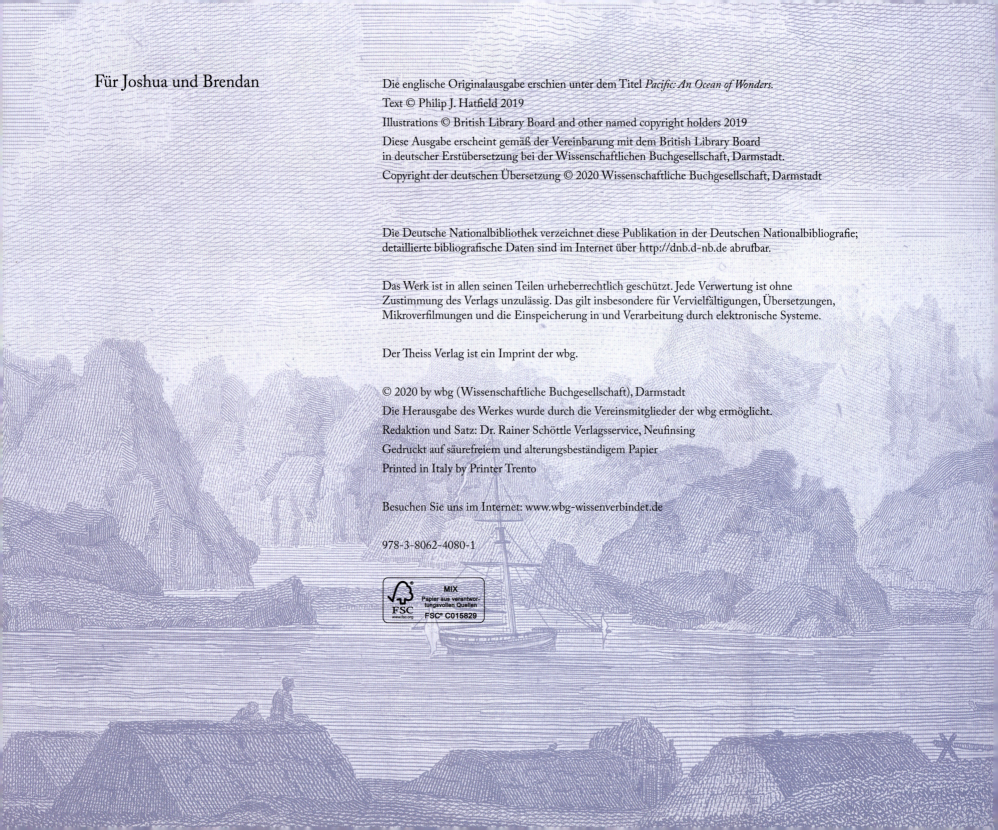

Für Joshua und Brendan

Die englische Originalausgabe erschien unter dem Titel *Pacific: An Ocean of Wonders*.
Text © Philip J. Hatfield 2019
Illustrations © British Library Board and other named copyright holders 2019
Diese Ausgabe erscheint gemäß der Vereinbarung mit dem British Library Board in deutscher Erstübersetzung bei der Wissenschaftlichen Buchgesellschaft, Darmstadt.
Copyright der deutschen Übersetzung © 2020 Wissenschaftliche Buchgesellschaft, Darmstadt

Die Deutsche Nationalbibliothek verzeichnet diese Publikation in der Deutschen Nationalbibliografie; detaillierte bibliografische Daten sind im Internet über http://dnb.d-nb.de abrufbar.

Das Werk ist in allen seinen Teilen urheberrechtlich geschützt. Jede Verwertung ist ohne Zustimmung des Verlags unzulässig. Das gilt insbesondere für Vervielfältigungen, Übersetzungen, Mikroverfilmungen und die Einspeicherung in und Verarbeitung durch elektronische Systeme.

Der Theiss Verlag ist ein Imprint der wbg.

© 2020 by wbg (Wissenschaftliche Buchgesellschaft), Darmstadt
Die Herausgabe des Werkes wurde durch die Vereinsmitglieder der wbg ermöglicht.
Redaktion und Satz: Dr. Rainer Schöttle Verlagsservice, Neufinsing
Gedruckt auf säurefreiem und alterungsbeständigem Papier
Printed in Italy by Printer Trento

Besuchen Sie uns im Internet: www.wbg-wissenverbindet.de

978-3-8062-4080-1

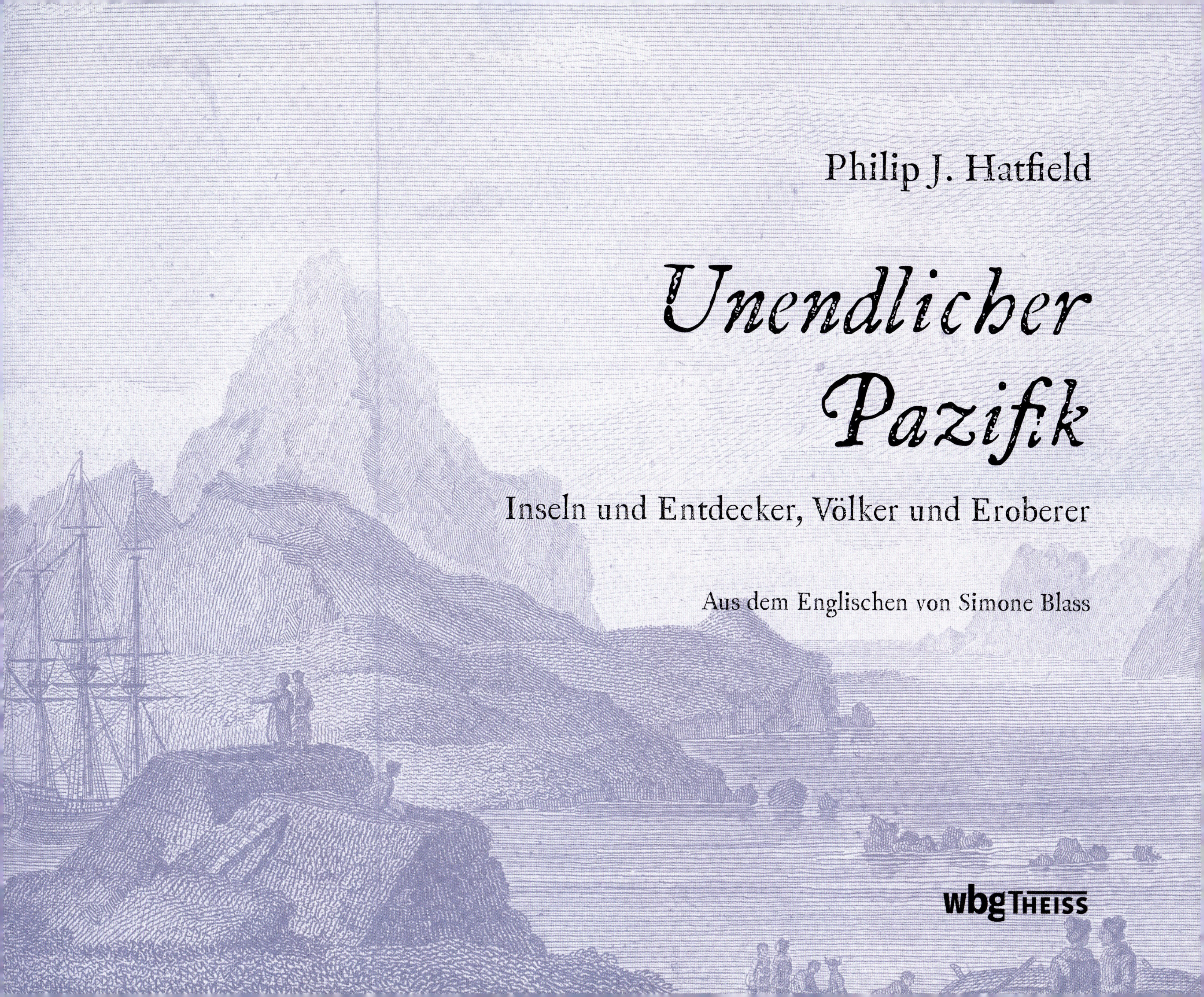

Philip J. Hatfield

Unendlicher Pazifik

Inseln und Entdecker, Völker und Eroberer

Aus dem Englischen von Simone Blass

wbg THEISS

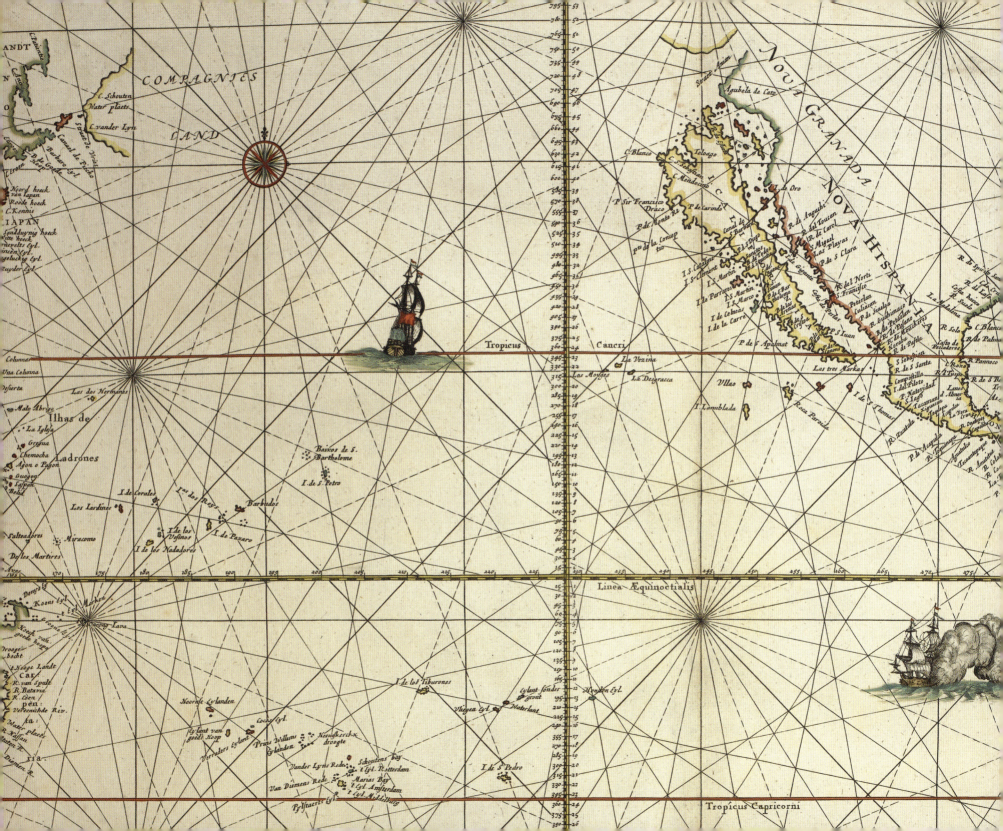

Inhalt

Einleitung 7

Teil 1
Ein Ozean und seine Völker 10

Teil 2
Das Inselreich 78

Teil 3
Inseln in einer globalisierten Welt 170

Schlusswort 208
Auswahlbibliografie 213
Danksagung 214
Bildnachweis 215
Register 220

Einleitung

Sucht man Kiritimati, die Weihnachtsinsel, auf dem Globus, so entdeckt man sie inmitten eines weiten Ozeans, umgeben von kleinen Inseln. Zwar sind die Kontinente am Rand zu erahnen, aber man sieht hauptsächlich Wasser. Das ist die Weite des Pazifischen Ozeans.

Die Menschen des Pazifiks gehören verschiedenen Volksgruppen und Kulturen an, jede mit ihrer eigenen Geschichte. Japaner, Polynesier, australische Ureinwohner, Malaysier, indigene Volksgruppen der Küste Amerikas und der Aleuten, um nur einige zu nennen, die das Land im und am Pazifik bewohnen. All diese Völker haben eine Gemeinsamkeit: ihre Beziehung zum Meer. In den letzten Jahrhunderten kamen europäische Entdecker, Händler, Walfänger und Missionare in diese Welt: Männer und Frauen, die aus den verschiedensten Gründen die Welt bereisten. Das frühe europäische Interesse lag im Handel und wurde vom Verlangen nach Handelsgütern geschürt; die Erforschung des Pazifiks war das Endziel einer Reihe von Wagnissen, die ab dem 15. Jahrhundert unternommen wurden, sei es die Umrundung des afrikanischen Kaps oder die Suche nach arktischen Handelsrouten über die Nordwest- und Nordost-Passagen. Handel im Pazifik bedeutete Geld, und Geld verschaffte eine vorteilhafte Position in der mörderischen europäischen Politik, und so begann der Pazifik unaufhaltsam die europäische Gesellschaft zu verändern und zu formen, so wie er seine eigenen Gesellschaften geformt hatte.

Dieser Ozean übte starken Einfluss auf die europäische Gedankenwelt aus, bevor Seefahrer überhaupt wussten, dass er existierte. Im Streben nach Dominanz in einer Welt des beginnenden globalen Handels suchten spanische und portugiesische Seefahrer Zugang zu den Waren und Märkten Chinas, Japans und anderer Länder in Südostasien: Königreiche, die hauptsächlich über den Pazifik zugänglich waren. Nach Spaniern und Portugiesen kamen auch Seefahrer aus England, Frankreich, Russland, den Niederlanden und schließlich den Vereinigten Staaten, als der Pazifik zum Dreh- und Angelpunkt weltpolitischer Beziehungen wurde. Im Laufe der Jahrhunderte verbanden die Europäer den Pazifik mit Vorstellungen von einsamen Inseln, Beachcombers, Piraten, Surfern, Schiffbrüchigen, Meuterern, Atomwaffentests und Kaiju-Seemonstern. Bedeutender war jedoch das wissenschaftliche Interesse, das die Mitbringsel von Seefahrern wie James Cook mit seiner *Endeavour* in Städten wie Paris und London weckten.

Zweifellos sind es seine Inseln, die den Reiz des Pazifiks ausmachen. Von großen Landmassen wie Vancouver Island bis zu den winzigen Atollen und Riffen des Südpazifiks nahmen sie Einfluss auf die Weltgeschichte. Wesentlich bedeutender waren jedoch umgekehrt die Auswirkungen der Weltgeschichte auf diese Inseln. Während Abenteurer von außerhalb des Pazifiks kamen, um zu handeln, tauschen, erforschen und Kriege zu führen, beeinflussten sie die neuere Geschichte der Völker, die im und am Pazifik leben. Diese Völker und ihre Inseln mit ihren Ökosystemen waren den enormen Folgen ausgesetzt, die das Handeln derer, die von jenseits der Grenzen des Pazifiks kamen, verursachte.

Eingeborene der südpazifischen Atolle, Vancouver Islands und anderer Regionen wurden verschleppt. Krankheiten rafften ganze Völker dahin. Menschen wurden enteignet, damit Kernwaffentests durch-

Luftaufnahme der Kiritimati (Weihnachtsinsel).

geführt werden konnten. Durch Konsumverhalten und Lebensstil anderer Gebiete der Erde drohen manche Inseln zu versinken, und bei anderen ändert sich die Umwelt merklich. Viele Völker erlebten durch die wachsende Globalisierung ein ähnliches Schicksal, aber im Pazifik wird besonders deutlich, wie die Menschen andere Kulturen beeinflussten und von ihnen beeinflusst wurden. Das zeigt sich auch darin, dass sich viele pazifische Völker auf die Vielfalt der neuen Kontakte einließen, sei es durch Handel, durch die Einbindung von Europäern in lokale Konflikte oder indem sie auf Schiffen mit europäischen Seeleuten unterwegs waren. Von den ersten spanischen Abenteurern bis zu den Reisen Captain Cooks und darüber hinaus waren Einwohner der pazifischen Inseln auf europäischen und amerikanischen Schiffen als Matrosen, Bedienstete oder auch Passagiere kein seltener Anblick.

Es sind die Menschen, die diesen Ozean bereisten, ob Eingeborene oder Seeleute vom anderen Ende der Welt, die seine Geschichte und Umwelt prägten. Heute steht der Pazifik als Zeuge der Auswirkungen der Klimaerwärmung und der Zerstörung durch Menschenhand im Fokus. Die Besiedlung der pazifischen Inseln hat jedoch schon vor langer Zeit Spuren hinterlassen. Es gab keine wirklichen Eingeborenen in diesen isolierten Gegenden, und wo auch immer Menschen angekommen sind, haben sie die Umwelt dramatisch verändert, wie die Geschichte der frühen Besiedlung Japans und später die polynesische Besiedlung Neuseelands, „Aotearoa"

auf polynesisch, zeigten. Diese Eingriffe in die Natur beschleunigten sich im Laufe der Jahrhunderte, das schlimmste Beispiel dafür sind vermutlich die Atomwaffentests auf den pazifischen Atollen. Für die Zerstörung eines Ökosystems brauchte der Mensch einst Jahrhunderte, im 20. Jahrhundert nur Sekunden.

Dieser Ozean mit seinen Inseln ist, besonders nach dem Kontakt mit Europäern im späten 15. Jahrhundert, ein eindrucksvolles Beispiel dafür, wie menschliche Gesellschaftssysteme die Umwelt, die sie umgibt, verändern, formen und zerstören. Vor allem zeigt er, wie in der Zeit der aufkommenden Kolonialherrschaft und in der späteren postkolonialen Epoche der Fluss von Waren, Kapital und Menschen auf eine Weise erfolgte, die langfristige und potenziell katastrophale Auswirkungen auf unsere Umwelt hat. Kurz gesagt sind Kapitalismus, Kolonialismus, die Entstehung der Weltmächte und demons-

Tupaia, Eine Szene in Tahiti.

trativer Konsum zusammengenommen zu einer treibenden Kraft geworden für das, was Wissenschaftler als neues geologisches Zeitalter betrachten, das Anthropozän. Während die Notwendigkeit des Umdenkens in diesem Buch eine große Rolle spielt, zeigt eine kurze Geschichte der miteinander verbundenen Regionen des Pazifiks auch, wie menschliche Gesellschaften dazu beitragen können, die Welt, die sie umgibt, zu erhalten und zu schützen. Dieses Buch ist eine illustrierte Geschichte dieser Einflüsse und der intensiven Beziehung zwischen den pazifischen Inseln und dem Rest der Welt. Karten, Fotos, Bücher und andere Dinge zeigen, wie die Völker des Pazifiks diesen vernetzten Ozean erschaffen haben, der in die globale Gedankenwelt eingesickert ist, und wie der Rest der Welt von den Menschen und Kulturen des Pazifiks wahrgenommen wird. Vor allem aber zeigt sich, wie der Pazifik einerseits Wellen der Besiedlung und Kolonialisierungsexperimente über sich ergehen lassen musste, andererseits aber auch Ankerpunkt für die Entwicklung einheimischer Politik und Unabhängigkeit ist. Dieses Buch widmet sich der langen Geschichte von der Besiedlung des Pazifiks und dem frühen menschlichen Einfluss auf die Inseln an, wobei der Schwerpunkt auf dem 16. Jahrhundert und der Zeit danach liegt. Das ist die Phase, in der die Europäer den Pazifik entdeckten und ihn als ein weiteres Glied in die Kette ihres weltweiten Engagements einsetzten, die bis heute Bestand hat.

Die drei Teile des Buches legen den Fokus jeweils auf die frühgeschichtliche Bindung zwischen Mensch und Pazifik, auf die Kolonialisierung, die mit dem Wirken Captain Cooks und anderen begann, und auf die Neuzeit vom späten 19. Jahrhundert bis heute. Dabei geht es nicht nur darum, wie die Europäer den Pazifik sahen, sondern auch um die Beziehung der Pazifik-Insulaner zu der Welt, die sie umgibt. Über die Arbeit von Menschen wie Tupaia, Charles Darwin und Joseph Banks hat der Pazifik unsere Sicht auf die Welt nachhaltig geprägt und kann dies auch weiterhin tun. Das Buch möchte, kurz gesagt, die Bedeutung eines Ozeans hervorheben, der nahezu ein Drittel der Erdoberfläche bedeckt und nicht nur seine Umwelt, sondern auch die Menschen seiner Umgebung entscheidend geformt hat.

Teil 1
Ein Ozean und seine Völker

Die pazifischen Inseln zu betrachten, ohne die drastischen Auswirkungen der menschlichen Besiedlung zu bemerken, ist nicht möglich. Ökosysteme von Inseln sind fragil, oft entwickeln sie sich ohne Anwesenheit bedeutender Fleischfresser oder bieten Schutz für Pflanzen und Tiere, die näher an kontinentalen Landmassen keine Chance haben. Das war die zoologische und ornithologische Situation, die polynesische Seefahrer vorfanden, als sie Neuseeland (Aotearoa) besiedelten. Als die Maori sich auf den beiden Hauptinseln niederließen, waren sie die Domäne von gigantischen pflanzenfressenden Laufvögeln und furchteinflößenden Greifvögeln. Einige Jahrhunderte nach dem menschlichen Kontakt mit diesen Inseln und ihren Ökosystemen waren viele Spezies bereits verschwunden. Nicht nur, weil die Maori-Siedler jagten und Ackerbau betrieben, sondern auch, weil sie eine Vielzahl biologischer Akteure mit sich brachten. Neue Pflanzen und invasive Spezies waren Mitreisende bei jeder menschlichen Migration und veränderten das vorherrschende Ökosystem, und die Völker, die die pazifischen Inseln besiedelten, bildeten keine Ausnahme.

Wenn wir diese Faktoren mit dem Wirken menschlicher Gesellschaften an sich kombinieren, beginnen wir zu verstehen, warum die pazifischen Inseln unbestreitbar von Menschen geformte Landschaften sind.

Diese kurze Geschichte des Pazifiks soll unseren Blick vom eurozentrierten Geschichtswissen über diesen Ozean darauf lenken, wie eine Vielzahl miteinander vernetzter Völker sich auf den Pazifik eingelassen hat, auf seine Ökologie und auf andere Kulturen, die in ihm leben. Dieser neue Blickwinkel ist zu einem Großteil Epeli Hau'ofas Vorstellung eines „Ozeans der Inseln" zu verdanken, nach welcher der Schlüssel zum Verständnis der Geschichte des Pazifiks darin liegt, die umfassende Vernetzung seiner Inseln und Kulturen zu begreifen. Durch die demografischen Differenzierungen, die europäische Theoretiker auf den Pazifik anwenden, nehmen wir ihn nicht als vernetzten Bereich wahr, in dem Reisende und Seefahrer jahrhundertelang geforscht, gesiedelt, gehandelt, Kriege geführt und nebeneinander existiert haben und den Ozean, seine Strömungen und Winde, als Verbindung nutzten. Betrachten wir die Geschichte des Pazifiks jedoch aus Hau'ofas Perspektive, begreifen wir nicht nur diese Vernetzung, sondern beginnen auch den Einfluss der verschiedenen menschlichen Gesellschaften auf den Pazifik und seine Inseln zu verstehen.

Dieser erste Teil des Buches untersucht die Anfänge der menschlichen Besiedlung und die reichen Kulturen, die vor der Ankunft europäischer Seefahrer im Pazifik existierten, sowie die Veränderungen, die die Ankunft der Europäer in diesem gigantischen Teil der Erde mit sich brachten. Er beschreibt die Ankunft der Europäer im Pazifik als dramatischen und oftmals traumatischen Einschnitt, dennoch waren die Veränderungen im täglichen Leben auf dem Ozean geringer, als wir vielleicht annehmen. Der Kontakt ermöglichte vor allem die enge Verbindung des Pazifiks und seiner Inseln mit dem Rest der Welt und, zufällig oder gewollt, auch veränderte Gesellschaftsformen; dennoch entstand durch die Ankunft von Spaniern, Portugiesen und Holländern kaum etwas völlig Neues. Stattdessen drängten sich die Europäer in eine Welt unterschiedlicher Gesellschaften, wertvoller Handelsgüter, komplexer Verbindungen und Abhängigkeiten, die schon vor ihrer Ankunft bestand.

Ein Ozean der Boote

Dieses Buch erzählt die Geschichte eines Inselreiches in einem weiten Ozean und die seiner Menschen. Es ist nahezu unmöglich, dass Inselvölker in völliger Isolation leben können. Sie benötigen die Verbindung zu anderen Kulturen, Nahrungsquellen und Handelsgütern, um nur das Notwendigste zu nennen. Ohne Verbindung zur Außenwelt kann die Entwicklung stagnieren, das Entstehen gesellschaftlicher Schichtungen kann zu Unruhen, ja gar zu Kriegen führen und Übervölkerung kann das Ökosystem einer Insel aus dem Gleichgewicht bringen. Damit dies nicht geschieht, muss es den Inselvölkern möglich sein, den Ozean, der sie umgibt, als Verbindungsweg, Nahrungsquelle und Handelsroute für die Dinge des täglichen Lebens zu nutzen. Die Voraussetzung dafür sind ozeantaugliche Boote, die das Überleben und Gedeihen eines Inselvolkes sichern.

Die hier gezeigte Bildmontage ist ein kleiner Querschnitt durch die verschiedenen Modelle, die von pazifischen Völkern für diverse Aktivitäten genutzt wurden. Einige davon, wie die aleutische *Baidarka*, wurden für den Transport und für die Jagd zu Wasser, zu Lande und auf dem Eis entwickelt. Japanische und chinesische Boote spielten sowohl im täglichen Leben als auch für Regierungsgeschäfte eine große Rolle; sie dienten nicht nur dem Fischfang, sondern auch der Kommunikation, dem Handel und dem Warentransport im Pazifik. Die Boote Tahitis und Neuseelands wiederum waren für Zeremonien und zur Kriegsführung ausgestattet. Vor allem aber beförderten diese Wasserfahrzeuge ganze Gesellschaften durch den Pazifik, wie das Beispiel der polynesischen *Waʻa Kaulua* zeigt.

Die hier dargestellten Szenen datieren aus der späteren Geschichte des Pazifiks; sie stammen aus den Aufzeichnungen europäischer Seefahrer und ihrer Mitreisenden. Dennoch geben uns diese Werke eine Vorstellung von der Vielfalt der Boote und auch der Aufgaben, die die Menschen im Pazifik mit ihnen bewältigten. Die Sorgfalt, die auf die Zeichnungen verwendet wurde, bringt zum Ausdruck, wie fasziniert die europäischen Forscher von diesen Eingeborenenbooten waren, denen sie sehr häufig im Pazifik begegneten. Die zentrale Rolle, die das Leben auf dem Wasser einnahm, ist auch in einer weiteren Illustration aus dieser Zeit dargestellt, diesmal jedoch aus der Perspektive der Eingeborenen. Tupaia, ein von der Insel Raiatea stammender Priester, der von Tahiti aus mit Cook auf der *Endeavour* reiste, malte *Eine Szene in Tahiti:* eines aus einer Reihe von Bildern, die Teil der Sammlung von Sir Joseph Banks wurden.

Tupaia fertigte während seiner Zeit mit Cook Illustrationen von Orten und Menschen an, viele mit Betonung auf gesellschaftliche Strukturen und religiöse Elemente verschiedener Kulturen. In diesem Kontext ist die Bedeutung des Wassers und der Boote, die darauf fuhren, auch aus der Sicht der Eingeborenen in Tupaias Zeichnungen zu erkennen. Nicht nur die Europäer beschäftigten sich damit. Die verschiedenen Boote, die auf dem Pazifik vor, während und nach der Ankunft der Europäer zum Einsatz kamen, waren die treibende Kraft dieses Ozeans und seiner Inseln; sie vereinfachten die Nutzung des Wassers, Beobachtungen des Himmels und die Festlegung von Seewegen, die den Pazifik durchzogen.

Boote, mit denen der Pazifik befahren wurde.

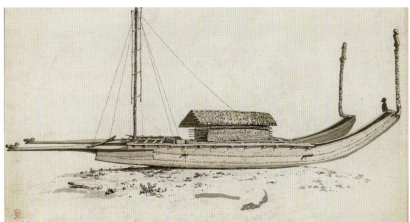

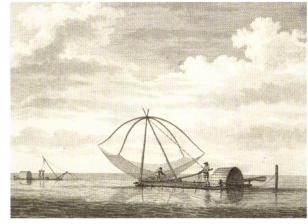

Verbundene Völker

Die menschliche Besiedlung des Pazifiks war ein früher, komplexer Prozess im Zuge der Ausbreitung der Menschheit über den Erdball. Sie erfolgte auf vielen Inseln im West- und Südpazifik durch die Ausbreitung menschlicher Populationen über Asien, während die Besiedlung mehr nördlich und östlich gelegener Inseln durch Wanderungsbewegungen in Richtung des amerikanischen Kontinents vonstatten ging. Sogar weit im Osten des Pazifiks, in Orten wie Rapa Nui (Osterinsel), gab es Populationen, deren Vorfahren westpazifische Völker waren, die Archäologen als austronesisch und später als Lapita-Völker bezeichneten.

Archäologische Funde lassen vermuten, dass um 3000 vor unserer Zeitrechnung austronesische Völker nach Taiwan einwanderten und sich dann südlich, südöstlich und südwestlich der Insel verbreiteten. Sie waren allerdings nicht immer die ersten Einwohner der Inseln, die sie besiedelten, sondern trafen auf bereits existierende Populationen,

Vor Kurzem rekonstruiertes Lapita-Gefäß aus dem Vanuatu National Museum.

z.B. in Neuguinea. Die Austronesier übten jedoch entscheidenden Einfluss auf die Inseln aus, mit denen sie in Kontakt kamen. Sie brachten Pflanzen und Tiere mit, die die Ökologie der Inseln veränderten, sie entwickelten begehrte Gebrauchsgegenstände und begannen Handelsreisen, wodurch sich die Inselvölker weiter vermischten.

Die austronesischen Siedler und die Lebenswelten, mit denen sie in Kontakt kamen, schufen ein kulturelles Netzwerk, das einen Großteil der heutigen Salomonen, Neukaledonien, Neuguinea, Vanuatu, Fidschi, Samoa und Tonga umfasste und als Lapita-Kultur bezeichnet wird. Damit ist eine Gruppe von Kulturen gemeint, die Keramiken eines bestimmten Stils herstellte und damit handelte; Lapita ist der Name des wichtigsten Fundorts dieser Keramiken in Neukaledonien. Die Keramik ist durch ihre wiederkehrenden geometrischen Muster und der seltenen Abbildung anthropomorpher Gesichter und Figuren gekennzeichnet. Für viele pazifische Völker, besonders für die, die nach europäischer Einteilung den melanesischen, mikronesischen, und polynesischen kulturellen Gruppen angehören, ist diese Keramik der direkte Vorfahr der heutigen Volkskunst.

Die geografische Verbreitung der Lapita-Keramik zeigt auch, wie vernetzt die pazifischen Inseln bereits in der Frühgeschichte der menschlichen Besiedlung waren. Ihre Verbreitung über die heutigen Gebiete Melanesiens, Mikronesiens und Polynesiens lässt den Schluss zu, dass ein kultureller Austausch über große Entfernungen möglich war, zeigt aber vor allem, dass regelrechte Handelsrouten existierten. Seit Beginn der Besiedlung unterhielten die Pazifikinsulaner aus diesem Teil des Ozeans dynamische Verbindungen zwischen den Völkern der Inseln. Das Gleiche gilt für Völker in anderen Pazifik-Regionen: Funde in Indonesien, Japan, auf den Aleuten und weiteren Gebieten deuten auf komplexe Beziehungen zwischen den Inseln und dem nahe gelegenen, kulturell verwandten Festland hin. Die Verbreitung der Keramik ist auch ein Zeichen für den Einfluss, den diese Kulturen auf die Inseln und den Ozean hatten, denn jedes Handwerk benötigt Menschen, Rohstoffe und ein Transportmittel. Die Rohstoffe wurden aus der natürlichen Umgebung gewonnen; daher dürften bereits die ersten Siedler die Inseln, auf denen sie zu Hause waren, entscheidend verändert haben.

Seefahrt und frühe Reiche

Die Netzwerke auf dem Pazifik wuchsen und veränderten sich mit der Zeit, manchmal auf erstaunliche Weise. Eine der außergewöhnlichsten Expansionen im Pazifik war die Besiedlung Neuseelands (Aotearoa) durch polynesische Seefahrer. Zu den notwendigen Voraussetzungen dafür gehörte die Navigationstechnik. Die Orientierung auf dem Meer beinhaltet viele Komponenten: Wind und Meeresströmungen, die Position von Sonne, Mond und Sternen und die An- oder Abwesenheit bestimmter Tiere, besonders Vögel. Als Ganzes bilden sie eine komplexe Faktorenkombination zur Navigation auf dem Ozean.

In der Geschichte der Maori spielt die historische Figur Kupe eine zentrale Rolle in der Entdeckung Neuseelands. Kupe stammte aus Hawaiki, möglicherweise Teil des heutigen Tahitis, und erreichte Aotearoa nach der erstaunlich langen Verfolgung eines Oktopus. Viele Maori-Ortsnamen haben ihren Ursprung in der Legende von Kupe, ebenso wie der Name Aotearoa („Land der langen weißen Wolke"), den Kupes Frau Kuramārōtini für die Nordinsel Neuseelands wählte. Die hier dargestellte Schnitzerei aus dem Portal des Waipapa Marae Meeting House auf dem Campus der Universität von Auckland zeigt Kupe mit einem Paddel im Kampf mit dem Oktopus; sie ist ein Beweis dafür, wie stark Kupes Legende in der Maori-Kultur verankert ist.

Kupes Reise und die nachfolgende Besiedlung Neuseelands sind ein Beispiel dafür, wie die Netzwerke des Pazifiks wachsen konnten. Anderswo im Westpazifik waren es bestehende Verbindungen zwischen den Inseln, die zunehmend komplexe Strukturen ausbildeten. In Vanuatu schaffte es der oberste Häuptling Roi Mata zu Beginn des 12. Jahrhunderts, durch geschicktes Taktieren unter Zuhilfenahme zeremonieller Rituale verschiedener Gruppen, die sich bekriegten, zu befrieden, und sorgte so für sichere Häfen und Seewege. Damit konnten die Verbindungen und Netzwerke dieser Region weiter gefestigt werden. Vor Roi Matas Aufstieg hatte das Reich der Tuʻi Tonga begonnen, eine komplexe kulturelle und politische Hegemonialherrschaft zu errichten, die diese Region des Pazifiks über fünfhundert Jahre formen und bis zum heutigen Tag prägen sollte. Das Tongaische Reich war ein Inselnetzwerk, geprägt von Handel und Tributleistungen, das von herrschenden Familiengruppen zusammengehalten wurde. Diese Familien und ihre Oberhäupter beherrschen auch den Handel mit kulturell wertvollen Gütern wie gewebten Matten, die ihren Besitzern gesellschaftliches Prestige verliehen.

Kupes Orientierungstechnik, das Handelsnetzwerk des Tongaischen Reiches und die zeremoniellen Praktiken, die die Basis von Roi Matas Macht bildeten, entwickelten sich aus der kulturellen Vermischung, die durch die Verbreitung der Lapita-Völker entstand. Diese Gruppen, die Siedlungen, die sie errichteten, und die Beziehungen, die sie zu anderen kulturellen Gemeinden in ihrer Nähe knüpften, führten zu den Kulturen, die als melanesische, mikronesische und polynesische Völker begrifflich zusammengefasst werden. Deren kontinuierliche Weiterentwicklung, für die hier einige Beispiele genannt wurden, führte schließlich zur Vorstellung einer vereinten und vernetzten Gemeinschaft, die sich über den Süd- und Westpazifik erstreckte. Diese Vorstellung existiert immer noch in vielen Kreisen und wird in diesem Buch immer wieder eine Rolle spielen.

Diese Schnitzerei stellt Kupe mit einem Paddel dar, Waipapa Marae, Universität von Auckland.

Leben vom Ozean

Jedes Inselvolk kann nur mit und durch den Ozean leben. Auch die Ökologie größerer Inseln kann menschliche Populationen in nennenswertem Umfang nicht dauerhaft ernähren; deshalb wird das Meer zu einer wichtigen Quelle für Nahrung und Ressourcen, ganz zu schweigen von bestimmten Mineralstoffen, die an Land schwer zu erhalten sind. Folglich haben es Inselgemeinden im gesamten Pazifik stets verstanden, den Ozean oft auf besondere Weise auszubeuten. Für die Inselvölker Nordamerikas, wie die Nuu-Chah-Nulth und weitere Gruppen aus dem heutigen Vancouver Island, war der Gabentisch des Ozeans während der jährlichen Lachswanderung besonders reich gedeckt. Die Ausbeute ist sogar heute noch groß genug, um ganze Gemeinden und zahlreiche Tierarten der Nahrungskette nordamerikanischer Ökosysteme durch den Winter zu bringen. Der Fisch wird mit Booten, Schnüren, Netzen und verschiedenen lokalen Methoden gefangen, stets mit demselben Ziel: eine Kalorien- und Mineralstoffquelle zu erhalten, die getrocknet werden kann, um die Menschen in der mageren Jahreszeit zu ernähren. Andernorts im Pazifik war der Walfang eine wichtige Nahrungsquelle und wurde zum kulturellen Erbe. Die Bewohner der Aleuten und japanische Walfänger sind nur zwei Gruppen, bei denen die Jagd auf verschiedene Walarten die Hauptnahrungsquelle und einen Bestandteil der Handelskultur darstellte.

Mit der Verbesserung seiner Methoden wurde der Wal- und Fischfang im Pazifik über die Jahrhunderte auch immer problematischer, führte viele Arten an den Rand des Aussterbens und verwüstete ganze Ökosysteme in Teilen des Ozeans. Die Folge ist die Einführung strenger Fangquoten beim Walfang, und der Fischfang wird von den Staaten, die Fangrechte im Pazifik besitzen, zunehmend reglementiert und kontrolliert. Dennoch ist es wichtig, die fundamentale Bedeutung zu verstehen, die Jagd und Fischerei für viele pazifische Völker hatten und haben. Sogar der Walfang spielte eine wichtige Rolle für diesen Ozean und seine Völker, er ermöglichte den Kontakt zueinander und zu anderen Teilen der Erde. Er formte diese Wasserwelt und unser Verständnis davon.

Über die Ressourcen aus dem Meer und den Handel mit ihnen entstanden auch Erzählungen, die von der langen Geschichte der Vernetzung zwischen den Menschen in dieser Meerlandschaft berichten. Es herrscht der verbreitete Irrglaube vor, dass die Entdeckung Australiens durch die Europäer den australischen Eingeborenen den ersten Kontakt mit Fremden bescherte. In Wahrheit kamen Händler von den Inseln des heutigen Indonesiens an die Nordküste Australiens, um Trepang (Seegurken) zu erwerben, die in China sehr gefragt waren. Das bedeutet, dass Torres-Strait-Insulaner wie die Muralag und auch Aborigines der Nordküste wie die Yadhaigana schon lange vor der Ankunft der Europäer auf diesem Kontinent zum komplexen Handelsnetz des Pazifiks gehörten. Auch hier sehen wir die Bedeutung der Ressourcen des Ozeans für den Unterhalt menschlicher Gesellschaften im gesamten Pazifikraum und als Verbindungsmedium dieser Gemeinschaften in einem weit gespannten Netz gegenseitiger Abhängigkeit.

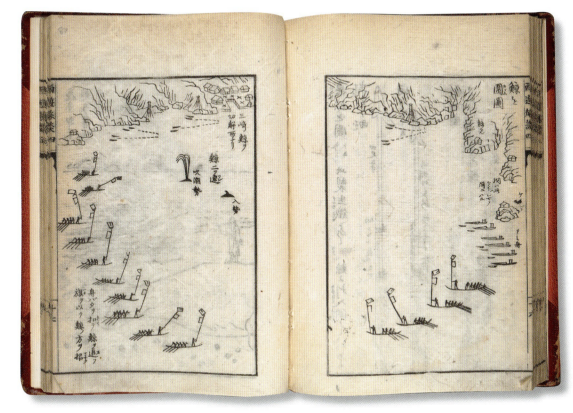

(Links) Walfang vor der Küste der Goto-Inseln von Hokusai.

(Oben) Insulaner der Aleuten beim Walfang.

(Unten und umseitig) Japanischer Walfang, von Ezu Saiyudan, 1803.

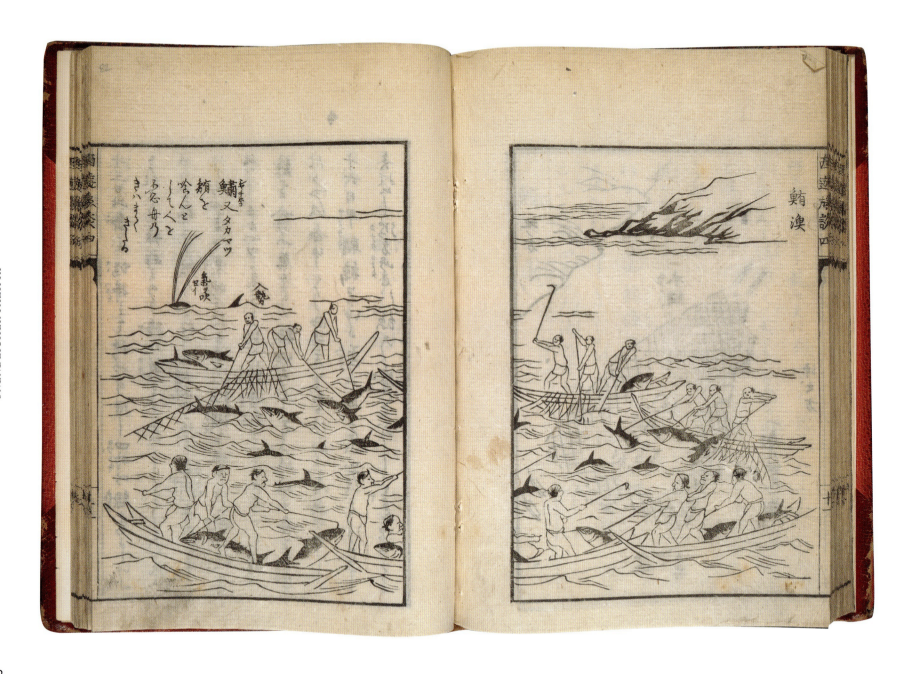

Die Inseln Nordamerikas

In der Frühgeschichte des vernetzten Pazifiks waren die nordamerikanischen Inseln getrennt von denen des West- und Südpazifiks. Durch ihre geografische Lage unterhielten diese Inseln, zu denen die Aleuten im Nordpazifik und Vancouver Island an der Regenküste des nordamerikanischen Kontinents zählen, andere Beziehungen als die bisher beschriebenen. Die Aleuten sind mit großer Wahrscheinlichkeit die Überreste der Landbrücke, die die Besiedlung von Eurasien nach Nordamerika ermöglichte, und spielen daher eine wichtige Rolle für die Ausbreitung des Menschen um den ganzen Globus. Auf ähnliche Weise bildeten Inseln wie Vancouver Island kulturelle Dreh- und Angelpunkte im Netzwerk diverser indigener Kulturen, die sich in Nordamerika entwickelten.

Die Gemeinden, die sich auf Inseln wie Vancouver Island bildeten und zu Gruppen innerhalb der Nuu-chah-nulth und der Küsten-Salish entwickelten, waren auf andere Art vom Ozean abhängig als die bereits erwähnten. Der Ozean mit seinen Rand- und Nebenmeeren war auch hier ein wichtiger Kanal für Kommunikation, Handel und gesellschaftliche Vermischung. Die Boote der eingeborenen Küstenvölker,

Amerikanische Ureinwohner beim Fischen in Kalifornien.

(Rechts) Lachswehre der Kenaitze.

selbst einfache Plankenboote *(tiat)*, wie sie in Harris' *Navigantium* dargestellt sind, wurden beispielsweise von den südkalifornischen Chumash als Pendelboote an der Küste, auf Wasserwegen im Inland und zum Übersetzen auf nahe gelegene Inseln verwendet.

Das Nahrungsangebot aus dem Ozean hatte in Nordamerika jedoch einen besonderen Stellenwert. Die alljährliche Lachswanderung in die Flüsse von Vancouver Island und andernorts an der Pazifikküste Nordamerikas ist das beste Beispiel dafür. Nach Jahren im Ozean kehren die Lachse an ihren Geburtsort zurück. Sie schwimmen weite Strecken flussaufwärts, um dort in Kiesbetten zu laichen, die ihrem Nachwuchs Schutz bieten, bis die jungen Lachse groß genug sind, um selbst in den Ozean zu schwimmen. Durch die Lachswanderung gelangt der Pazifik ins nordamerikanische Festland. Nährstoffe aus dem Meer werden mit den Lachsen über große Distanzen transportiert, bevor sie Teil der Nahrungskette für Mensch und Landtiere werden.

Die Gemeinschaften auf Vancouver Island entwickelten dadurch besondere kulturelle Praktiken und überhaupt eine andere Beziehung zum Meer. Der Ozean sorgte nicht nur für ein zeitweiliges Überangebot an Nahrung im Jahr, sondern auch für Bestandteile des Ökosystems, die Stämme wie die Nuu-chah-nulth auch zu anderen Jahreszeiten für die Ernährung nutzten. Die Lachswanderung bedeutete auch die Entwicklung von autonomen, ortsgebundenen Gesellschaften, die in großen Gruppen lebten. Diese Gemeinschaften fanden die europäischen Händler und Missionare vor, als sie sich zur nordamerikanischen Pazifikküste vorarbeiteten.

Unglücklicherweise bedeutete die relative Isolation der nordamerikanischen Pazifikinsulaner auch, dass sie weniger immun gegen eingeschleppte Krankheiten waren als die Inselbewohner in andern Teilen des Pazifiks. Unbekannte Krankheiten waren eine drohende Gefahr für alle Pazifikbewohner, besonders nach dem Eintreffen der Europäer. Diejenigen, die bereits Handelsbeziehungen zum eurasischen Festland unterhielten, hatten eine größere Chance, europäischen Krankheiten standzuhalten, aber die nordamerikanischen Insulaner hatten weniger Glück, und die Ankunft der Europäer hatte oft katastrophale Folgen.

Trinkrituale

Auch die Trinkkultur ist ein bedeutender Teil der Geschichte und war lange Zeit ein Bindeglied der pazifischen Welt und ihrer Inseln. *Malok, Yagona, Sakau, 'Awa, 'Ava* und *Kava* sind einige der vielen Namen für ein Getränk aus der Wurzel der Kavapflanze. In Polynesien, Mikronesien und Melanesien ist Kava in vielen Gemeinschaften ein Zeremonialgetränk zur Festigung von Bindungen und zum Knüpfen neuer Beziehungen. Auch die Pflanze selbst veranschaulicht die Vernetzung des Pazifiks und seiner Bewohner, denn auch sie muss während der Besiedlung, wie viele Pflanzen und Tiere, mit den neuen Siedlern von Insel zu Insel gereist sein. Ein weiteres Beispiel biologischer Invasion in die Ökosysteme der Inseln, die durch die Ausbreitung des Menschen über die Jahrhunderte immer einfacher wurde.

Das Getränk und die zugehörigen Zeremonien waren und sind Bestandteil vieler Gesellschaften in dieser Region und ein Medium für soziale, kulturelle und politische Bindungen. Für viele sind Kava und Kava-Schale auch heute noch ein Sinnbild der Geselligkeit in Freundeskreis und Familie. Kava kann sogar bei informellen Gelegenheiten ein formales, verbindendes Element sein. Die hier dargestellte Illustration von John Webber zeigt, dass das Trinken von Kava im gesamten sozialen Spektrum verankert ist, als gesellschaftliches und politisches Werkzeug bei formellen königlichen Zeremonien ebenso wie im täglichen Familienleben. Deshalb war die Kava-Schale für Europäer, die Inseln besuchten, auf denen das Getränk und die Schale Bestandteil der Kultur waren, oft auch ein Mittel zur Sozialisation.

Trinkrituale gibt es auf der ganzen Welt, und sie sind auch in vielen pazifischen Kulturen Bestandteil gesellschaftlichen Lebens. Ein weiteres Beispiel ist die Rolle des Sake in Japan. Pazifische Völker nutzten diese Getränke und ihre Rituale, um Verbindungen mit ihrem weiteren Umfeld zu knüpfen. Das zeigt der Palmwein Tuba, ein alkoholisches Getränk aus dem vergorenen Saft der Kokospalme, sehr anschaulich. Vor der Ankunft spanischer Seefahrer und Händler war er ein philippinisches Nationalgetränk, danach zirkulierte er bald auf den ozeanweiten Handelsrouten der Spanier. Dadurch fand dieses Getränk der Philippinen schnell seinen Weg auf das südamerikanische Festland, wo es heute noch getrunken wird.

Dieser Export von Kulturelementen und ihre Assimilation war jahrhundertelang ein wichtiger Teil des Austausches zwischen den pazifischen Inseln und ihrem kontinentalen Hinterland, mit Produkten und Riten als Mittler bei Begegnungen mit neuen Gruppen. Kurz gesagt, das Teilen von Getränken, Wissen und Erfahrungen gehörte lange Zeit zum Leben der pazifischen Völker und jenen, die mit ihnen in Kontakt kamen.

John Webber, Poulaho, König der Freundschaftsinseln, beim Kavatrinken.

China, die treibende Kraft

Chinas Kultur, Wirtschaft und Handel waren lange die treibende Kraft hinter dem Menschen- und Warenfluss im Pazifischen Ozean – wie wir am Beispiel des Handels mit der Seegurke (Trepang) sahen. Durch alle Dynastien war der chinesische Einfluss im Süden und Osten der Ozeanregion sehr komplex und in irgendeiner Form immer präsent. Vor der Ankunft der Europäer waren einige der pazifischen Inseln ein Teil von Chinas Handelsnetzwerk für Waren wie Trepang und Gewürze, und als Gemeinwesen unterlagen sie einer Tributpflicht, deren Durchsetzung mit der Macht der jeweiligen Dynastie stand und fiel.

Die Reisen des Admirals Zheng He (鄭和), eines berühmten Seemanns, Forschers und Diplomaten der Ming-Dynastie, sind ein Ausdruck der frühen chinesischen Dominanz in dieser Region. Zwischen 1405 und 1433 wurde er mit einer Vielzahl von Expeditionen im Westpazifik und im Indischen Ozean betraut. Er reiste sogar weit genug, um von einem afrikanischen Königreich eine Giraffe als Tribut heimzubringen. Der Admiral sollte mit seinen Reisen die Macht des Ming-Kaisers im Westpazifik stärken und das Tributsystem um verschiedene kleinere

Reiche, Stadtstaaten und Inseln, die er auf seinen Reisen ansteuerte, erweitern. Seltene Gewürze, Mineralien und Handelsgüter kamen auf diese Weise ins Land. Der Erfolg des Admirals beruhte nicht zuletzt auf seinem spektakulären Auftreten. Zheng He befehligte eine Flotte aus Hunderten von Schiffen, die unterschiedliche Aufgaben erfüllten; einige davon waren Meisterwerke nach dem damaligen Stand der Technik. Alten Aufzeichnungen zufolge sollen die prunkvollen Hauptschiffe mehrere Hundert Meter lang gewesen sein, mit vier Decks und sieben Masten. Eine Vielzahl von Seeleuten und Hilfskräften heuerten für die Reisen an, auch Köche und Steuereintreiber waren mit an Bord.

Chinas außergewöhnliches Engagement im Pazifik unter Zheng He wurde später nicht fortgeführt. Die nachfolgenden Kaiser zeigten wenig Interesse an einer Ausweitung der Kontrolle über die maritime Sphäre, aber das pazifische Netzwerk aus Handelsbeziehungen und Tributzahlungen blieb auf verschiedene Weise noch jahrhundertelang von Bedeutung für das chinesische Reich. Interessant ist auch, wie sich Zheng Hes Expeditionen von Beginn an und noch Jahrhunderte danach auf die Kulturen des Pazifiks auswirkten. Der Admiral selbst war Muslim und hatte die Aufgabe, Tributzahlungen von den vielen muslimischen Staaten einzutreiben, die sich in der Region der heutigen Philippinen, Indonesiens und Malaysias entwickelten. Seine Flotten waren schwimmende Städte, deshalb reiste er mit Tausenden von Menschen, die bei ihm anheuerten. Es ist kaum anzunehmen, dass diese Matrosen und sonstigen Arbeitskräfte eine homogene Gruppe bildeten, die alle in China an Bord gingen und bis zum Ende der Expedition auf den Schiffen blieben.

Einige werden von verschiedenen Inseln aus zur Flotte gestoßen sein, während andere in den Städten und Häfen anheuerten, die der Admiral anlief. Zheng Hes Expeditionen dürften ein bedeutender Faktor für die kulturelle Vermischung im Westpazifik gewesen sein: Menschen unterschiedlicher Herkunft kamen nicht nur miteinander in Kontakt, sondern sie verteilten und vermischten sich über große Distanzen als Teil der auf Tributforderungen basierenden Netzwerke des chinesischen Reiches.

(*Links*) Zheng He auf einem Boot, aus *Records of the Western Ocean*, ca. 1600.

(*Rechts*) Zheng Hes Schiff und Route, aus *Wubei Zhi*, ca. 1644.

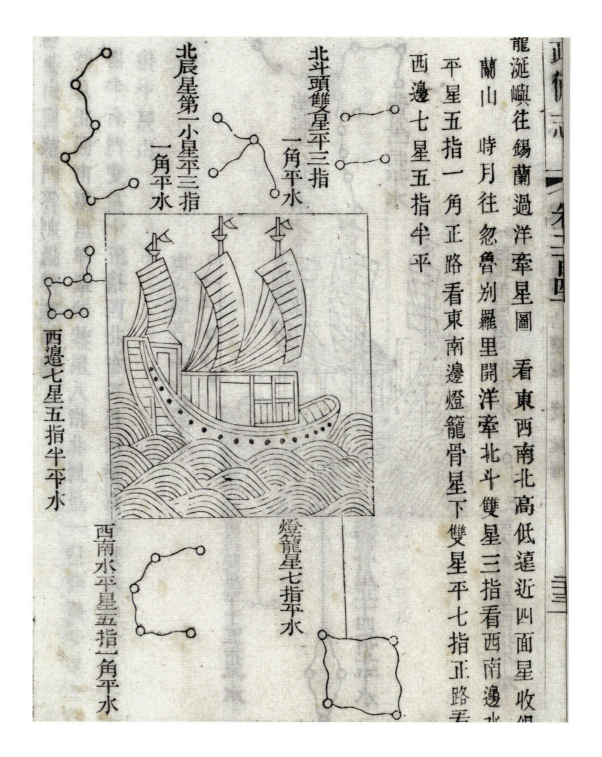

Marco Polos „Locach"

In der frühen Neuzeit gab es viele Motive für das europäische Interesse am Pazifik. Ein wichtiges Ziel war es, einen Seeweg für den Gewürzhandel und einen maritimen Zugang zu den wertvollen Waren der chinesischen Märkte zu finden. Eine weitere Motivation für europäische Pazifikexpeditionen lag bis zum 18. Jahrhundert in der Suche nach *Terra Australis,* dem großen südlichen Land. Der Glaube an die Existenz eines solchen Landes hatte verschiedene Ursachen. Eine davon war die theoretische Spekulation von Kartografen und Geografen, dass die Kontinente der nördlichen Hemisphäre als Gegengewicht eine Landmasse im Süden benötigten. Sehr früh bereits waren aber auch finanzielle Interessen im Spiel.

Den Anstoß dazu gaben die Fahrten Marco Polos (1254–1324) und die anschließende Interpretation seiner Reiseberichte. In *Die Wunder der Welt* erzählt er über seine Zeit am Hof von Kublai Khan, dem Begründer der chinesischen Yuan-Dynastie. Darin erwähnt er Gebiete südlich von China, die er „Locach" nannte, mit fantastischen Reichtümern und Goldschätzen und Sitz großer Königreiche. Viele einflussreiche Leser glaubten, Marco

Polo berichte von König- und Kaiserreichen, die China in Größe, Ausmaß und Reichtum glichen, deshalb müsse es einen weiteren Kontinent geben, der diese beherbergte. Die Vorstellung eines Kontinents „Locach" oder *Terra Australis* begann sich in den Köpfen Europas festzusetzen.

Die hier gezeigte Karte von Paolo Forlani aus dem Jahr 1571, deren Vorbild Giacomo Gastaldis Weltkarte von 1546 war, zeigt, welche Ausmaße man *Terra Australis* zuschrieb. Auch Marco Polos Nomenklatur wurde für den Teil des Kontinents südlich von Asien übernommen, hier als „Terra De Lvcach" [Locach] bezeichnet. Forlanis Karte deutet auch die Reichtümer dieses Landes an, keine Königreiche, aber eine Landschaft mit Kamelen, Rhinozerossen und sogar Einhörnern. Sie zeugt von der Faszination, die der imaginäre Kontinent auf die Europäer dieser Zeit ausübte. Solche Vorstellungen befeuerten verschiedene Expeditionen, darunter auch jene unter der Leitung des englischen Kapitäns James Cook, die sich aufmachten, dieses Land zu suchen. Die Hoffnung war, ein weites Land, opulent ausgestattet mit wertvollen natürlichen Ressourcen, zu entdecken.

Ein wichtiger Faktor bei der Suche nach *Terra Australis* war die angenommene Größe dieses Landes. Wissenschaftler gehen heute davon aus, dass die großen und wohlhabenden Königreiche, die Marco Polo beschrieb, im Reich der Khmer angesiedelt waren. Die „goldenen Türme" und

(*Oben*) Miniatur, Der große Khan, aus Marco Polos *Wunder der Welt.*

(*Rechts*) Paolo Forlanis Weltkarte, 1571.

weitere bemerkenswerte Details bezogen sich möglicherweise auf historische Stätten wie Angkor Wat. Zweifelsohne war die Rede von bedeutenden Königreichen mit großem Ressourcenreichtum; Marco Polos Ausführungen sind hier allerdings von subjektiver Wahrnehmung geprägt: Die Ausmaße dieser Reiche waren weit geringer als jene, die die europäischen Forscher zu finden hofften. Als die Wahrscheinlichkeit dafür schwand, blieb dennoch der Wunsch bestehen, irgendwo ein weites, ressourcenreiches Land zu entdecken. Die Suche nach diesem Land formte das europäische Verständnis vom Pazifik und seinen Inseln.

Die Europäer, der Pazifik und der Handel mit China

Bevor portugiesische und spanische Seefahrer versuchten, neue Wege nach Asien zu finden, war der Handel mit dem Osten bereits jahrhundertelang ein bedeutender Bestandteil der europäischen Wirtschaft. Vor dem 15. Jahrhundert gab es Handelsrouten über Land, die von Asien nach Europa führten und Stadtstaaten wie Venedig, als Tor zu den Waren aus dem Orient, unsagbaren Reichtum bescherten. Der Osten war für Europäer die Quelle sowohl für Gewürze wie Pfeffer und Muskat als auch für handgearbeitete Luxusgüter wie Seidenteppiche.

Obwohl der Handel über diese Routen schwierig war – verschiedene lokale Zentren, konkurrierende Waren und Transporte über weite Strecken – nahmen zwei Namen in der Vorstellung der Europäer vom Asienhandel großen Raum ein: „Cathay" (China) und Japan. Berichte von Asienreisenden, wie die Erzählungen von Marco Polo, ließen ein Bild von Reichtümern und Handelsmöglichkeiten entstehen, die vor allem in China zu finden waren. Dennoch blieben diese beiden Länder ein Mysterium, Teil eines großen Gebietes im Fernen Osten, das zusammen mit dem Königreich Locach in *Terra Australis* nicht nur erforscht, sondern auch über direkte Handelsrouten mit europäischen Königreichen verbunden werden musste. Es standen zu viele Hindernisse – und zu viele Feinde – zwischen ihnen und dem Handel mit dem Fernen Osten. Weltkarten aus dem 15. und 16. Jahrhundert zeigen, wie sehr die Europäer begonnen hatten, sich mit dem Fernen Osten zu beschäftigen. *Mappae mundi* und ihre auf den Mittleren Osten fokussierte Welt wurden langsam an den Rand gedrängt und ersetzt durch Portolankarten – Seekarten, wie sie in der Mittelmeerregion verwendet wurden – oder auch die bahnbrechenden Karten Gerard Mercators, in der konstante Steuerkurse eingezeichnet waren. Die Europäer legten immer größeres Augenmerk auf Seewege und Königreiche im Fernen Osten als auf die geografische Erfassung einer Welt, die durch Umrisse von Kontinenten und Gebiete mit religiösen Prägungen definiert war. Zwar existierten diese Vorstellungen noch, wurden aber von einer zunehmend merkantilen Welt verdrängt, wie die hier gezeigten Karten von Joan Martines eindrucksvoll belegen.

Martines, Kartograf König Philipps II. von Spanien, erstellte Ende des 16. Jahrhunderts einen Atlas nach dem damaligen Kenntnisstand der Welt. Darin berücksichtigte er die wesentlichen Erkenntnisse aus den Berichten über Forschungsreisen früherer Jahrhunderte, die unter anderem dem Bestreben galten, Handelsbeziehungen mit Asien zu begründen. Deshalb war der Atlas stark auf die westlichen Bereiche des Pazifiks fokussiert, mit Karten, die Japan, China, die Philippinen und Indonesien zeigten. Obwohl der Atlas relativ spät entstand, weisen die Karten dieser Region noch bedeutende Fehler auf, wie bei der Anordnung der japanischen Inseln. Angesichts dieser unscharfen Geografie, sogar in Bezug auf Regionen, die mit Europa in Kontakt standen, wird verständlich, warum die Vorstellung eines geheimnisvollen südlichen Kontinents jahrhundertelang existieren konnte.

Die Karten zeigen auch die Bedeutung dieses Teils der Erde für die Entdecker und die Königreiche, die sie repräsentierten. Die Abenteurer suchten weiter nach einem Seeweg nach Asien, und der führte über den Pazifik.

Indonesien, Karte von Joan Martines, 1578.

Die Gewürzinseln unter europäischer Herrschaft

Trotz der Reichtümer, die der Handel mit China bot, waren es vermutlich die Gewürzinseln, die zu Indonesien gehörigen Molukken, die den größten Reiz auf europäische Seefahrer ausübten. Gewürze waren in Europa sehr begehrt, und trotz der hohen Kosten für den Transport über die kontinentalen Handelsrouten versprach der Handel mit ihnen auf Märkten wie Venedig große Gewinne. Der Plan, per Schiff nach Ostindien zu reisen, die Gewürze dort direkt zu erwerben und auf diese Weise die Beschaffungskosten zu senken, stieß bei den portugiesischen und spanischen Seefahrern auf größtes Interesse. Die Portugiesen versuchten im späten 15. Jahrhundert nach Asien zu segeln und umrundeten bereits 1488 das Kap der guten Hoffnung, aber Indien erreichten sie erst 1497 durch eine von Vasco da Gama geleitete Expedition.

Das portugiesische Königreich war nun zwar in der Lage, direkt mit Asien Handel zu treiben, aber die Europäer hatten keine wertvollen Güter, die sie auf den asiatischen Märkten anbieten konnten, um sie gegen die begehrten Gewürze zu tauschen. Gewalt und Nötigung waren die Folge und wurden effektiv eingesetzt; wichtige Häfen wie Malakka fielen im frühen 16. Jahrhundert in portugiesische Hände. Von diesem Zeitpunkt an gab es kein Zurück für die Malaiische Halbinsel und mit der Zeit auch für den gesamten Pazifik. Die Europäer waren gekommen und blieben, sie drangen in weitere Gebiete vor und nahmen sich, was sie konnten, aus den Häfen, Inseln und Königreichen, auf die sie trafen. Die Portugiesen nahmen wichtige Gebiete der Malaiischen Halbinsel ein, während die Spanier versuchten, die Gewürzinseln über den Pazifik zu erreichen. Später versuchten Holländer, Engländer und weitere Nationen, sich in den Handel zu drängen, und waren damit mehr oder weniger erfolgreich.

Das Interesse der Holländer an den Gewürzinseln wird im Werk *Oud en Nieuw Oost-Indien Vervattende* (1724) dargestellt, das die Aktivitäten der Niederländischen Ostindien-Kompanie, besonders auf der Malaiischen Halbinsel, eindrucksvoll illustriert. Es werden die begehrten Gewürze beschrieben – Pfeffer, Gewürznelken, Muskat usw. – ebenso die wichtigsten Orte und Befestigungen der Region. Als das Buch im 18. Jahrhundert veröffentlicht wurde, hatten sich die Machtverhältnisse zu Ungunsten der Portugiesen gedreht, dennoch waren die Inseln fest in europäischer Hand. Die Malaiische Halbinsel war ein stark militarisiertes Territorium geworden mit Zwangs- und sogar Sklavenarbeit, Plantagenwirtschaft und der Zerstörung ganzer Ökosysteme – alles im Namen des Handels.

Während die Plantagenwirtschaft oft verheerende Auswirkungen auf die Umwelt hatte, war der Gewürzhandel auf eine andere Art zerstörerisch. Im Versuch, Produktion und Verkauf der Gewürze zu steuern, dezimierten die Handelsgesellschaften ganze Gegenden des Wildwuchses, damit die Gewürze nur aus den Plantagen erworben werden konnten. Die Etablierung des Handels bedeutete nicht nur die Verankerung europäischer Entdecker und finanzieller Interessen im Pazifik, sondern läutete auch dramatische Veränderungen in den Ökosystemen der pazifischen Inseln ein.

(Rechts) Karte der Banda-Inseln, aus *Oud en Nieuw Oost-Indien Vervattende*, 1724.

(Umseitig) Petrus Plancius, „Insulae Moluccae" (Gewürzinseln), 1617.

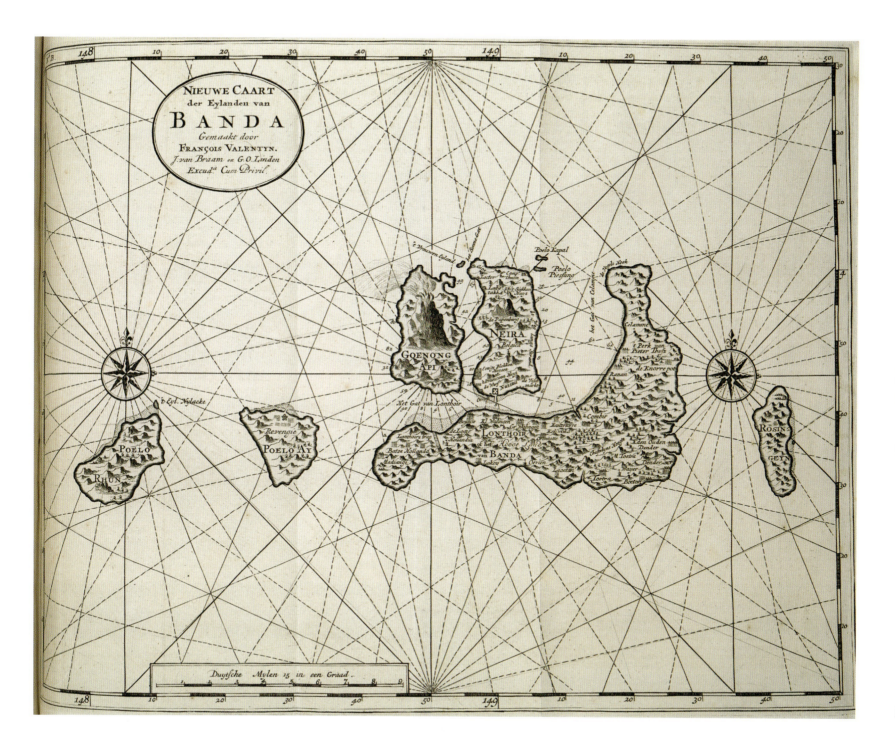

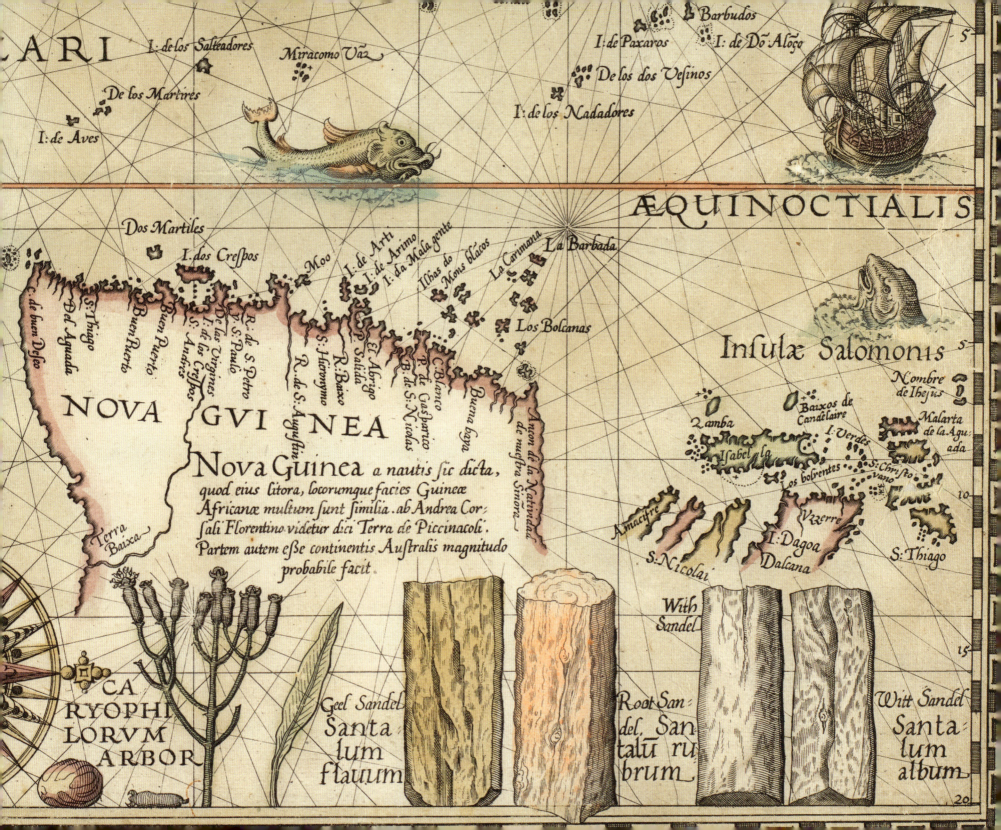

Der Islam und der Pazifik

Die religiösen Netzwerke des Pazifiks sind komplex und existierten bereits Jahrhunderte vor Ankunft des Christentums. Neben den jeweils eigenen Religionen der Inseln waren bis zum 15. Jahrhundert auch hinduistische, buddhistische und islamische Traditionen Teil der pazifischen Kulturen geworden. Besonders die islamische Welt hat eine alteingeführte Beziehung zum Westpazifik. Arabische Aufzeichnungen bestätigen den Kontakt zu den Gewürzinseln und darüber hinaus spätestens seit dem 10. Jahrhundert. Im 15. Jahrhundert wurden viele bedeutende Inseln und Häfen im Westpazifik von Anhängern des islamischen Glaubens regiert, auch die der Malaiischen Halbinsel, die die Hauptorte des Gewürzhandels darstellten.

Die Frühgeschichte des Islams im Pazifik geht auf die Prediger zurück, die sich in den Häfen und Städten des Gewürzhandels niederließen. Bis zum 15. Jahrhundert hatten sich jedoch dynamische Veränderungen ergeben. Mächtige islamische Führer stellten sich gegen die großen Königreiche Südostasiens, wie Siam, und gründeten ihre eigenen Siedlungen oder agierten als Piraten und überfielen die Handelsschiffe und Siedlungen der Umgebung. Parameswara (1344–1413), der letzte König von Singapur, ist ein anschauliches Beispiel dafür. Er floh, als die Majapahiten einfielen, und gründete 1402 die Siedlung und den Handelshafen Malakka. Malakka kontrollierte bald den Handelsverkehr durch einen der wichtigsten, aber schmalen Zugänge zum Pazifischen Ozean. Es wird angenommen, dass Parameswara zum Islam konvertierte und so zum Sultan von Malakka wurde. Viele bedeutende Handelshäfen und Inseln in diesem Gebiet waren bereits Sultanate und ihre Einwohner damit islamischen Glaubens, als die Europäer zur Malaiischen Halbinsel und zum Pazifischen Ozean gelangten.

(Oben) Illustration der Moschee von Ternate, entstanden während der Reise von Jules Dumant d'Urville, 1837–1840.

(Links) Karte von Achem mit Moschee auf der Insel Sumatra.

Dieser Umstand führte zu Konflikten zwischen den europäischen Christen und den Muslimen des Pazifiks. Die Europäer versuchten sich mit Gewalt in den profitablen Gewürzhandel und die sonstigen Geschäfte mit China und Japan zu drängen. Trotz dieser Bestrebungen und ungeachtet des Wirkens der eifrigen christlichen Missionare, die im Schlepptau der Seefahrer kamen, blieb der Islam eine bedeutende Religion in diesem Gebiet. Spätere Aufzeichnung und Illustrationen über Volk, Architektur und Glaubensriten bestätigen die Präsenz des Islams in der Pazifikregion.

Der Islam hat seine eigene Geschichte aggressiver Expansion im Pazifik, wie andere Religionen auch, die sich in diesem Teil der Welt ausgebreitet haben. Er war jedoch in vielen Gebieten bereits verankert und politisch dominant, als die ersten Europäer ankamen. Deshalb galten der Islam und die islamisch geprägten Sultanate oft als Bollwerk gegen die aggressiven Kolonialansprüche der Europäer. Es entstand ein kompliziertes Geflecht aus Spaltungen und Abhängigkeiten, das bis heute im Pazifik anzutreffen ist und immer noch manches von der religiösen, kulturellen und politischen Situation widerspiegelt, in welche die Europäer im späten 15. Jahrhundert eindrangen.

Der erste Weltumsegler

Die Jagd der beiden großen Seemächte, Portugal und Spanien, nach neuen Handelsrouten führte zum Vertrag von Tordesillas (1494), der einen bewaffneten Konflikt verhindern sollte und die jeweiligen Hoheitsgebiete auf See festlegte. Grob gesagt, fielen die Routen in den Osten via Afrika den Portugiesen und ihren Handelsunternehmungen zu, während Länder und Seewege in den Westen (außer einem Teil des heutigen Brasiliens) die Domäne der spanischen Krone waren. Dadurch hatte Spanien Zugang zu den Reichtümern Amerikas und Portugal kontrollierte den Seehandel mit dem Osten. Die Portugiesen nutzten das weidlich aus und hatten bedeutenden Einfluss auf die politischen Machtverhältnisse, Handelsnetzwerke und Kulturen der Gewürzinseln; 1511 fiel Malakka an Portugal. Ein Mann, der zu dieser wichtigen Zeit für den portugiesischen Handel auf den Plan trat, war Fernão de Magalhães (Ferdinand Magellan, 1480–1521).

In späterer Zeit wechselte Magellan zum spanischen Königshof, in der Hoffnung, unter spanischer Flagge eine Expedition zur Westseite des amerikanischen Kontinents leiten zu können. 1513 war Vasco Núñez de Balboa (ca. 1475–1519) in den Pazifischen Ozean gewatet und hatte das „Südmeer" für Spanien in Besitz genommen. Ein wichtiges Thema war allerdings die Frage, wo denn nun die im Vertrag von Tordesillas vereinbarten Grenzen auf der anderen Seite der Welt genau verliefen. Diese Grenze musste irgendwo westlich des amerikanischen Kontinents sein, möglicherweise so weit westlich, dass einige der östlichsten portugiesischen Territorien, darunter die Gewürzinseln, im spanischen Kontrollbereich lagen. Das musste erforscht werden, und Magellan, der an eine Passage zum Pazifik im Süden von Amerika glaubte, beharrte darauf, diese Expedition zu leiten.

Magellan verließ Spanien im September 1519 mit vier Schiffen und erforschte ein Jahr lang die Ostküste Südamerikas, bevor er im Oktober 1520 Cape Virgenes umrundete und eine Meerenge (die heutige Magellanstraße) entdeckte. Die Reise hindurch war lang und beschwerlich, nach Nebel, Riffen und Eisbergen erreichte man eine weite, ruhige See. Voll der Freude ob seines Erfolges nannte er sie „Stiller Ozean" *(Mar Pacifico)*. Doch die Schwierigkeiten nahmen kein Ende. Obwohl der Pazifik voller Inseln ist, traf Magellan auf kein Land, bis er die Philippinen erreichte. Eine denkwürdige Reise, begleitet von Mühsal, Hunger, Krankheit und Tod. Nachdem er die Inseln im Westpazifik erreicht hatte, wurde Magellan in lokale Konflikte verwickelt, während er versuchte, die Eingeborenen zu christianisieren. Er starb im April 1521 auf der Insel Mactan, und der Rest seiner Crew vollendete die berühmte Weltumsegelung.

„Enrique de Malacca", ein Mitglied dieser Crew, stand seit seiner Zeit in Ostindien in Magellans Diensten. Tatsächlich stammte Enrique aus dem Malaiischen Archipel, höchstwahrscheinlich aus Cebu, einer Insel der Philippinen, und als Magellans Expedition die Inseln im März 1521 erreichte, war es vermutlich Enrique, der als Erster die Welt umrundet hatte. Obwohl sie nahezu alle Inseln des Pazifiks verfehlt hatten, schrieb die Expedition, und mit ihr Enrique, Weltgeschichte.

Diese Weltkarte von Battista Agnese zeigt die Route von Magellans Flotte, 1540.

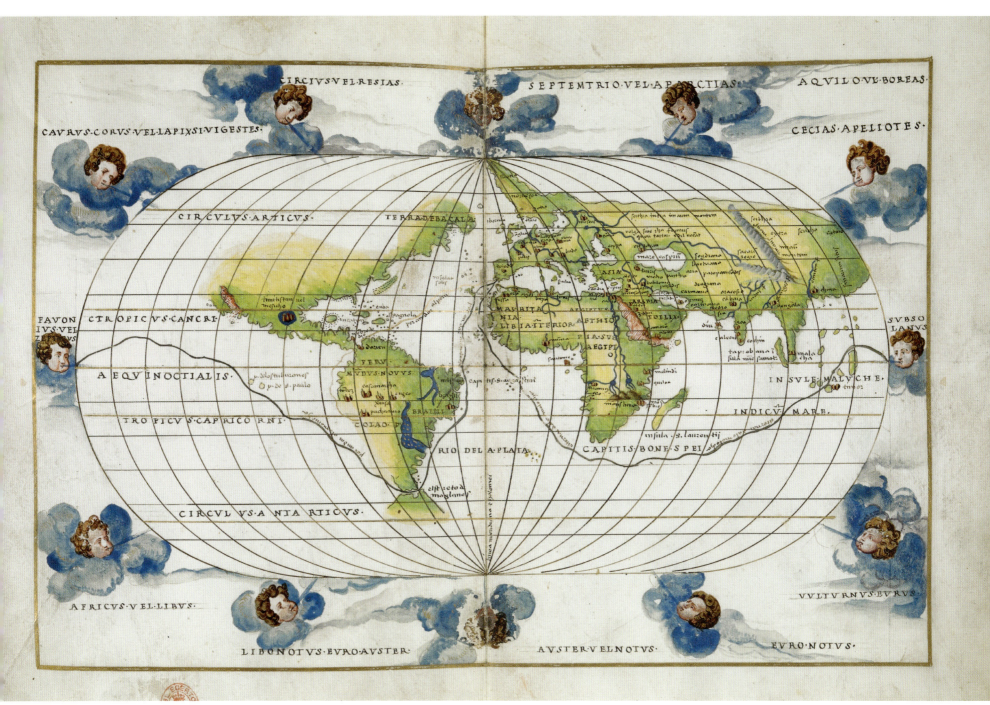

Das Königreich Japan

Die Inseln Japans liegen zwischen dem Japanischen Meer und dem größeren Pazifik, und diese Lage definierte jahrhundertelang ihre Beziehung zum asiatischen Festland. Diese Inseln und die verschiedenen Königreiche und Regierungsformen, die sich seit der ersten Besiedlung dort ausbildeten, gehören unbestreitbar zu Asien, sind politisch, kulturell und wirtschaftlich mit Asien verbunden, und sind doch ganz anders. Die physische Trennung durch die Wassermassen des Pazifiks ermöglichte die Entwicklung kultureller und politischer Strukturen, die sich ganz deutlich von denen ihrer Nachbarn unterscheiden.

Die Beziehung der japanischen Inseln und ihrer jeweiligen Bewohner untereinander ist zwar dynamisch und komplex, aber die historische Beziehung Japans zu den Königreichen des Festlands, besonders China und Korea, ist von weitreichender Bedeutung. Japans Verhältnis zu China war das eines tributpflichtigen Königreichs in den Randgebieten des chinesischen Kaiserreichs. Taishokkans Illustration zeigt Gesandte, wie sie von Zeit zu Zeit nach Japan reisten, um deren Herrscher an die Pflichten und Abgaben zu erinnern, die sie dem Kaiser schuldeten.

Als die Europäer die Inseln erreichten, hatte hier bereits eine dynamische Veränderung ihren Anfang genommen. Japan wurde immer konkurrenzfähiger und wollte seinen eigenen Einflussbereich auf Kosten anderer Inseln und Königreiche, hauptsächlich Korea, ausweiten.

Für die Europäer war Japan eine weitere Region mit potenziellem Reichtum im Osten, wenn auch geheimnisvoller als China und die Gewürzinseln auf der Malaiischen Halbinsel. Als die Portugiesen 1542 in Tanega-

(Oben) Chinesische Gesandte vor Japan, von Taishokkan.
(Links) Zeichnung des holländischen Gesandten mit seinem Gefolge aus Kaempfers *Geschichte und Beschreibung von Japan*.

shima ankamen, hatte es bereits seit fast einem halben Jahrhundert Kontakte zwischen Europa und anderen Gebieten des Pazifiks gegeben. Das Japan, das sie antrafen, war eine Feudalgesellschaft, die sich anfangs höchst interessiert an Waffen zeigte sowie an Handelsgütern, die aus der Pazifikregion stammten. Es gab zum Beispiel trotz der jahrhundertelangen Tributpflicht Japans so gut wie keinen Handel mehr mit China, als die Europäer eintrafen, und Luxusgüter wie Seide und Porzellan waren im Land schwer zu bekommen.

Dieser Umstand verschaffte den portugiesischen Händlern und denen, die danach kamen, zum Beispiel den Holländern, die einmalige Gelegenheit, Japan im großen Stil mit Waren zu versorgen und sich dabei als Zwischenhändler im Handelszyklus des Pazifiks zu etablieren. Japan machte zwar ganz andere Erfahrungen mit den Europäern als viele Teile Asiens und des Pazifiks, wurde aber ebenso von den Handlungen dieser *gaijin*, dieser Auswärtigen, beeinflusst. Die Geschichte der pazifischen Inseln war immer von Kreisläufen, Handel und politischen Beziehungen geprägt, doch die Ankunft der Europäer veränderte diesen jahrhundertealten Rhythmus mit der Zeit – sogar in Japan.

Die Tore zum Pazifik

Nach Magellans Expedition war klar, dass es mehr als einen Seeweg gab, Ostindien und den Westpazifik zu erreichen, allerdings befanden sich die bekannten Routen immer noch unter Kontrolle zweier europäischer Seemächte. Die Portugiesen kontrollierten die Wege um Kap Hoorn und nutzten eine Passage über Malakka, um die Malaiische Halbinsel zu erreichen, während die Spanier die Philippinen beherrschten und nach Möglichkeiten einer Handelsroute über den Pazifik suchten.

Die rechtliche Vorherrschaft über diese Passagen war durch den Vertrag von Tordesillas für viele Jahre festgelegt worden, was bedeutete, dass anderen christlichen Königreichen Europas die Nutzung dieser Routen verwehrt war. Gleichwohl wurden Wasserwege wie die zwischen den Archipelen vor der Malaiischen Halbinsel von vielen nichteuropäischen Kulturen befahren und blieben eine Zeit lang die wichtigsten Verbindungsstrecken. An ihnen bildete sich ein reicher kultureller Schmelztiegel aus Schiffen, Händlern, Missionaren und Fischern, die diese Gewässer und ihre Siedlungen nutzten.

Dennoch wurde diese Welt zunehmend von Europäern beeinflusst und beherrscht. Bewaffnete Schiffe und befestigte Häfen waren der Schlüssel der Portugiesen und Spanier zur Durchsetzung ihrer Rechte aus dem Vertrag von Tordesillas und zur Kontrolle ihrer jeweiligen Zugänge zum Pazifik. Konfrontiert mit diesen militärischen und politischen Barrieren, abgesehen von den wirtschaftlichen und politischen Vorteilen, die Portugal und Spanien durch die Herrschaft über diese Routen in Europa hatten, waren andere europäische Mächte dazu gezwungen, ihre eigenen Tore zum Pazifik zu finden.

Die Engländer und Holländer legten ihren Fokus auf die Möglichkeit, Passagen via Arktis und Nordpol zu finden, die berühmte Nordwest- und Nordostpassage. Abenteurer wie Martin Frobisher und Henry Hudson beteiligten sich an dem jahrhundertelangen Bestreben, eine Route über die gefrorene Arktische See nach Westindien zu finden und unterwegs hoffentlich Bodenschätze und Handelsmöglichkeiten aufzutun. Politische

Die Ostindienroute, von Joan Martines, 1540.

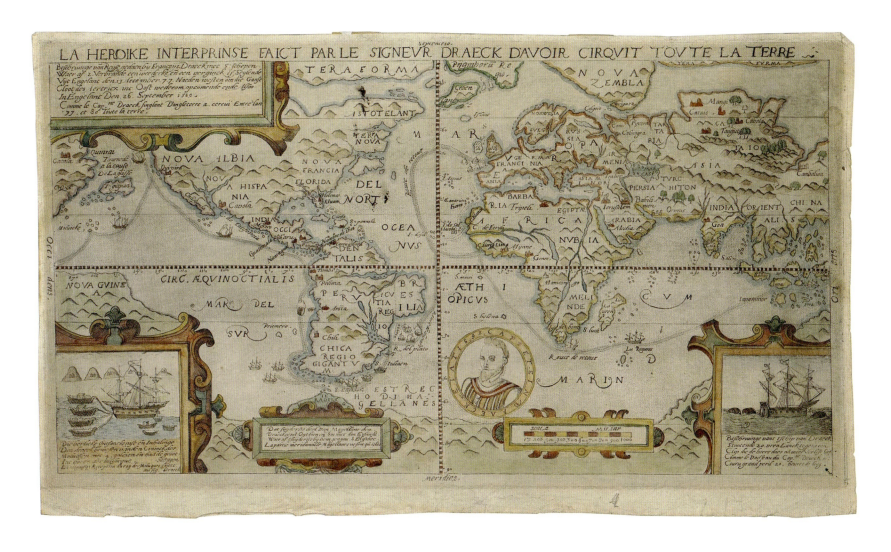

und religiöse Spannungen in Europa konnten zu direkten Konflikten mit dem mächtigen spanischen Königreich führen, deshalb war es umso wichtiger, diese Passage zu finden. Entweder wegen religiöser Turbulenzen durch die Reformation oder, wie im Falle der Holländer, wegen des Wunsches nach Unabhängigkeit von der spanischen Herrschaft – im 16. Jahrhundert gab es zahlreiche Gründe, weshalb andere europäische Königreiche die spanischen und portugiesischen Handelsmonopole brechen mussten.

Die arktischen Routen waren jedoch keine Lösung. Zahlreiche Expeditionen machten kaum Fortschritte in Richtung Pazifik, auch wenn sie manche Jagd- und Walfangmöglichkeiten eröffneten. Freibeuterei und offene Angriffe waren an der Tagesordnung, und vor allem die Nutzung anderer Seewege in den Pazifik, wie die Drakestraße südlich der Magellanstraße über Kap Hoorn.

Weltkarte mit Drakes Route und der Drakestraße, vermutlich 1581 in Antwerpen veröffentlicht.

Missionierungspolitik

Mit den Entdeckern, Abenteurern und Händlern aus Europa kamen auch Missionare im Pazifik an, die damit beauftragt waren, dort, wo sie anlegten, das Christentum einzuführen. Das war keine Überraschung, denn das Christentum, genauer gesagt der römisch-katholische Glaube und der Anspruch auf päpstliche Weltherrschaft, war die Grundlage des Vertrags von Tordesillas. Laut Vertrag sollte von den europäischen Mächten kein Gebiet kolonialisiert oder erobert werden, das bereits von einem katholischen Monarchen regiert wurde, aber jedes andere Land war frei zur Unterjochung und Inbesitznahme. Damit war impliziert, dass die portugiesischen und spanischen Eroberer für die Verbreitung der katholischen Lehre sorgten.

Die Bekehrung der lokalen Bevölkerung zum katholischen Glauben war ein wichtiges Werkzeug nicht nur der moralischen Beeinflussung, sondern auch der politischen Herrschaft. Wie oben erwähnt, war der Westpazifik ein kompliziertes Konglomerat verschiedener Glaubensrichtungen, als die Europäer kamen, und oft diente der Glaube auch als politisches Machtinstrument, sei es in Form von Sultanaten, die wichtige Handelsknotenpunkte kontrollierten, oder zur Stärkung der Autorität religiöser Führer und regierender Familien.

Als die europäischen Missionare und religiösen Eiferer in den Pazifik kamen, hatten sie mit ihrem Glauben zugleich auch ein Mittel zur politischen Destabilisierung im Gepäck. Die Bekehrung der Inselbewohner war ein Weg, Loyalitätskonflikte zwischen ihrem Glauben und ihren politischen Führern zu schaffen. Darüber hinaus ließen sich mit ihr Interessenkonflikte zwischen den Europäern und den lokalen politischen Führern schüren. In der gesamten Geschichte europäischer Einflussnahme im Pazifik war die Verteidigung von Christen ein Vorwand, um politische Machthaber anzugreifen, besonders im Falle der islamischen Führer im Westpazifik. Die Errichtung großer katholischer Gemeinden auf Inselgruppen wie den Philippinen war deshalb ein Instrument zum Ausbau und zur Absicherung der europäischen Kontrolle vor Ort und in der gesamten Region.

Illustrationen wie diese Ansicht auf Manila aus der Vogelperspektive machen die Rolle der Religion bei der Herrschaft über eine

Insel anschaulich. Die verschiedenen Kirchtürme, die die Landschaft sprenkeln, sind Zeugnisse der Christianisierung, moralische Festungen, die die Burgen, Mauern und Schiffe unterstützen, die die Insel

Ansicht auf Manila aus der Vogelperspektive mit zahlreichen Kirchtürmen, Johannes Vingboons, ca. 1665.

(*Link*s) Michael Rogerius und P. Matthaeus Riccius bei ihrer Ankunft in China, Stich nach A. van Diepenbeek, 1682.

vor Angriffen sichern. Die Bedeutung der Christianisierung für die Veränderung des politischen Gleichgewichts im Pazifik wird vermutlich am besten am Beispiel Japans deutlich, wo die regionalen Machthaber verhinderten, dass die Missionare auf den Inseln Fuß fassten. Dies war der Garant für Japans Unabhängigkeit in den darauffolgenden Jahrhunderten.

Die Rückreise

Die erfolgreiche Weltumsegelung, die durch Magellans Expedition verwirklicht wurde, und die Entdeckung der Magellanstraße waren für Spanien nicht so bedeutend, wie man vermuten möchte. Ja, es wurde eine Route zum Pazifik über den Atlantik entdeckt und Magellan hat mit seiner Crew die Philippinen und die Archipele Südostasiens erreicht. Jedoch war die Entfernung zu diesen Inseln weit größer, als die Spanier gehofft hatten, was die Reise nicht nur gefährlich machte, sondern auch die ursprüngliche Vorstellung, dass die Gewürzinseln in den spanischen Einflussbereich fallen könnten, infrage stellte. Zudem hatte Magellan keine weiteren Landmassen auf seiner Reise durch den Ozean entdeckt, was ein wichtiges Problem aufwarf: Es gab offensichtlich keinen vorteilhaften Rückweg durch den Pazifik.

Nach Magellans Expedition machten sich weitere spanische Seefahrer zu den 1521 entdeckten Gebieten auf. Sie schlussfolgerten, dass es Ostwinde geben müsse, die zurück zum amerikanischen Kontinent führten. Diese Annahme basierte auf ihrer Kenntnis des Nordatlantikwirbels – kreisförmiger Strömungen, die im Uhrzeigersinn im Nordatlantik zirkulieren (und später zum Motor des Dreieckshandels wurden) –, den die portugiesischen Seefahrer bereits ansatzweise verstanden. Ähnliche Strömungen musste es auch im Pazifik geben; dennoch scheiterten vierzig Jahre lang alle Versuche, sie zu finden. Fortschritte stellten sich 1564 mit der Expedition von Don Miguel López de Legazpi ein, an der auch der Navigator Andrés de Urdaneta teilnahm. Seither sprach man von einem großen Gebiet des Pazifiks als der „spanischen See".

Nachdem Legazpis Expedition die Philippinen erreicht hatte, beteiligte sich Urdaneta an der Gründung eines der ersten Augustinerklöster auf den Inseln, bevor er in Legazpis Auftrag die Heimreise antrat. Vor dieser Expedition war er bereits ein namhafter Navigator gewesen; deshalb betraute ihn Legazpi damit, eine Route durch den Pazifik zurück zum amerikanischen Kontinent zu finden. Urdaneta nahm an, dass sich die vorherrschenden Nord-

Die *Centurion* greift die spanische Galeone *Nostra Sengnora de Covadonga* an.

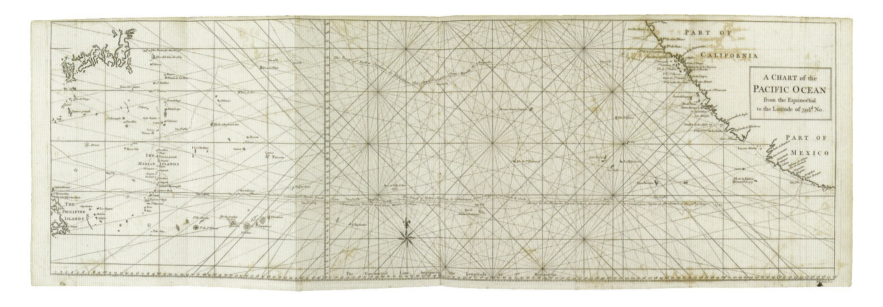

pazifikwinde, wie die im Nordatlantik, im Uhrzeigersinn bewegten. Deshalb schien es ihm am günstigsten, nordwärts Richtung Japan zu segeln, um dort hoffentlich auf eine Strömung zu treffen, die ihn zum amerikanischen Kontinent treiben würde.

Diese Annahme erwies sich als richtig, aber die Reise, die der Mannschaft bevorstand, war lang, gefährlich und von Hunger und Tod begleitet. Dennoch erreichten Urdaneta und der Rest seiner Crew im Oktober 1565 Acapulco, nachdem sie 20 000 Kilometer in 130 Tagen zurückgelegt hatten. Diese Leistung legte den Grundstein für den Handel im Pazifik, es konnte Silber aus den spanischen Minen in Amerika nach China verschifft werden. Plötzlich war Spanien in der Lage, die Ressourcen nach Asien zu bringen, die das Chinesische Kaiserreich wollte, und damit begann die Blütezeit der Manila-Galeonen. Die mit Silber beladenen Schiffe segelten nach Asien und kehrten mit wertvollen Erzeugnissen zurück. Spanien kontrollierte die profitabelste Handelsroute der Welt, und wenn es gelang, sie gut zu verteidigen, konnte Spanien zur Großmacht aufsteigen. Wie die abgebildete Karte erkennen lässt, war das kein einfaches Unterfangen. Die Galeonen waren verlockende Ziele für Spaniens Konkurrenten, wie auch dieses Schiff, das während des Asiento-Kriegs (1739-1748) angegriffen wurde, leidvoll erfahren musste.

Karte mit der Route einer gekaperten Galeone.

Der Handel, die Galeonen und die „Spanische See"

Als die Spanier entdeckten, wie sie die Strömungen des Pazifiks zu ihrem Vorteil nutzen konnten, wurde der Warenhandel mit Galeonen zum großen Geschäft. Zwischen 1565 und 1815 pendelten die Schiffe zwischen Acapulco und Manila und brachten Silber aus dem amerikanischen Kontinent für den Handel mit China nach Manila und segelten beladen mit Seide, Porzellan, Gewürzen, Elfenbein und weiteren wertvollen Gütern wieder zurück. Die Schiffsladungen waren so wertvoll, dass viele bald nach Beginn des Handels in Begleitung einer Armada von Kampfschiffen segelten. Das spanische Monopol auf diese Handelsroute zusammen mit der militärischen Präsenz in Form von bewaffneten Begleitschiffen sollte aus dem Herzstück des Pazifiks eine „Spanische See" machen, eine Domäne unter alleiniger Kontrolle der spanischen Krone.

Ein derartiges Unterfangen hatte drastische Folgen für die Ökonomie, die Kultur und die Völker des Pazifiks. Der Galeonen-Handel wurde zum Hauptmotor des kulturellen Austausches, weil Angehörige aus unterschiedlichsten Volksgruppen zusammen mit den Gütern, die sie transportierten, auf den Schiffen reisten. Die Galeonen brachten den Palmwein Tuba nach Südamerika, und viele Begriffe aus Amerika fanden ihren Weg in die Sprachen der Philippinen und Südostasiens. Zudem brachten die Galeonen nicht nur Europäer, sondern auch Eingeborene aus dem amerikanischen Kontinent und Südostasien miteinander in Kontakt; sie reisten über den Pazifik und siedelten sich in den Handelszentren an. Das beste Beispiel sind

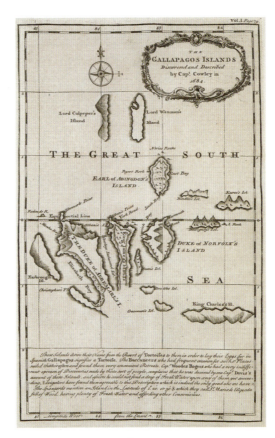

(Oben) Karte der Galapagosinseln aus Harris' *Navigantium*.

(Links) Drakes Angriff auf die Galeone *Nuestra Señora de la Concepción* (die *Cacafuego*), März 1579.

vermutlich die philippinischen Schiffsbauer, die am Bau der Galeonen beteiligt waren. Während der 250 Jahre währenden Handelsperiode wurden die Galeonen hauptsächlich in Manila gebaut, aber auch in Häfen des südamerikanischen Festlands, oft mit Arbeitern und Vorarbeitern, die von den Philippinen stammten.

Ein solch profitabler Handel mit so großem sozialem Einfluss konnte nicht lange im Verborgenen vonstattengehen. Bald verfolgten die Seefahrer anderer Nationen diesen Geschäftszweig mit Interesse. Nationen wie England, jahrelang im Krieg mit Spanien, sahen in den Galeonen eine Gelegenheit, den Spaniern eine blutige Nase zu verpassen. Es waren die reiche Pazifikküste Südamerikas und der Galeonen-Handel, die Sir Francis Drake in den Pazifik zogen. Er kartografierte die Drakestraße und umsegelte, nach der erfolglosen Suche nach der Nordwestpassage, als erster Engländer die Welt.

Die Abbildung stellt die Kaperung der *Cacafuego* dar und zeigt die Galeonen, die die Engländer hofften, erfolgreich ausrauben zu können. Das Ansinnen der

Engländer, Galeonen auf der Handelsroute zu überfallen, brachte sie vermehrt mit dem Pazifik in Kontakt, wenn auch auf andere Weise als die Spanier. Während Letztere sich auf Winde und Strömungen verließen und die Inseln, die verstreut im Pazifik lagen, weitestgehend ignorierten, waren sie für die Engländer Anlaufstellen, wo sich ihre Freibeuter verstecken und Proviant aufnehmen konnten, bevor sie ihre Kaperfahrten fortsetzten. Die Karte von John Harris aus *Navigantium*, obwohl aus einer späteren Periode der Freibeuter, zeigt, wie wichtig Inseln mit tiefen Häfen und frischem Wasser waren, um die Ausfälle in die „Spanische See" zu ermöglichen.

Galeone in einer Bucht auf den Philippinen von Theodor de Bry.

Septentrio.

Arcipelago di S. Lazaro.  Baixos de S. Bartholome
I. de S. Petro.

OCCI-

La de Sayroue-
chada

Corral de Pracelas
I. de Pracelas
De los dos Ve- I. de Paxaros
sinos
I. de los Nadadores

Miracomo Vas

Barbudos
I. de Don Alonco

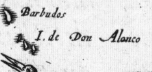

DENTALIS.

190 200 210 220 23

La Ballena   I. de hōbres
             blancos
De la buena pa.   I. de la
                  Madalena   La Carimana
Elabrigo   Triango
D. la malagete   La Bardula
Elabrigo   Elbolcan
                          De la Madre de
                          Dios
                          La Redon

Islas de Salamon.

De las R. de S. Petro et Paulo
Virgines R. de S. Ieronimo
P. Salido
B. d. S. Nicolas
C. Baixo
S. Augustin
P. del Rosario
Blanco
Buena Baya
Ancō de la natiui-
dad de n. Sinora

Nova Guinea.

Sic a nautis dicta, quòd
littora illa, conditioq; terræ,
Guineæ in Africa multùm
similia sint. Continensne
ad terrā Australē, an In-
sula sit, incognitū est.

Baixos de Candelaire   Nombre de Ihesus
Zamba   Malaita
Vista de   I. Verdes
Lexos   Ysabella   De la Aquada
          Los bolcites
Anacefre   S. Xpoual
          S. Nicolai   Vrerre
                       I. Dagoa   S. Thiago
                       Dalcana

I. de los Tubarones

Die Europäer erreichen Ozeanien

Während der Handel über die „Spanische See" tiefgreifende Veränderungen für die dortigen Insulaner einleitete, blieben viele Inselvölker vom anfänglichen Interesse der Europäer am Pazifik unberührt. Vor allem die Nachkommen der Lapita-Völker – die diversen Kulturen, die die Europäer später melanesisch, mikronesisch und polynesisch nannten – wurden von den spanischen Händlern, die sich nur auf festen Routen bewegten und von den Freibeutern, die ihnen folgten, ignoriert. Die Situation änderte sich erst Ende des 16. Jahrhunderts, als der Entdeckerdrang und ganz besonders der Wunsch, *Terra Australis* zu finden, wieder aufflammte.

Die Suche nach dem großen südlichen Land, auf das, wie die Europäer glaubten, Marco Polo hingewiesen hatte, verebbte zwar niemals vollständig, nachdem die Portugiesen und Spanier in den Pazifik gelangt waren, aber das Interesse daran war geringer geworden. Die Gründe dafür waren praktischer und finanzieller Natur. Sowohl die Portugiesen als auch die Spanier hatten Rohstoffe und Handelsrouten gefunden, die Reichtum und politische Vorteile versprachen. Deshalb war der nächste logische Schritt, diese Unternehmungen zu sichern und so profitabel wie möglich zu machen, statt sich auf risikoreiche und teure Abenteuer einzulassen. Schließlich war es unglaublich kostspielig, Expeditionen auszurüsten, und weshalb sollte man Geld dafür ausgeben, wenn man die vorhandenen Möglichkeiten noch nicht völlig ausgeschöpft hatte?

Das war der Standpunkt der spanischen Krone und einiger Kommandanten der Hauptumschlagplätze in Südamerika. Doch es gab auch Träumer, die davon fantasierten, neue Länder und Reichtümer zu entdecken. Das schien durchaus einleuchtend, waren doch die von Habgier getriebenen Raubzüge der Konquistadoren, die mordend und plündernd durch die Reiche Südamerikas pflügten, sehr erfolgreich gewesen. Diese militanten Abenteurer, wie Pizarro, der das Inkareich eroberte, erlangten nicht nur ein unglaubliches Vermögen, sondern schufen sich auch eigene kleine Reiche und konnten sich gleichzeitig einreden, Gottes Werk getan zu haben. Derartige Feldzüge inspirierten eine neue Generation von Karibikforschern, in die Weite dieses Ozeans vorzudringen, einen weiteren Kontinent und neue Königreiche zu entdecken und Menschen zum katholischen Glauben zu bekehren.

1567 stach Álvaro de Mendaña de Neyra mit zwei Schiffen unter seinem Kommando vom peruanischen Hafen Callao aus in See und segelte südlich vom üblichen Kurs der spanischen Galeonen in der Hoffnung, neue Länder zu finden und eine neue Phase der spanischen und christlichen Expansion im Pazifik einzuläuten. Er traf auf bewohnte Inseln östlich von Neu-Guinea, die er Salomoninseln taufte. Er gab ihnen diesen Namen in dem Glauben, er hätte die vorgelagerten Archipele des großen südlichen Landes gefunden und zugleich den sagenhaften Ort von König Salomons Minen entdeckt. Für Mendaña und die Entdecker seiner Generation standen alttestamentarische Mythen im Hintergrund der Pazifik-Abenteuer, so wie zuvor schon bei den Beutezügen der Konquistadoren. Mendañas einziges Problem war, dass nach seiner Rückkehr nach Südamerika niemand so recht seine Begeisterung für die Salomonen teilte.

(*Link*s) Neuguinea und die Salomonen, 1602.

Mendañas Rückkehr und Quirós' Neues Jerusalem

Fast dreißig Jahre dauerte es, bis Mendaña die maßgeblichen Autoritäten dazu bewegen konnte, ihm eine weitere Expedition anzuvertrauen. 1595 setzte er die Segel mit einem neuen Steuermann, Pedro Fernandes de Quirós. Sie nahmen den gleichen Kurs wie Mendaña 1567 in der Hoffnung, die Inseln, die er bereits kannte, weiter erforschen zu können und schließlich den südlichen Kontinent zu finden. Die Inseln, die sie dieses Mal erreichten, nannten sie Marquesas-Inseln, zu Ehren des damaligen Vizekönigs von Peru, Marques de Mendoz García Hurtado de Mendoza y Cañete. Im Verlauf der Expedition verfassten Mendaña und Quirós einen Bericht mit den ersten schriftlichen Aufzeichnungen über die ozeanischen Völker, die die kleineren Inseln im Südpazifik bewohnten. Die Berichte selbst waren sehr voreingenommen; obwohl die Autoren von der kriegerischen Kultur der Inselbewohner beeindruckt schienen, schrieben sie kaum etwas über Kultur und Architektur auf den Marquesas, die sich unbeeinflusst von den Europäern entwickelt hatten.

Einiges davon wurde von Mendañas und Quirós' christlichem Eifer überdeckt, möglicherweise beeinträchtigten auch die Anstrengungen der Expedition ihre Wahrnehmung der Kulturen, die sie antrafen. Die Forschergruppe segelte weiter Richtung Westen zu den Salomonen, wo viele der Crewmitglieder, einschließlich Mendaña selbst, einer tropischen Krankheit, vermutlich Malaria, erlagen. Quirós übernahm die Leitung und brachte die überlebenden Expeditionsteilnehmer nach Hause. Wie Mendaña glaubte auch Quirós, dass sie kurz davor waren, Terra Australis zu finden, und nach jahrelangem Drängen und vielen Bittschreiben – er reiste sogar nach Rom, um dort sein Anliegen vorzutragen –, wurde ihm die Finanzierung einer weiteren Expedition gewährt, um die Inselvölker, denen er und Mendaña begegnet waren, zu bekehren. Er stach im Dezember 1605 mit drei Schiffen in Callao in See.

Die europäischen Seefahrer gingen auf der Insel Espíritu Santo (Heiliger Geist), die heute zu Vanuatu gehört, an Land, und dort ließ Quirós seinen religiösen Ambitionen freien Lauf. In dem Glauben, er habe den südlichen Kontinent betreten, taufte er die Insel Australia del Espíritu Santo, baute eine Kolonie auf und versuchte die Ni-Vanuato-Völker, die auf der Insel lebten, zu bekehren. Quirós träumte nicht nur davon, einen weiteren Handelsstützpunkt zu errichten und damit den spanischen Machtbereich auszuweiten, sondern war geradezu besessen von der Vorstellung eines neuen Jerusalems, und er war felsenfest davon überzeugt, hier den richtigen Ort dafür gefunden zu haben. Er nannte die Siedlung Nova Jerusalem und wollte mit ihr eine Kolonie nach seinen stark von Thomas Morus' Utopia (1516) beeinflussten Idealvorstellungen errichten. Dieser Traum war jedoch zum Scheitern verurteilt. Der Widerstand der Eingeborenen und die Meuterei der Seemänner und Kolonisten führten zu Quirós' Rückkehr nach Südamerika Ende 1606. Nova Jerusalem auf Espíritu Santo war nur noch ein Fantasieort auf Karten, die in den spanischen Archiven verschwanden.

Mendañas und Quirós' Expeditionen zeigen, wie Handel und Realpolitik, die in anderen Missionen der europäischen Kolonisierungsgeschichte im Vordergrund standen, durch Träume und Glaubenseifer zunichtegemacht werden konnten. Doch es sollte nicht das letzte Mal gewesen sein, dass Europäer im Pazifik durch derartigen Eifer das Leben der Insulaner veränderten.

Karte von Quirós' „Espíritu Santo" 1606, kopiert von William Hack, 1698.

Neuguinea

Die Besiedlung und historische Demografie von Neuguinea sind atemberaubend kompliziert. Die Insel ist seit mindestens 40 000 Jahren von Menschen besiedelt; ihre geografische Lage und heutige Zusammensetzung der Bevölkerung sind Indizien dafür, dass die Besiedlung in mehreren Wellen durch Angehörige verschiedener Ethnien erfolgte, die sich zu eigenen Kulturen mit eigener geografischer Lage auf der Insel entwickelt haben. Die Möglichkeiten dazu sind gegeben, wenn man bedenkt, wie groß die Insel ist: Das Vereinigte Königreich (einschließlich Nordirland) hat eine Fläche von knapp 250 000 km², während die Insel Neuguinea mit mehr als 780 000 km² nach Grönland die zweitgrößte Insel der Erde ist (wenn man Australien zu den Kontinenten rechnet). Durch die Gebirgszüge, die tiefen Täler und großen Flüsse der Insel war es möglich, dass sich verschiedene kulturelle Gruppen, die die Insel besiedelten, relativ isoliert voneinander entwickelten. Deshalb gibt es in Neuguinea auch heute noch eine große Zahl verschiedener Ethnien und indigener Sprachen.

In den Küstenregionen Neuguineas siedelten sich Lapita-Völker an. Sie betrieben Fischfang und Landwirtschaft, bauten die Seefahrt aus und Neuguinea wurde Teil der pazifischen Handelsnetzwerke. Eine Besonderheit der Insel war in der ganzen Region und später auch weltweit berühmt, sie fand ihren Weg über den Pazifik und wurde zur überaus begehrten Auszeichnung an den Höfen verschiedener chinesischer Herrscher: die Feder des Paradiesvogels. Zeremonielle Kleidung, die mit den Federn der lokalen Vogelwelt bestückt war, gab es im gesamten Pazifikraum, besonders bei den Volksgruppen, die vom Lapita-Kulturkomplex abstammten, aber die Federn des Paradiesvogels sind besonders schön und waren begehrte Statussymbole.

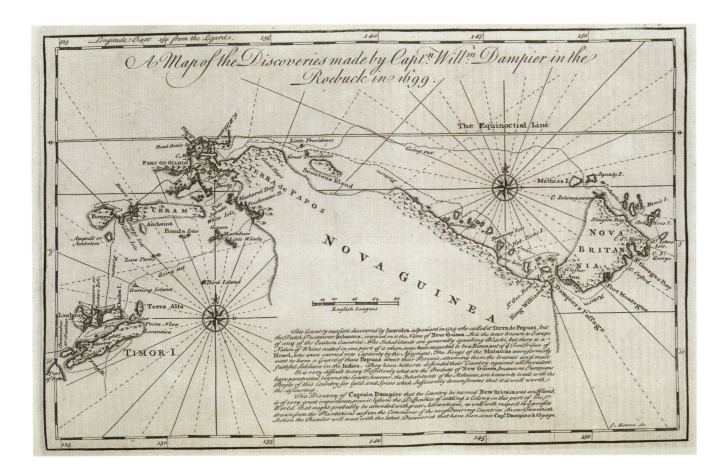

Dampiers Karte von Neuguinea und Neubritannien, aus Harris' *Navigantium* von 1764.

(*Linke Seite*) Insulaner aus Neuguinea, aus *Oud en Nieuw Oost-Indien*, Bd. 3.

Als die Europäer nach Neuguinea kamen, war die Insel zwar bereits gut in die Netzwerke des Westpazifiks eingebunden, aber diese Besucher von der anderen Pazifikseite waren der Inselbevölkerung fremd. Die Völker Neuguineas bekamen die ersten Europäer erst 1526/1527 zu Gesicht, als die Expedition von Don Jorge de Meneses die Insel erreichte. 1545 landete Íñigo Ortiz de Retes auf der Insel; er war es, der sie „Neuguinea" nannte, weil ihn die Insulaner, denen er begegnete, an die Völker erinnerten, die er an der Guinea-Küste Westafrikas gesehen hatte. Die Größe Neuguineas ließ viele glauben, dass es Teil des südlichen Kontinents Terra Australis wäre, aber zu Beginn des 17. Jahrhunderts war es auf den Karten bereits als Insel eingezeichnet, und 1607 hatte Luis Váez de Torres erstmals die Meeresstraße zwischen Neuguinea und Australien passiert, nachdem er auf der Suche nach weiteren Beweisen für die Existenz eines südlichen Kontinents von Quirós' Expedition getrennt worden war. Er segelte südlich von Neuguinea Richtung Manila und machte so die Vermutung, bei der Insel handele es sich um den südlichen Kontinent, zunichte.

Die Entdeckung Neuguineas durch die Europäer hatte sich zwar eher zufällig ergeben, aber wie die Karte von William Dampier und die Illustration aus den Aufzeichnungen der Holländischen Ostindien-Kompanie zeigt, entstanden daraus Kontakte zwischen allen am Pazifik interessierten Parteien, die sich allerdings nicht zum Wohle Neuguineas und seiner Bevölkerung entwickelten.

Die Häfen des Pazifiks

Wie bereits erwähnt, waren die brauchbarsten Passagen in den Pazifik für einen Ozean dieses Ausmaßes eng, und sie waren, zumindest im Westpazifik, dicht bevölkert. Diese Umstände begünstigten das Entstehen wichtiger Häfen und Handelsstützpunkte – geografische Räume, in denen die verschiedenen Parteien ihre Möglichkeiten nutzen konnten, den Pazifikhandel weiter voranzutreiben und eigene Interessen darüber hinaus zu verfolgen. Häfen und Warenumschlagplätze gab es im Pazifik und an seinen Grenzen lange vor Ankunft der Europäer – wie wir bereits in den Kapiteln über die weit verzweigten Handelsnetzwerke der Pazifikvölker vor dem 16. Jahrhundert gesehen haben –, aber jetzt traten diese Orte in eine neue Phase ihrer Geschichte ein.

Manche Häfen, wie Malakka, waren schon vor dem Eintreffen der Europäer als Handelsstützpunkte angelegt worden; andere, wie Macau, gewannen erst nach Ankunft der Händler und Seefahrer aus dem anderen Teil der Erde an Bedeutung. Auch Orte wie Manila und Batavia (das heutige Jakarta) wurden von der Besiedlung durch die Europäer entscheidend beeinflusst. Aus manchen Häfen wurden wichtige Knotenpunkte in einem Netzwerk des Handels und wechselseitigen Austausches. Dschunken, Boote und große Schiffe brachten die Handelswaren zu den Häfen,

Karte von Manila aus *Topographia de la ciudad de Manila*, 1717.

(*Rechts*) Karte der Philippinen mit zwölf Randvignetten, 1734.

EIN OZEAN UND SEINE VÖLKER

von wo aus sie dann entweder via Indischer Ozean nach Westeuropa oder ostwärts nach Südamerika in die Städte des wachsenden spanischen Kolonialreichs verschifft wurden.

Auf Inseln wie den Philippinen oder Sumatra entstanden mit der Ausweitung des Handelsnetzwerks über den gesamten Pazifik völlig neue Populationen, in denen sich verschiedene Ethnien aus allen Ecken des Pazifikraums mischten, und die Bevölkerung wuchs. Diese Entwicklung hatte bleibende Auswirkungen auf die Region, es entstanden Häfen und Städte, die auch heute noch pulsierende Handelszentren in einer Umgebung sind, die immer noch von ihrer kolonialen Geschichte beeinflusst ist. Die europäischen Handelsreisenden waren dabei nicht die einzigen Einflussfaktoren. Große Bedeutung erlangten auch Mächte, die im relativ rechtsfreien Raum auf offener See operierten und für die Händler, die über den Pazifik segelten, um es zu Reichtum und Glück zu bringen, eine massive Bedrohung darstellten.

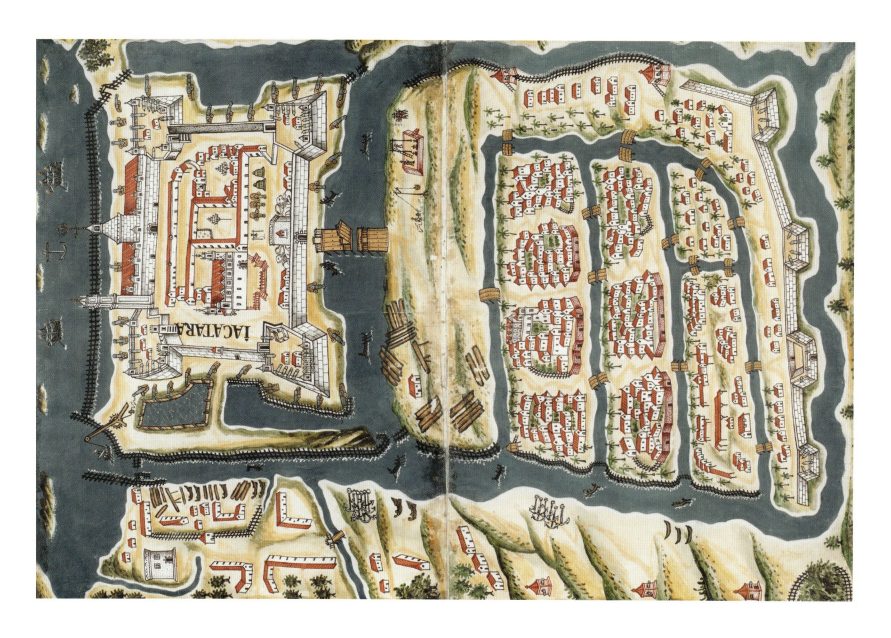

Karte von „Iacatara" (Jakarta) aus der Sammlung von Francis Perry.

(*Link*s) Illustration von Macau nach George Ansons Reisen, aus Harris' *Navigantium*, 1764.

Die Piraterie im Pazifik war stets präsent, es entstanden mächtige Banden, die von verschiedenen Inseln aus operierten. Ihre Stützpunkte hatten sie zu jener Zeit vor allem in Japan und Taiwan. Ihre Angriffe führten sie nicht nur mit einzeln umherstreifenden Schiffen aus, sondern oft mit gewaltigen Armadas, die Handelslinien, Dörfer und die wichtigsten Häfen des Pazifikhandels überfielen.

Piraten, Exilanten und die Insel Taiwan

Der Reichtum in den Häfen und auf See zog unvermeidlich auch jene an, die durch Freibeuterei und Schmuggel vom pazifischen Handelsnetzwerk profitieren wollten. Allerdings konnten auch die frühen Handlungen der europäischen Nationen, die im Pazifik Fuß fassen wollten und staatlich geförderte Gewalt gegen Eingeborene und andere europäischen Mächte anwandten, im besten Fall als Piraterie bezeichnet werden. Dennoch ist es interessant, wie Piraten verschiedener Nationalitäten Rückzugsorte und neue Seerouten gemeinsam nutzten und so auch die Beziehung zwischen den pazifischen Inseln und dem Rest der Welt formten.

Die Piraterie im Pazifik war eine globale Angelegenheit, und im Schmelztiegel Pazifik waren die Mitglieder der Piratenmannschaften oft bunt zusammengewürfelt; im 16. und 17. Jahrhundert konnten das Asiaten, Europäer und Ozeanier sein. Andere flüchteten aus Furcht vor der Gefangennahme im eigenen Land ins Exil, wie Lim Ah Hong, der China 1573 verließ und mit seiner Flotte in den Gewässern um die Malaiische Halbinsel einen regelrechten Feldzug gegen die Europäer startete; er bedrohte mit seinen Leuten nicht nur Schiffe, sondern auch ganze Kolonien.

Berüchtigte Piraten waren nicht nur unter Männern zu finden. Im 19. Jahrhundert sollte eine kantonesische Frau, Zheng Yisao, zur Anführerin einer Piratenallianz und einer beeindruckenden Flotte werden. Das Ende von Zhengs Regentschaft zeigt, dass auch Piraten in die Politik der Staaten und Handelsmächte des Pazifiks einbezogen werden konnten. Als Zheng ahnte, dass die Allianz in Gefahr war, handelte sie 1810 mit den kantonesischen Machthabern eine Amnestie für sich selbst und ihr Gefolge aus.

Chinesisches Boot mit Bewaffnung zur Piratenabwehr. (*Link*s) Holländische Portolankarte der Insel Formosa (Taiwan).

Während sich Zheng zurückzog, fanden ihre Leute neue Arbeit – sie verteidigten nun die Schiffe, die sie vorher angegriffen hatten.

Vielleicht noch bedeutender ist die Karriere des Ming-Anhängers Zheng Chenggong (auch bekannt als Koxinga). Mit der ererbten Piratenflotte seines Vaters segelte er nach Taiwan und belagerte die dortige holländische Kolonie und zwang sie 1662 schließlich zur Aufgabe. Weniger als zwanzig Jahre zuvor war die Ming-Dynastie unter erbitterten Kämpfen durch die Qing-Herrscher abgelöst worden. Durch Zhengs Eroberung Taiwans entstand ein Ming-Außenposten vor den Toren des Qing-Reiches.

Taiwan war lange Zeit der wichtigste Ausgangspunkt gewesen, von dem aus die Lapita-Völker den Pazifik bereisten, und wurde später, wegen der Meerenge zwischen der Insel und dem chinesischen Festland, ein bedeutender Umschlagplatz für den Handel in der Region. Piraten machten dort reiche Beute. Mit der Errichtung eines Stützpunkts, auf dem der Kampf für die Rückkehr der Ming-Dynastie organisiert wurde, machte Zheng nun Taiwan zum Dorn im Auge der herrschenden Qing.

Das Sakoku-Edikt und die Zukunft Japans

Als die Europäer im 16. Jahrhundert in den Pazifik kamen, waren sie mit ihren Waren und ihren Religionen anfangs auch in Japan willkommen, doch war ihre dauerhafte Anwesenheit immer umstritten. Die japanischen Herrscher wollten zwar bestimmte Handelswaren, insbesondere Feuerwaffen aus Europa, aber der zunehmende religiöse und kulturelle Einfluss wurde mit Argwohn beobachtet, oft sogar mit offener Feindseligkeit. Diese Haltung den Europäern gegenüber war nicht unbegründet, denn die Missionare waren der Fuß in der Tür, wenn es darum ging, Gebiete im Pazifik zu kolonisieren, und den japanischen Führern ist dies nicht entgangen. Die Handlungsweise der Europäer ließ zudem darauf schließen, dass sie auf lange Sicht feindliche Absichten gegenüber Japan hegten.

Ein bedeutendes Ereignis war der Schiffbruch der Galeone *San Felipe* 1595 an der japanischen Küste. Auf dem Schiff befanden sich einige Missionare, die zunächst aus der unmittelbaren Gefahr gerettet wurden. Als dann aber entdeckt wurde, was das Schiff geladen hatte, wuchs das Misstrauen: Die *San Felipe* hatte ein ganzes Waffenarsenal an Bord, was einen bösen Verdacht hinsichtlich der wahren Absichten der Prediger aufkommen ließ, die man gerettet hatte. Die Überlebenden wurden allesamt von den Japanern hingerichtet, und ihr Martyrium wurde in Europa öffentlich bekannt gemacht. Diejenigen, die zu einer westlichen Religion konvertiert waren, wurden zum Bauernopfer im politischen Schachspiel des frühen 17. Jahrhunderts. 1614 verbot Shōgun Tokugawa Ieyasu alle christlichen Religionen. Für die Rechtfertigung dieser Maßnahme gegenüber der Bevölkerung kam ihm zugute, dass sich katholische und protestantische Missionare im Land zu diesem Zeitpunkt einen erbitterten Konkurrenzkampf lieferten.

Das Tokugawa-Shōgunat des 17. Jahrhunderts nutzte das Verbot christlicher Religionen dazu, seine Autorität in einem Japan zu stärken, das nach den Machtkämpfen der vergangenen Jahrhunderte immer noch instabil war. Die Christen waren gezwungen, ihre Religion im Verborgenen auszuüben, und in den Jahren nach 1614 wurden Tausende konvertierter Japaner hingerichtet. Den Höhepunkt bildete das in den 1630er-Jahren erlassene Sakoku-Edikt, demzufolge jede Zuwanderung und Einflussnahme von

außen untersagt war. Nach einer kurzen Periode des Handels und des Missionierens blieben die Tore Japans für Europäer verschlossen.

Die Abschottung gelang jedoch nicht vollständig, denn die Japaner waren immer noch abhängig von einigen Waren, die die Händler, vor allem die Holländer, mitbrachten. Deshalb wurde der Handel mit einigen Europäern zwar aufrechterhalten, aber ihre Faktoreien wurden von Nagasaki auf die Insel Deshima im Hafen der Stadt verlegt. Die hier dargestellte Szene zeigt Nagasaki und seine neue Faktorei-Insel mit den Handelsschiffen fast fünfzig Jahre nach der Verabschiedung des Sakoku-Edikts. Hier gab es noch eine starke europäische Präsenz, aber andernorts blieben Japans Türen verschlossen.
Es war nicht nur Ausländern verboten, in das japanische Inselreich einzureisen, sondern es war auch den Japanern selbst nicht erlaubt, ihre Heimat zu verlassen. Als die Vernetzung des Pazifiks weiter fortschritt, schottete sich Japan fast völlig ab.

Japanische Weltkarte mit unterschiedlichen Menschen aus der ganzen Welt, 1645.

(*Link*s) Karte von Nagasaki von 1680 mit Schiffen und Darstellungen von Ausländern.

Die Niederländische Ostindien-Kompanie im Pazifik

Die Niederländische Ostindien-Kompanie spielte durch den Handel mit Japan in Nagasaki, frühe Reisen nach Australien, Neuseeland und Tonga und die Kontrolle wichtiger Handelsknotenpunkte eine große Rolle in der neueren Geschichte des Pazifiks. Diese Geschichte ist, wie die gesamte koloniale Vergangenheit, von Gewalt und Ausbeutung geprägt. Dennoch erhebt sich die Frage, warum die Holländer überhaupt in den Pazifikhandel eintraten. Die Antwort sagt einiges über die Welt jenseits des Pazifiks und das europäische Interesse an diesem Ozean aus.

Bis 1566 gehörten die Provinzen, die die heutigen Niederlande bilden, zum spanischen Königreich, das 1555 an Philipp II. übergegangen war. Damals war Spanien durch die immense Silberausbeute aus den südamerikanischen Minen und die enormen Einkünfte aus dem Galeonenhandel zur Supermacht aufgestiegen und nutzte seine Vormachtstellung, um den katholischen Glauben auf dem europäischen Kontinent zu stärken. Als Philipp II. die Kontrolle der niederländischen Gebiete übernahm, war die Reformation seit fast vierzig Jahren auf dem Vormarsch, und vor allem die nördlichen Provinzen waren

bereits protestantisch. Philipp II. nutzte seinen Reichtum und seine Militärmacht dazu, die katholische Regentschaft in den niederländischen Provinzen durchzusetzen.

Das Ergebnis war eine jahrzehntelange Rebellion. Ende des 16. Jahrhunderts waren die Vereinigten Nordprovinzen zwar unabhängig, mussten aber in der zunehmend globalisierten Welt überleben. Der Handel bot große Chancen – besonders durch die Gründung einer innovativen, hoch militarisierten Handelsgesellschaft, der Vereenigde Oostindische Compagnie (VOC), die den Spaniern in den Kolonialgebieten den Kampf ansagte –, der Supermacht eine blutige Nase zu verpassen und ihre wirtschaftliche Nabelschnur nach Südamerika und der „Spanischen See" zu durchtrennen. So begann das Vordringen der VOC in den Pazifik, das über die Jahrhunderte von außerordentlichem Erfolg gekrönt war. Die VOC übernahm die

Die Niederländer verhielten sich im Pazifik nicht anders als die Portugiesen und Spanier, deren großer Reichtum auf der Ausbeutung von Land, Ressourcen und Menschen gründet war, die sie in ihr Handelsnetz integrierten, wie der höllischen Sklavenarbeit in den Silberminen von Potosí (im heutigen Bolivien). Die europäisch-pazifischen Kontakte entwickelten sich auf diesen Grundlagen und wurden vorangetrieben und verstärkt durch die verheerende Religionspolitik in Europa selbst. Für die ersten Europäer im Pazifik ging es bei der Ausbeutung von dessen Ressourcen auch um die eigene Selbstbehauptung oder sogar ums bloße Überleben im gewaltbeherrschten Europa der Reformationszeit.

Kontrolle über wichtige Handelshäfen und die Gewürzinseln. Der niederländische Seefahrer Willem Schouten entdeckte Kap Hoorn und 1616 die bewohnten Tonga-Inseln.

Die Basis des niederländischen Erfolgs bildeten jedoch Gewaltanwendung, Monopolisierung von Ressourcen, taktische Umweltschädigung (wie die Zerstörung wild wachsender Gewürzpflanzen), aggressive Ausbreitung des protestantischen Glaubens und die Verpflichtung und Versklavung von Insulanern aus dem gesamten Pazifik.

(*Links*) Ostindischer Marktstand in Batavia, Albert Eckhout zugeschrieben, 1640–1666.

(*Oben*) Karte von Ambon, Ostindonesien, mit einem Porträt von Gouverneur Frederik de Houtman.

(*Rechts*) Wappen der Niederländischen Ostindien-Kompanie.

Ein Monopol wird gebrochen

Jacob Le Maire und Willem Schouten setzten 1615 in den Niederlanden die Segel mit dem klaren Ziel, die Monopole der VOC zu unterminieren und neue Perspektiven für diejenigen zu eröffnen, die nicht der profitablen Kompanie und ihrem Asien- und Pazifikhandel angeschlossen waren. Als erfolgreiches Unternehmen, das mit seinen Profiten die Bestrebungen der Niederlande unterstützte, die Macht der Spanier zu beschneiden, konnte sich die VOC verschiedene Rechte sichern. Das wichtigste davon war das Monopol auf den Handel, der von niederländischen Seefahrern, Händlern und Abenteurern betrieben wurde, die auf den üblichen Routen segelten. Die VOC konnte diese Routen zwar nicht physisch kontrollieren, aber ein Pauschalverbot für jeden Handel aussprechen, der nicht über die VOC abgewickelt wurde. Entscheidend für die Aufrechterhaltung des Monopols war die Annahme, dass die bekannten Routen um das Kap der Guten Hoffnung und durch die Magellanstraße die einzig schiffbaren waren.

Für ihre Expedition hatten sich Le Maire und Schouten ein klares Ziel gesetzt: die Entdeckung einer neuen Route in den Pazifik. Ihre Hoffnung war, einen Seeweg über Südamerika nehmen zu können, der südlich der Magellanstraße verlief. Es wurde kolportiert, Drake hätte bei seiner Weltumsegelung eine solche Route gefunden, doch außerhalb Englands kannte man keine Details. So machten sich Le Maire und Schouten auf den Weg, eine Passage jenseits des Kontrollbereichs der Kompanie zu finden. Die Expedition verlief

(*Unten*) Tafel mit der „Ile de Cocos" aus Schoutens 1619 veröffentlichten Berichten.

(*Rechts*) Frontispiz-Karte von Schoutens Berichten, die ihn mit weiteren Seefahrern zeigt, darunter Magellan.

(*Ganz rechts*) Illustrationen von Konflikt und Handel mit Pazifikinsulanern aus den Berichten von 1619.

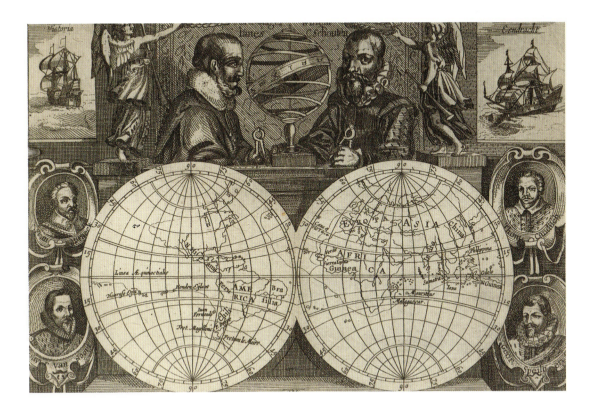

anfangs erfolgreich, die beiden entdeckten am 24. Januar 1616 eine Durchfahrt zwischen zwei Landmassen, die sie nutzten und so einen neuen Kurs nahmen, der sie um Kap Hoorn in den Südpazifik führen sollte. Die Passage zwischen der Stateninsel und Feuerland wurde Le-Maire-Straße genannt. Sie setzten die Expedition fort und kamen als erste Europäer mit Inselreichen wie Tonga in Kontakt.

Le Maire und Schoutens Begegnung mit den Eingeborenen war oft aggressiver Natur, die Europäer setzten ihre Waffen und ihre technologische Überlegenheit ein, um ihre Handelsbedingungen bei den Inselgemeinden, auf die sie trafen, durchzusetzen. Die Expeditionsführer hatten zwar navigatorische Fähigkeiten, aber kein Geschick für Verhandlungen mit fremden Kulturen. So verweigerten sie die Teilnahme am Kava-Ritual aus Angst vor einem Giftanschlag. Trotzdem lernten sie neue Inseln kennen, zu denen sich Handelsbeziehungen aufbauen ließen.

Nachdem sie die niederländischen Kolonialgebiete erreicht hatten, rüsteten sie sich für die Heimreise und segelten im Oktober 1616 nach Batavia (Jakarta). Doch dort wurden ihre Schiffe nebst Ladung vom Gouverneur des VOC-Stützpunkts, Jan Pieterszoon Coen, in der Annahme beschlagnahmt, die Expedition hätte das Monopol der Kompanie verletzt. Er glaubte nicht, das Le Maire und Schouten eine neue Route entdeckt hatten. Die Männer der Expedition wurden auf VOC-Schiffen zurück in die Niederlande gebracht. Le Maire erlebte den Ausgang ihres Versuchs, das Monopol zu brechen, nicht mehr, er starb auf der Überfahrt. Schließlich zog sein Vater Isaac vor Gericht und gewann den Prozess. Le Maire und Schouten wurden entschädigt und die neue Route in den Pazifik wurde offiziell anerkannt.

UNENDLICHER PAZIFIK

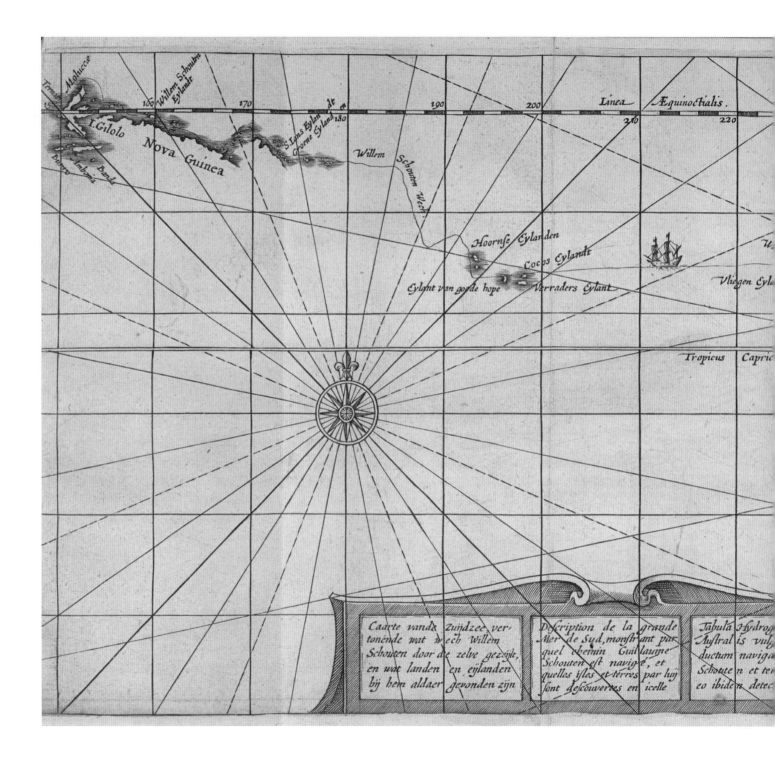

Karte von Schoutens Reise über den Pazifik, 1619.

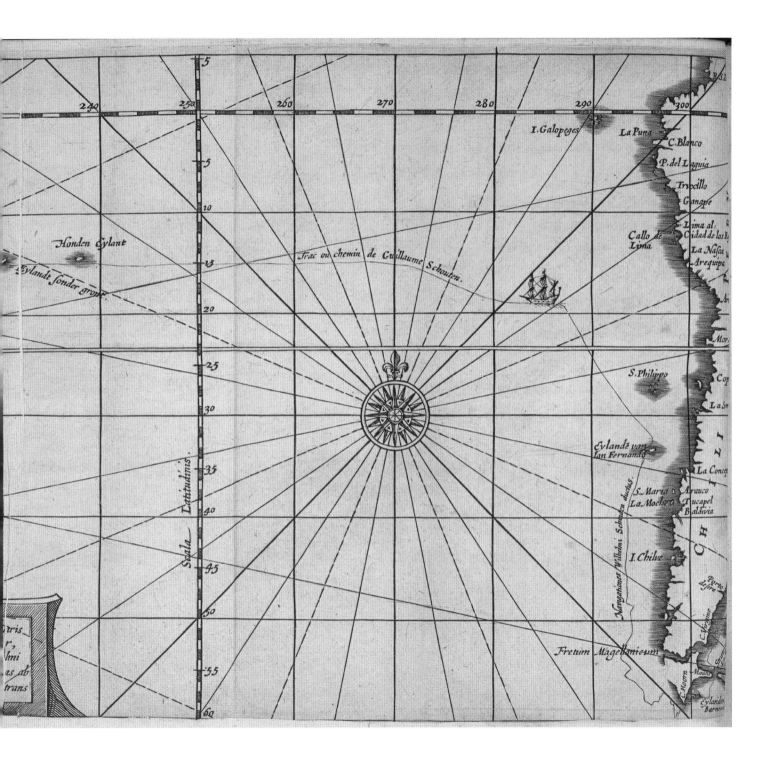

Tasmans Reise ins Ungewisse

Im Kontext der religiösen und gesellschaftlichen Konflikte, aufgrund derer die Niederländer in den Pazifik segelten, überrascht es nicht, dass sie sich auch an der Suche nach Terra Australis beteiligten. Für die VOC, ganz zu schweigen von den Investoren, war die Aussicht auf einen großen unentdeckten Kontinent, der nicht schon mit portugiesischen und spanischen Stützpunkten und Häfen gesprenkelt war, überaus verführerisch. Niederländische Seefahrer waren bereits in den Gebieten erfolgreich, die diese Nationen unter Kontrolle hatten, was würden sie erst auf einem Kontinent ausrichten können, auf den sie als Erste ihren Fuß setzten!

Diese Aussichten waren für den Generalgouverneur von Niederländisch-Indien, Anthony van Diemen, so verlockend, dass er Abel Janszoon Tasman 1642 auf eine Expedition schickte, um den großen südlichen Kontinent zu lokalisieren. Tasman, ein versierter Navigator, der innerhalb der VOC einen tadellosen Ruf genoss, begann seine Suche, indem er Richtung Pazifik segelte. Allen bisherigen Seekarten zufolge war die gesuchte Landmasse am wahrscheinlichsten in diesem Ozean zu finden. Im Gegensatz zu den spanischen Expeditionen im Jahrhundert davor umrundete Tasman die Südspitze Afrikas und segelte sehr weit südlich durch den Indischen Ozean Richtung Pazifik. Sein Kurs führte ihn südlich an der australischen Landmasse vorbei, er traf stattdessen auf Tasmanien, das er zu Ehren seines Patrons Van-Diemens-Land nannte. Die Entdeckung von Van-Diemens-Land ermutigte ihn zwar, doch Tasman bezweifelte, Terra Australis gefunden zu haben. Niederländische Navigatoren wussten von der Existenz einer Landmasse, die zum heutigen Westaustralien gehört, und es muss für Tasman plausibel gewesen sein, dass er auf der südlichen Route,

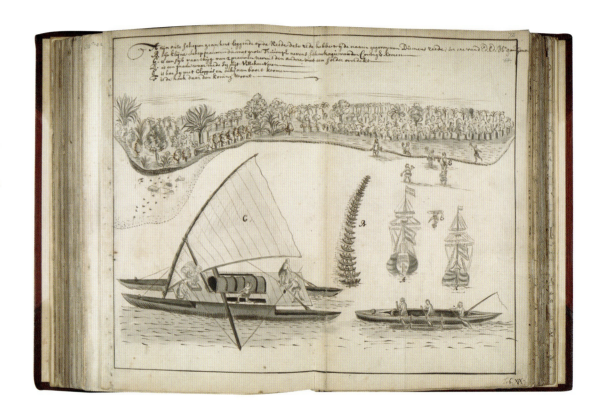

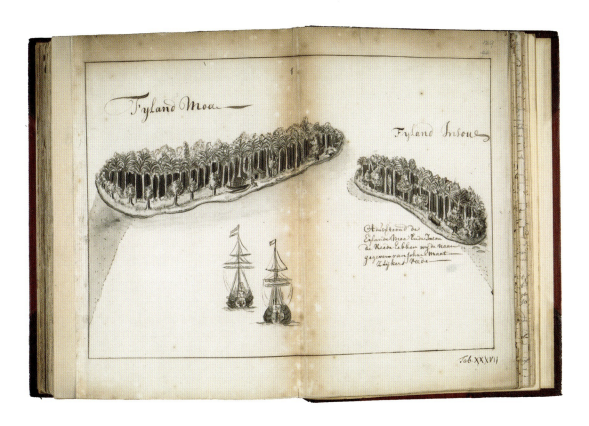

Inseln und Schiffe aus einer Kopie von Tasmans Tagebuch, die Sir Joseph Banks gehörte.

die er eingeschlagen hatte, auf eine große Landmasse stoßen würde, als er die Insel erreichte. Tasman verließ Van-Diemens-Land, ohne zu erkennen, dass es sich um eine Insel handelte. Es gab also noch Hoffnung.

Nun schlug er einen östlichen Kurs ein, erreichte Neuseeland (Aotearoa) und kam in Kontakt mit den Maori, die die Inseln bewohnten. Die Maori waren zwar noch nicht lange dort ansässig (gemessen an der langen Geschichte der Besiedlung des Pazifiks), aber hatten die Ökosysteme bereits verändert: Die großen Laufvögel, die einst die Inseln bevölkerten, waren bereits ausgerottet, und es entstand eine reiche Maori-Kultur. Diese Kultur war eine durchaus kriegerische, und Tasman fand seine erste Begegnung mit den Maori einschüchternd. Als er im Territorium der Ngāti Tumatakokiri ankam, ruderten die Maori in ihren Kanus herausfordernd auf seine Schiffe zu. Sie griffen ein holländisches Beiboot an, das als Nachrichtenüberbringer zwischen den Expeditionsschiffen diente, töteten vier holländische Seemänner und ruderten mit einer der Leichen an Land. Tasman hatte die Botschaft der Maori-Krieger verstanden und verließ die Inseln, deren Lage er gerade kartografiert hatte. 130 Jahre lang kamen keine weiteren Europäer dorthin, und die VOC gelangte zu dem Schluss, dass, sollte es *Terra Australis* tatsächlich geben, dort kein Profit zu machen wäre.

Freibeuter des Pazifiks

Wie das Beispiel von Drake und anderen zeigt, war die Piraterie im Pazifik zum einträglichen Geschäft für englische Seefahrer geworden. Die ersten Raubzüge waren für die Spanier ein Schlag ins Kontor, für die englische Wirtschaft bedeuteten sie eine massive Unterstützung. Die Beute war groß genug, um damit Staatsschulden zu tilgen und Investitionen zu tätigen. Die Aussendung von Freibeutern in den Pazifik war von da an für die Engländer mehr als ein Jahrhundert lang eine wichtige Unternehmung mit mehr oder weniger erfolgreichen Abenteurern, die in der „Spanischen See" so viel wie möglich von der wertvollen Fracht der spanischen Galeonen erbeuten und nach Hause bringen sollten.

Das war die Situation, als Captain Bartholomew Sharp im Südpazifik das Kommando über ein englisches Freibeuterschiff (nebst Kaperbrief der Englischen Krone) führte. Er hatte die Expedition nicht als Kapitän begonnen, aber 1681 befehligte er ein Schiff und kreuzte im Südpazifik. Der Beutezug schien anfangs wenig erfolgversprechend, aber dann machte die Crew einen Fang, der von großer Bedeutung für die britischen Aktivitäten im Pazifik sein sollte. Beim Überfall auf das spanische Schiff Rosario wurde der Kapitän des Schiffs gefangen genommen, als er versuchte, verschiedene Dokumente über Bord zu werfen. Als Sharps Männer die Papiere in Händen hielten, erkannten sie, dass sie einen Satz spanischer Seekarten erbeutet hatten. Diese Karten waren nicht nur eine wertvolle Beute für die Piraten, sondern auch für die zukünftigen englischen Operationen im Pazifik von Bedeutung. Die spanische Krone hielt das kartografische Material über die Gebiete, die in ihrem Kontrollbereich lagen, streng unter Verschluss. Karten aus früheren

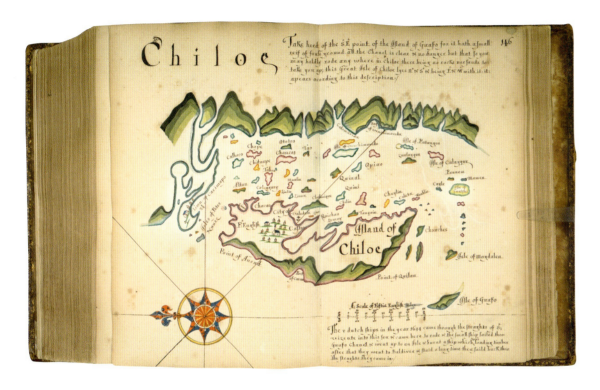

Karten der pazifischen Inseln (einschließlich der Galapagosinseln) von William Hack.

Expeditionen verschwanden in den spanischen Archiven und waren ausschließlich einem auserwählten Personenkreis zugänglich; man hoffte dadurch zu verhindern, dass sie in falsche Hände gerieten. Diese falschen Hände waren die Spione der englischen Regierung und der VOC, und so war das Kartenmaterial von besonderem Wert.

Für Sharp persönlich war die Erbeutung der Karten ein Glücksfall. Als er 1682 nach England zurückkehrte, wurde er wegen Piraterie angeklagt. Der spanische Botschafter hatte auf seine Verhaftung gedrängt, denn nach offizieller Lesart herrschte gerade Frieden zwischen England und Spanien, als Sharp die Rosario kaperte. Er und seine Männer waren von Freibeutern der Krone zu Piraten geworden. Aber Sharps Beute sorgte in England für Aufsehen. Man munkelte, dass das Königshaus die erbeuteten Karten sehen wolle und zudem den Besitzer einer derart wertvollen Beute gerne auf freiem Fuß sähe, damit er seine Arbeit auf hoher See fortsetzen könne. Sharp wurde vor Gericht gestellt, offensichtlich um den spanischen Botschafter zu beschwichtigen, aber wegen eines Formfehlers freigesprochen. Die Karten fanden ihren Weg zu einem Mitglied der London Map School, William Hack, der das Material reproduzierte. Diese detaillierten Karten waren für die Freibeuter im Pazifik äußerst nützlich; sie trugen im darauffolgenden Jahrhundert zum Erfolg der Engländer im Pazifik bei und spielten sogar eine Rolle in der Südseeblase des 18. Jahrhunderts (s. S. 85).

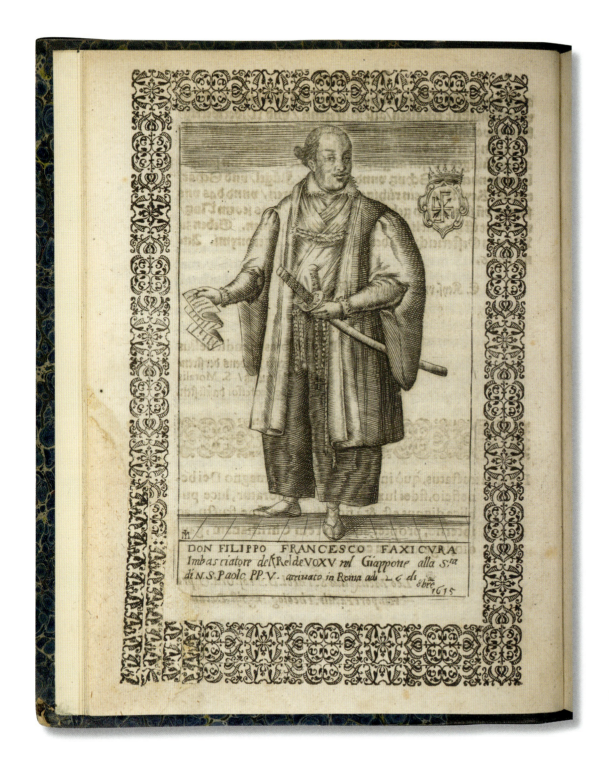

Portrait von Hasekura, aus *Relation und Grundtlicher Bericht …* (Übersetzung von 1617).

Reisende aus dem Pazifik

Ende des 17. Jahrhunderts waren die Europäer bereits sehr stark im Pazifik präsent, und ihre Aktivitäten hinterließen unverkennbare Spuren. Handelsnetzwerke, Tributsysteme und Abhängigkeiten aus der Zeit lange vor der Ankunft der europäischen Seefahrer hatten sich entweder weiterentwickelt, gewandelt oder bis zur Unkenntlichkeit modifiziert. Aber auch die Beziehung des Pazifiks zum Rest der Welt hatte sich mit der zunehmenden Globalisierung verändert. Menschen aus unterschiedlichen Teilen des Pazifiks hatten zu reisen begonnen und beeinflussten die Welt jenseits ihrer Heimatregionen.

Einige von ihnen haben wir bereits in diesem Kapitel erwähnt: Menschen wie Enrique de Malacca, der vermutlich erste Weltumsegler, und die philippinischen Schiffsbauer, die in der „Spanischen See" dorthin reisten, wo ihre Fähigkeiten benötigt wurden. Das Einzige, das sich bei allen Wandlungen durch den europäischen Einfluss in dieser Welt wirklich grundlegend veränderte, war das Ausmaß, das einige der Netzwerke im Pazifik annahmen. Die dortigen Inselgemeinschaften waren seit den Anfängen der Besiedlung durch den Handel verbunden. Besonders nach dem Aufkommen des Lapita-Kulturkomplexes verband die Inseln des Südwestpazifiks ein dichtes Handelsnetzwerk, das innerhalb der kulturellen Grenzen dieser Region geknüpft wurde. Mit der Zeit wuchsen diese Netzwerke immer weiter und wurden Teil des ausgedehnten südostasiatischen Handelsnetzes. Federn aus Neuguinea und Seegurken von der Nordküste Australiens, um nur wenige Beispiele zu nennen, waren sehr gefragt auf dem chinesischen Markt, und so wurden diese Gebiete des Pazifiks mit den stets expandierenden, zunehmend globalisierten Handelsnetzwerken verbunden. Das bedeutete, dass mit dem grenzüberschreitenden Handel auch Menschen umherreisten und sich mit neuen Kulturen vermischten.

Das Gleiche galt für andere Gebiete des Pazifiks. Auch Japan ist hier zu nennen als eine Inselkultur, die in die Handelsnetzwerke eingebunden war, die das politische, kulturelle und wirtschaftliche Machtgefüge dieses Zeitalters immer mehr beeinflussten. Die Ankunft der Europäer setzte diesen Prozess nicht in Gang, sondern entwickelte ihn weiter. Der japanische Gesandte Hasekura Tsunenga (1571–1622) ist ein Beispiel für die sich wandelnde Geografie pazifischer Verbindungen. Hasekura war als japanischer Botschafter von 1613 bis 1620 in Europa tätig, in Spanien und im Vatikan. Seine Reisen nach und von Europa folgten der Geografie der „Spanischen See"; er reiste auf den Galeonen der Handelsrouten und seine Anwesenheit in Europa war von den europäischen Machtverhältnissen im Pazifik geprägt.

Obwohl sich Japan während dieser Zeit aus dem Kontakt mit Europa zurückzog, war Hasekura nicht der einzige Pazifikinsulaner, der nach Ankunft der Spanier und Portugiesen nach Europa reiste; gegen Ende des 17. Jahrhunderts nutzen viele Menschen die globalen Verbindungen, um in andere Teile der Welt zu gelangen. Das darauffolgende Jahrhundert bescherte uns einige der berühmtesten Reisenden, die aus dem Pazifik nach Europa kamen, Mitreisende von Expeditionen, wie sie von Cook oder La Pérouse geleitet wurden. Doch folgten sie damit nur den Routen, die vor ihnen schon andere genommen hatten – Menschen und Kulturen aus dem Pazifik waren bereits in der weiten Welt angekommen und hatten ihrerseits begonnen, Einfluss auf sie auszuüben.

Teil 2
Das Inselreich

Der erste Teil dieses Buches beschrieb die Vernetzung des Pazifischen Ozeans und seiner Archipele. Obwohl diese Vernetzung nicht immer den gesamten Ozean umspannte, führte die menschliche Besiedlung der Inseln im Pazifik nicht zwangsläufig dazu, dass sich isolierte Inselgemeinschaften entwickelten, vielmehr entstanden kulturelle Gebiete, in denen Handel und Austausch von Traditionen die Menschen und ihre Gemeinschaften über bemerkenswerte Entfernungen miteinander verbanden. Die Besiedlung dieser Inseln griff dramatisch in die vorherrschenden Bedingungen auf den Inseln und im umliegenden Gewässer ein; Fischerei, Landwirtschaft, Jagd, Ressourcenausbeutung, Bau von Siedlungen und viele weitere Aktivitäten veränderten die Ökosysteme der Inseln. Das führte zur Entstehung eines sehr menschlichen Pazifiks, eines besiedelten Ozeans, dessen Natur unvermeidliche Spuren der Anpassung an die Bedürfnisse der Menschen trug.

Die Europäer, die ab dem späten 15. Jahrhundert kamen, taten ihr Übriges, um die Landschaften des Pazifiks weiter zu verändern. Besonders die kolonialen Aktivitäten der Portugiesen, Spanier und später der Niederländer hatten weitreichende Auswirkungen, insbesondere durch die Bestrebungen, den Gewürzhandel zu monopolisieren und sein finanzielles Potenzial durch Monokulturen auf den Schlüsselinseln in Südostasien zu steigern. Die Folgen davon waren nicht nur auf diese eine Region des Ozeans beschränkt. Obwohl die Entdeckung weiterer Inseln im Pazifik später erfolgte und langsamer voranschritt, waren bis zum Ende des 17. Jahrhunderts viele Inseln den verschiedenen Aktivitäten der Repräsentanten europäischer Nationen ausgesetzt. In gewisser Weise weitete die europäische Intervention im Pazifik nur den kulturellen Prozess der Vernetzung, der Machtgewinnung und des Austausches aus, der ohnehin schon im Gange war. Zwar übten Händler und Abenteurer aus Spanien und den Niederlanden verheerende Gewalt auf den Inseln aus, aber das Gleiche geschah auch andernorts. Der Aufstieg der muslimischen Sultane auf der Malaiischen Halbinsel und die kriegerischen Shogune Japans sind nur zwei Beispiele dafür.

Das wachsende Ausmaß der europäischen Intervention im Pazifik ist im 18. Jahrhundert nicht mehr zu übersehen. Die europäischen Mächte waren damals aktiv an der Ausbeutung von Arbeitskräften und Ressourcen der pazifischen Inseln beteiligt. Manche Inselreiche, wie Japan, waren sich der Gefahr bewusst und unternahmen entsprechende Schritte, um sich abzuschotten, was aber nicht immer gelang. Für die Kulturen, die das nicht konnten, hatten das zunehmende Interesse und die Ausbeutung durch Händler und Abenteurer erhebliche und langfristige Konsequenzen. Die Zeiten des schmalen Korridors des Galeonenhandels und des zeitweiligen Kontakts mit Handelskompanien waren vorbei. Kolonialmächte, die versuchten, die Welt unter sich aufzuteilen, kamen in den Pazifik und veränderten die Geografie der Handelsnetzwerke, Gesellschaftsstrukturen und Ökosysteme der Inseln auf eine Art und Weise, die für die Menschen im 17. Jahrhundert unvorstellbar war. Aber auch der Pazifik formte mit seinen Kulturen die weitere Umgebung: Weil auch die Insulaner reisten, entwickelte sich der Handel, und die Vorstellung vom Pazifik inspirierte Forscher, die aufgeschlossen dafür waren. Der Prozess der Beeinflussung, der hier begann, mag nicht ausgewogen gewesen sein, aber zumindest verlief er in beide Richtungen.

Wegweisende Forschungsberichte

Bartholomew Sharp war nicht der einzige englische Freibeuter, der den Weg in den Pazifik fand. Im späten 17. Jahrhundert machte eine Vielzahl englischer Schiffe im Pazifik Jagd auf spanische Handelsschiffe. An dieser Jagd beteiligt war auch William Dampier; 1683 kam er über Kap Hoorn in den Pazifik, bevor er 1686 als Navigator auf der *Cygnet* den Ozean überquerte. Dampier behauptete, während seiner Anfangszeit im Pazifik an keinerlei Piraterie beteiligt gewesen zu sein, seine Anwesenheit als Kapitän auf einer 1687 gekaperten spanischen Manila-Galeone strafte seine Aussage jedoch Lügen.

Dampiers 1697 veröffentlichter Bericht über seine Zeit im Pazifik, *Neue Reise um die Welt*, war ein finanzieller Erfolg sowohl für den Autor als auch für den Verleger. Sein Bericht war so lebendig erzählt und so weit verbreitet, dass er sogar das Interesse der Admiralität weckte, besonders wegen Dampiers Notizen über die Westküste Australiens. Zwar waren niederländische und englische Seefahrer im frühen 17. Jahrhundert bereits dort gewesen, aber Dampier konnte die Admiralität davon überzeugen, dass die Ufer, die er gesehen hatte, ein Teil von Terra Australis sein konnten. Ihm wurde das englische Marineschiff *HMS Roebuck* anvertraut, und er startete 1699 seine Expedition, die zwar hinsichtlich *Terra Australis* keine Antworten brachte, aber dennoch von Bedeutung war. Sie zeigt ein verändertes Interesse der Admiralität am

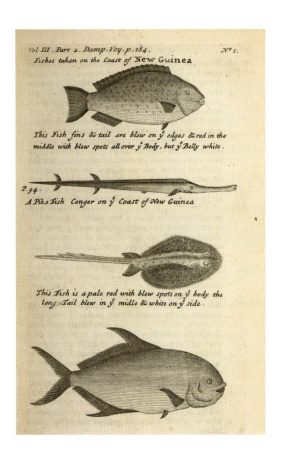

Fische und Pflanzen von Neuguinea, nach Dampiers 1729 veröffentlichtem Bericht.

(*Gegenüber*) Karte von Dampiers Reise 1699, 1729 veröffentlicht.

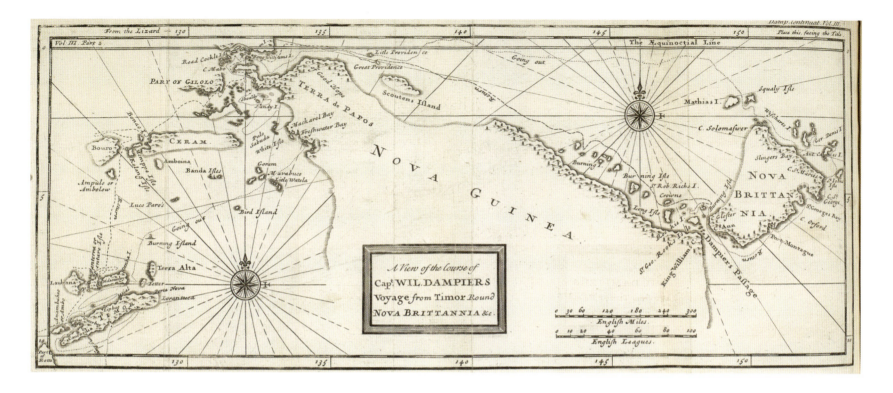

Pazifik, die Erforschung wurde zunehmend um der Forschung willen betrieben und um das englische Wissen über diesen Teil der Welt zu vertiefen. Dampier selbst gab der englischen Forschungspraxis neue, einflussreiche Impulse.

Die Forscher, die mit der VOC verbunden waren, hatten schon immer ein besonderes Interesse an der Flora und Fauna, die sie antrafen – stets in der Hoffnung, gewinnbringende Ressourcen zu entdecken. Die englischen Seefahrer waren häufiger mit Freibeuterei und freien Handelsexpeditionen beschäftigt als mit seriösem Forschen und Kartografieren; deshalb hatte Sharp mit der Erbeutung der spanischen Karten einen so großen Coup gelandet. Dampier war ein scharfer Beobachter im Pazifik, als Freibeuter und 1699 auch als Forscher. Er erstellte Karten, machte sich Notizen zu den Kulturen, auf die er traf. Seinen detaillierten Aufzeichnungen fügte er rudimentäre Zeichnungen der Flora und Fauna, die er vorfand, hinzu. Aus heutiger Sicht ließ Dampiers Arbeit noch viel Raum für Verbesserungen, aber seine genauen Beschreibungen der Pflanzen und Tiere waren Teil einer Expedition, die für die Engländer sehr aufschlussreich war.

Dampier inspirierte mit seinen Publikationen zukünftige Generationen von Entdeckern und Naturforschern. Die hier gezeigten Illustrationen entstammen einem Exemplar von Dampiers *Collection of Voyages* (1729) aus der Sammlung von Sir Joseph Banks, die dieser auf seiner Fahrt auf der *Endeavour* mit Captain Cook im Gepäck hatte. Karte und Zeichnungen wurden von Banks und den Naturforschern, die ihn begleiteten, als eine Art Nachschlagewerk genutzt; möglicherweise wurde Banks von diese Aufzeichnungen zur Teilnahme an einer nie dagewesenen, wissenschaftlichen Expedition inspiriert.

(*Links*) Herman Molls „Neue und genaue Karte der Küstenländer und Inseln innerhalb der Grenzen der South Sea Company".

(*Oben*) „Luzifers neue Ruderbarke", ein satirischer Druck von Robert Knight.

Die South Sea Company

Obwohl die Freibeuterei und alle sonstigen Formen der Piraterie für englische Seefahrer Ende des 17. / Anfang des 18. Jahrhunderts offiziell vom Tisch waren, blieb ihnen die spanische Vormacht im Pazifik dennoch ein Dorn im Auge. Dampier und andere stritten gegen die spanische Vormacht mit der Begründung, dass das spanische Königreich nur einen kleinen Teil der Territorien wirklich nutzte, die es für sich beanspruchte. Zu Beginn des 18. Jahrhunderts gewannen diese Argumente mit der Verschiebung der Machtverhältnisse in Europa an Bedeutung. Das frisch vereinigte Königreich Großbritannien war nun bereit, es mit seinen europäischen Nachbarn aufzunehmen, und Spanien rückte deutlich ins Visier.

England war bereits eine etablierte Seemacht, und die spanisch kontrollierten Bereiche des Ozeans waren das Hauptziel in Konflikten wie dem spanischen Erbfolgekrieg (1701–1713). Kriegserfolge bestärkten die Engländer in ihrer Forderung nach einer Neuverteilung der Zugänge zu Handelsgebieten auf dem amerikanischen Kontinent und im Pazifik. Vor Kriegsende war das Vertrauen der Engländer in die eigene Stärke so groß, dass die South Sea Company gegründet wurde, ein Unternehmen ähnlich der Ostindien-Kompanie, um den Handel in verschiedenen Teilen der Erde kontrollieren zu können. Die hier gezeigte Karte, die der Kartograf Herman Moll ca. 1720 veröffentlichte, stellt den angeblichen Einflussbereich der South Sea Company dar. Hinzugefügte Kartenausschnitte zeigen interessanterweise wichtige von England beanspruchte Territorien auf Inseln in der „Spanischen See"; interessant ist auch ihre Herkunft. Die Darstellungen der Galapagosinseln und anderer Regionen in den eingeklinkten Ausschnitten sind von den Karten kopiert, die Sharp bei einer seiner Kaperfahrten im vorherigen Jahrhundert erbeutet hatte. Aus dem Auftauchen dieser Karten lassen sich zwei Feststellungen ableiten. Erstens: Der Versuch, den Inhalt der Karten geheim zu halten, ist klar gescheitert. Zweitens: Ihr Auftauchen auf der Moll-Karte zeigt, welche Bedeutung Sharps Fund immer noch hatte und welch wichtige Rolle die Karten beim Aufbrechen des spanischen Wissensmonopols über den Pazifik spielten.

Doch war der South Sea Company auch mit diesen eindrucksvollen Karten kein Erfolg beschieden. Molls Karte erschien 1720, zu einer Zeit, in der ein fieberhaftes Interesses an der Kompanie weite Kreise der britischen Gesellschaft erfasst hatte. Investoren steckten große Geldbeträge in die Kompanie, obwohl die Gewinne nur auf dem Papier bestanden; keine Schiffe waren gechartert und keine bedeutenden Expeditionen waren losgeschickt worden. Tatsächlich sollte auch nichts davon geschehen, und schließlich platzte die Südseeblase und verursachte einen katastrophalen Börsencrash, der nicht nur die englische Wirtschaft betraf, sondern auch Investoren aus ganz Europa. Der pazifische Ozean wurde immer weiter in die weltweite politische und wirtschaftliche Dynamik verwickelt, die nun einen Punkt erreicht hatte, an dem mögliche Profite aus dem Pazifik die europäische Wirtschaft tiefgreifend beeinflussten. Die South Sea Company scheiterte zwar, aber sie stand repräsentativ für die veränderte Beziehung zwischen Europa und dem Pazifik und die Erosion des spanischen Machtbereichs.

Die Statuen von Rapa Nui

Der Kontakt zwischen Rapa Nui (Osterinsel) und dem Rest des Pazifiks war zwar nicht besonders ausgeprägt, aber es gab ihn im Laufe der Jahrhunderte nach der Besiedlung. Die Insel war Teil des pazifischen Handelskreislaufs, und es wurden Kulturelemente aus anderen Teilen des Pazifiks übernommen, wie das polynesische Pantheon der Götter. Der Kontakt zu Europäern war jedoch nur flüchtig und fand erst einige Zeit nach deren ersten Entdeckungsreisen in den Pazifik statt. Es war die Suche nach dem sagenhaften Kontinent *Terra Australis*, die die Europäer unweigerlich an die Ufer von Rapa Nui führte. Jacob Roggeveen und seine Mannschaft trafen 1722 auf diese Insel. Roggeveen war 1721 zu einer Expedition aufgebrochen, um das südliche Land und eine neue Westroute zur Malaiischen Halbinsel zu finden, um so die Monopole der VOC zu unterlaufen.

Roggeveen berichtete, dass er eine große Inselpopulation vorgefunden habe, als er Rapa Nui im April 1722 erreichte, die aber auf einem kargen Boden lebte und über keine hochseetauglichen Boote zu verfügen schien. Er war überwältigt von den gigantischen Statuen, die auf der ganzen Insel aufgestellt waren. Roggeveen verbrachte zwar nur einen Tag auf der Insel, machte sie aber dauerhaft in Europa bekannt, indem er sie nach dem Tag, an dem er und seine Mannschaft ankamen, Osterinsel nannte. Spätere europäische Besucher waren ebenso beeindruckt von der Insel. Besonders die majestätischen Moai-Statuen nahmen in den wenigen veröffentlichten Beschreibungen der Insel großen Raum ein. Dazu gehörte auch der Bericht über Jean-François de La Pérouses spätere Expedition, der nicht nur, wie hier dargestellt, die Statuen zeigte, sondern auch über Landschaft und Architektur berichtete. Europäische Reisende, die später auf die Insel kamen, waren betroffen von den dortigen Lebensumständen und dem offensichtlichen Bevölkerungsschwund.

Die Europäer mögen durch das sogenannte „Blackbirding" auch dazu beigetragen haben, dennoch hatte die Insel zwischen Roggeveens Expedition und der Ankunft späterer Entdecker großen Schaden genommen, wie aufgrund der katastrophalen Umweltzerstörungen angenommen wurde. Die hohe Bevölkerungsdichte war für das Ökosystem der Insel eine große Belastung. Lange wurde ins Feld geführt, dass das Aufstellen der Moai-Statuen zu massiven Abholzungen geführt hatte, es waren jedoch mehrere Faktoren, die zum ökologischen Kollaps der Insel führten. Pollenproben und archäologische Funde (wie Knochenhaufen) zeugen vom Rückgang der Wildtierpopulation und sogar völliger Ausrottung mancher Arten bis zum 15. Jahrhundert, zweifellos durch die Jagd.

Die Besiedlung von Inseln wie Rapa Nui hatte auch indirekte ökologische Veränderungen zur Folge; eingeschleppte Tiere, insbesondere Ratten, hinterließen ihre Spuren in den Ökosystemen, auf die sie trafen. Im Fall von Rapa Nui war die Kombination aus menschlichen Lebensweisen und der Ausbreitung mitgebrachter Tiere vermutlich der Grund für die ökologische Erosion der Insel. Zudem bedeutete deren relative Isolation, dass sich die Bevölkerung weitgehend autark versorgen musste, was den Raubbau an den Ressourcen begünstigte. Rapa Nui erinnert uns alle an die Gefahren, die eine Plünderung der natürlichen Rohstoffe unserer Umwelt mit sich bringt.

Moai-Statuen, dargestellt im Reisebericht von La Pérouse.

El Niño

El Niño ist ein Wind- und Strömungsphänomen im Südpazifik, das die klimatischen Verhältnisse im pazifischen Raum verändert, oft mit weltweiten Auswirkungen. Offiziell wurde er im 20. Jahrhundert definiert, aber seine Auswirkungen sind seit Jahrhunderten bekannt. Der Name *El Niño* bezieht sich auf eine regelmäßige Änderung der Strömung und Wassertemperatur im Südpazifik, die die Fischer besonders um die Weihnachtszeit bemerkten und diesem Phänomen deshalb diesen Spitznamen gaben. Heute wissen wir, dass es sich um die Abfolge eines komplexen klimatischen Kräftespiels handelt, das bewirkt, dass im Westpazifik weniger Regen fällt als sonst und im Ostpazifik im Gegenzug mehr Regenfälle als üblich zu verzeichnen sind.

Die Beschreibung des Phänomens ist zwar relativ jung, doch konnte durch paläoklimatische Techniken, wie die Untersuchung der Wachstumsringe von Korallen, nachgewiesen werden, dass dieses Phänomen schon vor Jahrtausenden regelmäßig auftrat. *El Niño* beeinflusste nachweislich auch die Menschheitsgeschichte, insbesondere im Pazifik. Ein Beispiel ist die Besiedlung Rapa Nuis (Osterinsel) durch Gruppen von Menschen, die bereits vor 1200 n. Chr. von den westpolynesischen Inseln aus dorthin segelten. Den Meeresströmungen zufolge wäre das unmöglich gewesen, weil die vorherrschenden Winde und Strömungen ausschließen, dass Polynesier aus dem Westpazifik die Insel erreichen konnten, es sei denn, sie setzten ihre Segel während einer *El-Niño*-Phase. Die Besiedlung Rapa Nuis zeugt von dem Wissen über diesen Ozean, das die Seefahrer über die Jahrhunderte hinweg erlangten, denn eine solche Reise erforderte genaue Planung. Dass sie stattfinden konnte, lässt darauf schließen, dass die Auswirkungen *El Niños* bekannt waren und genutzt wurden.

El Niño erinnert uns daran, dass nicht der Mensch allein dieses Inselreich formte. Vielmehr wurde der Einfallsreichtum unserer Vorfahren durch die Strömungen des Ozeans und seine klimatischen Phänomene unterstützt. Sie gehören zum Leben der Pazifikvölker und formten ihre Geschichte und die Geschichte der Welt.

Alexander Johnstons „physikalische Karte" des Pazifischen Ozeans zeigt die Strömungen und Handelsrouten des Pazifiks, 1856.

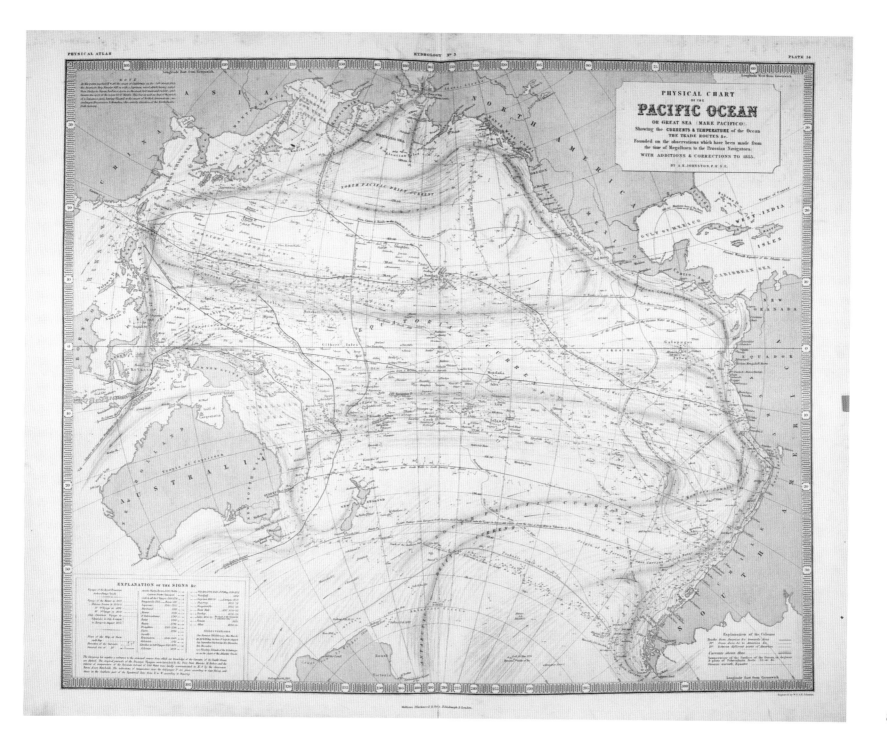

Russland und der Nordpazifik

Die Völker und Kulturen des Nordpazifiks wurden in diesem Buch bisher wenig beachtet, doch auch die Inselbevölkerung der Aleuten und der Archipele in den nördlichsten Teilen des Pazifiks unterhalten komplexe Verbindungen. Die Aleuten-Völker, die einen erheblichen Teil der Population dieser Inseln ausmachen, sind mit den Inuit verwandt, die hauptsächlich in der nordamerikanischen Arktis leben. Schon früh nutzten sie ihre Baidarkas (Kajaks) sowohl zur Kommunikation und zum Austausch zwischen den Inseln als auch für den Fischfang und die Jagd auf die Meeressäuger, die im Nordpazifik beheimatet sind. Über diese Inseln erfolgte vermutlich während der frühesten Migrationen die Besiedlung des amerikanischen Kontinents, und so sind auch sie ein Beispiel für die dichte Vernetzung in diesem Ozean und darüber hinaus.

Dennoch blieben diese Inseln von verschiedenen Prozessen im Pazifik weitgehend verschont, sei es von den wachsenden Handels- und Tributsystemen der frühen Mächte im Pazifik, wie China, oder vom Einfall europäischer Handelsmächte wie Spanien oder den Niederlanden. Ohne Zweifel bestanden auch zwischen den Aleuten und diesen südlichen Netzwerken Handelsverbindungen – Handelsgüter aus der Arktis, wie Amber, Walrosselfenbein und Pelze, waren in den südlicheren Kulturen stets gefragt –, aber sie waren aufgrund der Lage der Inseln nicht sehr intensiv. Das änderte sich erst im 18. Jahrhundert, als die Russen in den Nordpazifik vordrangen.

Russland hatte die Suche anderer Nationen nach Nordpassagen für den Asienhandel mit Interesse verfolgt, besonders weil es selbst seinen Einflussbereich immer weiter nach Osten ausdehnte. Es bedurfte der Entdeckung neuer Überland- und Seerouten, um das wachsende Zarenreich in sich besser zu vernetzen und Zugänge zum Pazifik, und damit zum Asienhandel, zu erhalten. Zar Peter der Große setzte alles daran, festzustellen, ob solche Routen nach Asien zu finden seien und, wenn nicht, ob Asien mit Nordamerika verbunden sein könnte. Jede dieser Entdeckungen hätte beträchtliche Auswirkungen auf die Expansion und den Handel Russlands gehabt; deshalb erhielt der dänische Seefahrer Vitus Jonassen Bering den Auftrag, diese Möglichkeiten zu erforschen, und fand die Meerenge zwischen Asien und Nordamerika.

Berings Expeditionen ließen auch die wertvollen Ressourcen der nordamerikanischen Arktis erkennen; die Pelze der Seeotter waren besonders gefragt. Karten wie die hier dargestellte sind nicht nur das Ergebnis der Forschungsreisen von Männern wie Bering (obwohl seine Expeditionen und wichtige Punkte verzeichnet sind, wie der Ort der Insel, auf der Bering 1741 starb), sondern enthalten auch die Entdeckungen verschiedener Expeditionen von Pelzhändlern zu den Aleuten und darüber hinaus. Den Pelzhändlern sind frühe, detaillierte Karten des Nordpazifiks zu verdanken, obwohl viele europäische Entdecker auf sie herabsahen. Dennoch war der Pelzhandel von großer Bedeutung für die Inseln des Nordpazifiks und zog das Interesse Russlands auf diese Region.

Karte des Nordpazifiks mit Eintrag des Ortes von Berings Tod, 1758.

Der Oro-Kult

Es reisten nicht nur Händler, Waren und Siedler durch den Pazifik; auch rituelle Praktiken, Kulturobjekte und religiöses Gedankengut zirkulierten in diesen Netzwerken, wie die weite Verbreitung der Lapita-Keramik im Südpazifik und der Einfluss verschiedener Weltreligionen auf die Inselpopulationen des Pazifiks eindrucksvoll belegen. Noch vor Ankunft des Christentums waren Buddhismus, Konfuzianismus und Islam bereits in vielen Gegenden des Westpazifiks etablierte Glaubensrichtungen, die sowohl das tägliche Leben als auch die Machtverhältnisse auf den Inseln bestimmten, auf denen die jeweiligen religiösen Einflüsse vorherrschten.

Nicht alle im Pazifik praktizierten Religionen kamen jedoch von außerhalb. Die indigenen Völker der nordamerikanischen Inseln waren Teil eines komplexen Netzes von religiösen Kulten, die eng mit dem Ozean verknüpft waren. Auch andernorts waren die geografischen Gegebenheiten ursächlich für die Entwicklung bestimmter religiöser Traditionen. Die Verehrung des Kriegsgottes Oro breitete sich im 17. Jahrhundert von der Insel Raiatea auf weitere polynesische Inseln aus. Über die Handels- und Kommunikationsnetzwerke, die zwischen den Inseln in diesem Gebiet bestanden, fand die Verehrung Oros ihren Weg auf die Nachbarinsel Tahiti. Der Schlüssel zum Erfolg des Oro-Kults war ein Geheimbund von großer machtpolitischer Bedeutung, dem die einflussreichsten Adligen und Priester angehörten. Dieser Bund führte seine Gründung auf Oro zurück und der Kult wurde in seinem Einflussbereich zur dominanten Religion. Der Kult breitete sich von Raiatea nach Rapa Nui, Hawaii und Neuseeland aus. Die Verehrung Oros war in dieser Region aber keineswegs homogen. Es gab viele Götter im polynesischen Pantheon, und jede Gottheit konnte mit den jeweiligen Riten und Symbolen zur Stützung der entsprechenden Machthaber dienen, aber zu der Zeit, als die Europäer diesen Teil des Pazifiks erreichten, war Oro dominant.

Als Captain Cook 1769 Tahiti erreichte, war der Oro-Kult die Religion der herrschenden Führer auf Tahiti. Dieser Umstand hatte bedeutenden Einfluss auf Cooks Begegnung mit der Insel, besonders durch die Arbeit Tupaias. Tupaia war ein Oro-Priester, der Raiatea hatte verlassen müssen, als die Insel von Rivalen angegriffen wurde. Nachdem er Cook und seiner Expedition begegnet war, betätigte er sich als Übersetzer und kultureller Mediator, der die Expedition mit wichtigen Informationen über die Insel, ihre geografischen Besonderheiten und über die polynesische Kultur versorgte. Die hier gezeigte Illustration eines religiösen Monuments Tahitis ist eine der vielen Arbeiten Tupaias, die Teil der Sammlung von Sir Joseph Banks wurde.

Die Europäer trafen auf eine Kultur, die auf der Verehrung Oros und der anderen Götter des polynesischen Pantheons aufgebaut war. Die Götter nahmen sowohl im täglichen Leben als auch zum Erhalt des politischen Machtgleichgewichts auf den Inseln der Region eine wichtige Rolle ein. Die wetteifernden europäischen Mächte brachten jedoch auch neue, konkurrierende Religionen in die kulturelle Vielfalt des Pazifiks, wie die Beispiele der Malaiischen Halbinsel und Japans zeigen. Diese Entwicklung hatte bleibende Auswirkungen auf die Region um Raiatea.

Tupaias Zeichnung einer Marae: Front- (*links*) und Seitenansicht (*rechts*), 1769.

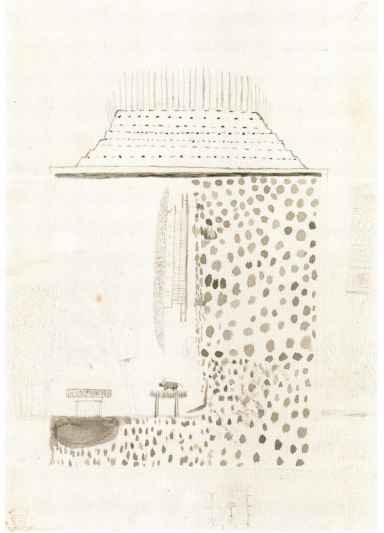

Der Venustransit

Die Ankunft der *Endeavour*-Expedition mit Leutnant Cook als Kapitän gilt als bahnbrechender Moment im europäischen Kontakt mit dem Pazifik. Oft wird jedoch vergessen, warum ihn seine erste Expedition dorthin führte. Das Jahr 1769 war eine der seltenen Zeiten, zu denen die Position der Erde im Sonnensystem bestimmt werden konnte. In diesem Jahr sollte die Venus vor der Sonne vorbeiziehen, somit war sie sichtbar und die Geschwindigkeit des Durchgangs konnte gemessen werden. Aus den resultierenden Daten konnte die Entfernung der Erde zur Sonne bestimmt werden. Um ein genaues Ergebnis zu erhalten, mussten Messungen von verschiedenen Punkten der Erde zusammengetragen werden, und so startete ein nie dagewesenes Forschungsvorhaben. Eine Vielzahl von Beobachtungsteams wurde ausgesandt, um das Ereignis zu beobachten und die Ergebnisse zu berichten. Cook sollte den Transit von Tahiti aus beobachten, einem Punkt in einem weltumspannenden wissenschaftlichen Netzwerk. Die *Endeavour* und ihre Mannschaft verließen London 1768 mit weiteren Instruktionen neben der Beobachtung des Venustransits. Tahiti und Umgebung war zu einem wichtigen Gebiet in einem Ozean geworden, an dem eine wachsende Anzahl europäischer Nationen interessiert war. Engländer und Franzosen begannen, ihre Einflussbereiche im Südpazifik auszubauen wie die Niederländer, Spanier und Portugiesen in den Jahrhunderten davor. Orte wie Tahiti wurden zu Knotenpunkten und potenziellen Einflusszonen, deshalb hatte Cook den Auftrag, das Gebiet um Tahiti zu kartografieren und neu entdeckte Landmassen, auf die er traf, für England in Besitz zu nehmen, um den Anspruch auf spätere Nutzung der Inseln und deren Ressourcen zu sichern. Auch Mitte des 18. Jahrhunderts war die Suche nach *Terra Australis* noch nicht abgeschlossen. Neben den Observationen und den Erkundungen der Inselgruppen um Tahiti hatte Cook den Spezialauftrag, nach dem südlichen Kontinent zu suchen.

Zwar hatte Cook Zweifel an der Existenz dieses Kontinents, doch er führte seinen Auftrag aus, und so kam es zum Kontakt mit Neuseeland, der Ostküste Australiens und, sehr direkt, mit dem Great Barrier Reef. Cook schloss die europäischen Wissenslücken über Neuseeland (Aotearoa), die der überstürzte Aufbruch Tasmans durch den unerfreulichen Kontakt mit den Maori hinterlassen hatte, und stellte unumstößlich fest, dass die Inseln nicht Teil eines südlichen Kontinents waren. Cooks Entdeckungen und die von ihm angefertigten Karten hatten weitreichende Folgen für die Inseln und Völker, auf die er traf. Der Erfolg der Expedition, zusammen mit den stets wachsenden Machtambitionen der Europäer im Pazifik, führte dazu, dass immer mehr Expeditionen, gefolgt von Walfängern, Händlern und Missionaren, tiefer und tiefer in den Pazifik eindrangen. Dieses Vorgehen wurde von zugegebenermaßen unberechenbaren und wankelmütigen Herrschern in den europäischen Metropolen gefördert. Der gesamte Pazifik geriet unausweichlich und unwiderruflich in den Sog politischer, wirtschaftlicher, wissenschaftlicher und kultureller Ambitionen Europas.

Fort Venus, dargestellt von H. D. Spöring.

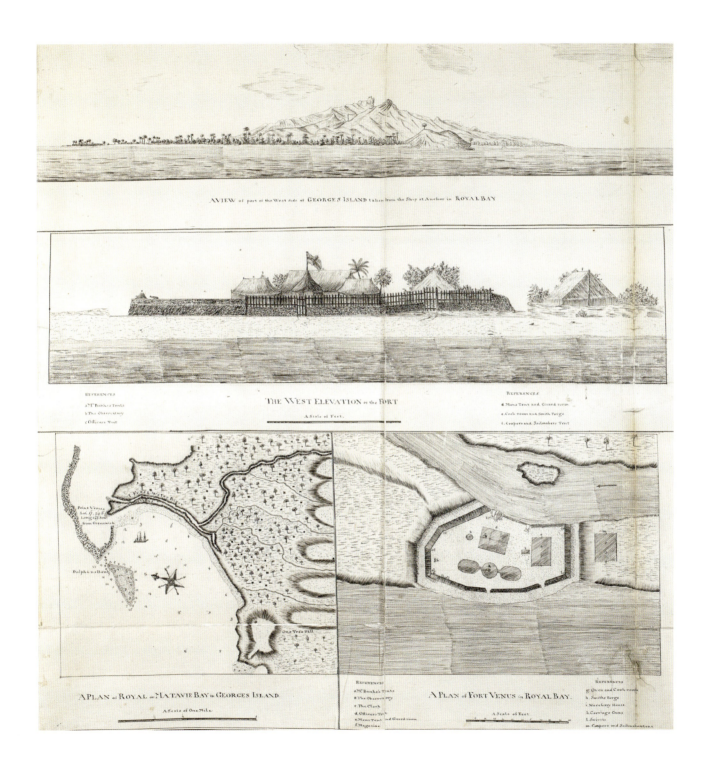

Sammlungen von nachhaltigem Einfluss

Zu Cooks Mitreisenden gehörte auch ein Team von Naturforschern, das von dem jungen Sir Joseph Banks zusammengestellt worden war, einem Botaniker, der bereits eigene Expeditionen nach Nordamerika, insbesondere Neufundland und Labrador, geleitet hatte. Banks war zum wissenschaftlichen Begleiter der *Endeavour* für den naturkundlichen Teil ihres Forschungsauftrags ernannt worden. Er und sein Team hatten den Ehrgeiz, naturhistorische Studien in einem nie gekannten Ausmaß zu betreiben und entsprechende Sammlungen anzulegen. Der junge Botaniker war von früheren Forschungsreisen inspiriert, bei denen der Geografie und Natur der bereisten Orte große Aufmerksamkeit gegolten hatte; seine Arbeit wurde von Berichten wie denen William Dampiers stark beeinflusst. Banks war allerdings der Überzeugung, dass nur wenige Expeditionen, wenn überhaupt, sich dieses Themas gebührend angenommen hatten. Er wollte die Geografie, Flora und Fauna sowie die Völker, die er auf der Reise mit der *Endeavour* antraf, genauestens erforschen und nahm deshalb ein Team aus Wissenschaftlern – darunter Daniel Solander und H. D. Spöring – und Zeichnern, darunter Sydney Parkinson, mit. Sie alle sollten mithilfe von Banks' Bibliothek und technischen Geräten, die er mit an Bord nahm, buchstäblich alles beobachten und aufzeichnen, was ihnen auf der Reise mit der *Endeavour* im Pazifik und im Rest der Welt begegnete.

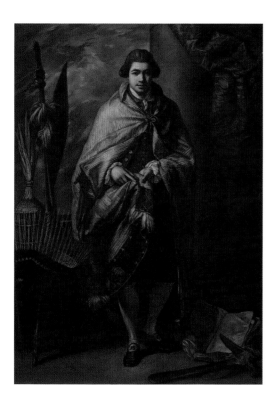

Banks und sein Team machten detaillierte Aufzeichnungen über vieles, was sie unterwegs fanden, aber auch über die Völker und Kulturen, mit denen sie in Kontakt kamen. Vieles davon ist Tupaia, einem Priester aus Raiatea, zu verdanken, den die Forschungsreisenden auf Tahiti kennenlernten und ohne den die intensiven Einblicke nicht möglich gewesen wären. Das Ergebnis der umfangreichen Expedition, von Banks' Zielstrebigkeit, der umsichtigen Arbeit von Teammitgliedern wie Solander und Parkinson sowie von Tupaias Beitrag – ganz abgesehen von dem Empfang, den ihnen viele Pazifikinsulaner bereiteten – war ein Bericht, der die europäische Sicht auf die Welt nachhaltig beeinflusste. Nach der Ankunft in Batavia (Jakarta) wurden viele Teilnehmer sehr krank, Leute aus der Mannschaft und aus Banks' Team starben an den Folgen, aber die Schiffe kehrten zurück und die Erkenntnisse der Expedition fanden weite Verbreitung.

Es waren nicht nur die Naturwunder, die Aufmerksamkeit erregten, sondern auch die Einblicke in die pazifischen Kulturen. Die Berichte riefen ähnliche Begeisterung hervor wie Dampiers Veröffentlichungen über seine Reisen in den Pazifik im 17. Jahrhundert und die Zurschaustellung seines indonesischen Sklaven Jeoly, der wegen seiner Tätowierungen berühmt wurde. Benjamin Wests Porträt zeigt, wie Banks versuchte, seine naturkundlichen

(*Oben*) Zwei von Parkinsons Maori-Porträts.

(*Links*) Sir Joseph Banks, porträtiert von Benjamin West (Mezzotinto)

und kulturellen Eindrücke der Expedition zu präsentieren. Banks trägt einen Maori-Umhang und ist von Maori-Waffen, einem tahitianischen Kopfschmuck und verschiedenen Gegenständen, die er auf der Expedition gesammelt hatte, umgeben. Für ihn waren diese Gegenstände und der Aufschluss, den sie den Europäern über die Expedition gaben, das Vermächtnis der *Endeavour*, und in vielerlei Hinsicht ist Banks' Sammlung tatsächlich ein Vermächtnis. John Hawkesworth' 1773 veröffentlichter offizieller Bericht über die Expedition ist eine schlechte Beschreibung der Arbeit Cooks und seiner Begleiter, und auch in weiteren Publikationen wird die Unternehmung stark kritisiert. Banks' Sammlungen in seiner Residenz am Soho Square hingegen waren Wissenschaftlern zugänglich und fanden später Einzug in das British Museum, das Naturkundemuseum und in die British Library; so tragen sie heute noch zum Verständnis des Pazifiks bei.

Tupaia's Chart

N — Opatoerow
S — Opatoa
W — Tereati / Toottera
E — Tatahieta / Ohetootter

- Oahourou
- Oryvavai
- Olematerea
- Oateeu
- Orurutu
- Ohevapoto
- Oheva roa
- Tebooi
- Orarathoa
- Oahoo-ahoo
- Ocito
- Whatterreero
- Terouuhah
- Temanno
- Ooureu
- Moluhea
- Maataah
- Oo-ahe
- Toutepa
- Oweha
- Whennua ouda
- Oanna
- Oura
- Teoheow
- Whaterretuah
- Tupia tata ra pahei matte
- Oryroa
- Tetineoheva
- toe mifi no terara te rietea
- Mau-rua
- Tupi
- Olaah
- Whangane a
- Orivavie
- Opopotea
- Opopoa
- Bola-bola
- Oopati
- Tinuna
- Oroluma
- Otahah
- Whareva
- Oremaroa
- Ohevatoutouai
- Ulietea — Tuboona no Tupea pahei tayo
- Whaow
- Max te tata pahei rahie te ra pahei no Brittane
- Eavatea
- Huaheine
- Ohetepoto
- Tetupatupa eahow
- Moenatayo
- Imao
- Otaheite
- Mytea
- Ohetetoutou-atu
- Tapoa-mannu
- Medaah no te tuboona no Tupia pahei toa
- Ohevanue
- Ohetetoutou-mi
- Teerrepouopomathehei
- Oheavie
- Oirotah
- Ohetetoutoureva
- Opooroo
- Oheteroa
- Tometoaroaro
- Teoroeronatiwa-tea
- Ooutow
- Itonue
- Ohete maruiru
- Ohetetaiteare
- Otootooera
- Mannua
- Ouropoe
- Teamoorohete
- Teatowhete
- Moutou
- Tenewhammeatane
- Onowhea

Pazifische Perspektiven

Die Sammlungen von Sir Joseph Banks in der British Library vermitteln viele Informationen, die dem raiateanische Priester Tupaia zu verdanken sind. Tupaia und die Teilnehmer der *Endeavour*-Expedition lernten sich auf Tahiti kennen, wo Tupaia lebte, nachdem er seine Heimatinsel wegen religiöser und politischer Streitigkeiten verlassen musste. Bald wurde er für Cook, Banks und den Rest der Expedition unverzichtbar, nicht nur als Übersetzer, sondern auch als Informationsquelle über die Region um Tahiti. Banks' Sammlungen enthalten zahlreiche Zeichnungen Tupaias, die Schlüsselelemente der tahitianischen Kultur zeigen. Seine Darstellung religiöser Figuren und der Landschaft der Insel haben erkennbar Banks' Verständnis der Gesellschaft gefördert, in der sie sich bewegten. Tupaias spätere Illustrationen und Interpretationen anderer Kulturen Polynesiens und des Südpazifiks, auf die die *Endeavour* traf, lieferten die Grundlage für eine nichteuropäische Sicht auf diese ersten Kontakte. Diese Perspektive ist ein wertvoller Bestandteil der historischen Aufzeichnungen nicht nur über die pazifischen Kulturen, sondern auch über deren Vermischung sowohl untereinander als auch durch Außenkontakte, insbesondere zur Zeit der europäischen Expansion und des vermehrten englischen und französischen Interesses am Pazifik. Die Karte der Gesellschaftsinseln (Tahiti und die umliegenden Inseln), die Cook von einer Vorlage Topaias kopierte, ist ein Schlüsselelement, denn sie verzeichnete die Eingeborenen-Namen verschiedener Inseln der Region und erhielt so dieses Erbe in einer Zeit, in der die europäischen Forscher vielen Inseln und Gegenden, auf die sie trafen, neue Namen gaben. Noch bedeutungsvoller ist die Geografie, die Tupaias Karte vermittelt. Sie ist nicht nach den, damals wie heute, im Westen gebräuchlichen raumbezogenen Projektionen ausgerichtet, sondern hat ihre eigene räumliche Logik. Sie vermittelt relative Entfernungen von Tahiti als eine Reihe konzentrischer Kreise, die die Segelzeit repräsentieren, die man von der Insel aus benötigte. Diese Karte zeigt, wie sich die Polynesier die Verbindungen, die zwischen den Inseln des Pazifiks bestanden, vorstellten und wie sie sie verstanden; sie stellt eine „voreuropäische" Geografie dieses Teils der Erde dar.

Tupaias Karte ist in vielerlei Hinsicht ein faszinierendes historisches Dokument, das Epeli Hau'ofas Vorstellung eines „Ozeans der Inseln" vorwegnimmt. Der Pazifik ist eine eigene, vernetzte Region, in der das Meer das Verbindungsmedium zwischen den Inseln ist und nicht als Barriere verstanden wird. Die heutige Wissenschaft geht davon aus, dass diese Netzwerke bereits in Auflösung begriffen waren, als die Europäer kamen, und Rapa Nui nicht die einzige abgeschiedene Insel war. Tupaias Karte und letztlich auch sein Leben zeigen jedoch, wie stark diese Netzwerke im Pazifik verankert waren.

Tupaias Mitarbeit war für die *Endeavour*-Mission und die Pazifik-Geschichtsschreibung von unschätzbarem Wert, aber leider von kurzer Dauer. Er schloss sich der Expedition an und half, Einblicke in die Kulturen der Maori und der australischen Ureinwohner zu gewinnen, erkrankte jedoch wie viele auf der Expedition und verstarb in Batavia (Jakarta). Die fehlende Widerstandskraft der Pazifikinsulaner gegen eingeschleppte kontinentale Krankheiten wurde ein immer ernsteres Problem mit dramatischen Auswirkungen.

Tupaias Karte der Inseln um Tahiti, kopiert von Captain Cook, 1769.

Gefährliche Besucher

Zu der Zeit, als Cooks Schiffe Tahiti ansteuerten, gab es immer häufiger Kontakt zwischen europäischen Entdeckern und Pazifikinsulanern. Schiffe aus vielen verschiedenen Ländern suchten mittlerweile nach neuen Siedlungs- und Handelsmöglichkeiten. Doch die Kontakte wurden zusehends gefährlicher. Während Expeditionen wie die der *Endeavour* bewiesen, dass Europäer vieles über die polynesische Kultur erfahren konnten und anhaltende Kontakte möglich waren, zeigte sich auch, wie sich Spannungen zwischen Europäern und den Gemeinschaften, die sie heimsuchten, aufbauen konnten. Selbst die wohlgesinntesten Schiffsbesatzungen übertraten soziale Grenzen, missinterpretierten kulturelle Normen und setzten sich über spirituelle Tabus hinweg, die bestimmte Plätze, Gegenstände oder Nahrungsmittel betrafen, die entweder heilig oder dem Machthaber vorbehalten waren.

Das war auch die Ursache der Reibungen zwischen Cooks Mannschaft und den Tahitianern um Fort Venus, dem Ort, von dem aus die Crew den Venustransit beobachtete, und oft mündeten die Spannungen in körperliche Gewalt. Ein weiteres Beispiel für die Belastungen durch einen längeren Aufenthalt kommt von der Expedition von Marc-Joseph Marion du Fresne, dem französischen Entdecker, der 1771 mit zwei Schiffen, der *Mascarin* und der *Marquis de Castries*, in den Pazifik segelte. Im März 1772 erreichte du Fresne Neuseeland und nahm Kontakt zu den dortigen Maori auf, während er seine Vorräte auffüllen und Holz für die Schiffsreparaturen fällen ließ. Du Fresne war vom selben Kaliber wie Captain Cook, interessiert an indigenen Kulturen und freundlichen Kontakten zu allen, die ihm und seinen Mannschaften begegneten. Möglicherweise war du Fresne noch entschlossener, sich auf die indigenen Gemeinden einzulassen, weil er für die Vorstellung vom „Edlen Wilden" große Begeisterung hegte, die im 18. Jahrhundert zunehmend aufkam.

Die Expedition verbrachte über fünf Wochen in der Bay of Islands und Umgebung und unterhielt Kontakte zu den örtlichen Ngare, die diesen Bereich der Insel als ihr Zuhause beanspruchten. Zuerst schien die Beziehung zu den Ngare friedlicher Natur zu sein, die Mannschaft konnte mittels eines tahitianischen Wörterbuchs von Louis de Bougainville, einem französischen Zeitgenossen von Cook und du Fresne, auch kommunizieren. Am 8. Juni des Jahres waren sie zu einer örtlichen Zeremonie eingeladen, aber am 12. Juni war die Stimmung bereits so sehr gekippt, dass du Fresne mitsamt einem Teil seiner Mannschaft getötet wurde, während sie beim Fischen waren. Daraufhin begann ein über vierwöchiger Kreislauf aus Racheakten, bei dem über 250 Ngare getötet wurden, bevor der Rest der Expedition in den Pazifik hinaussegelte.

Die Berichte über die Expedition sind zu spärlich, um genau feststellen zu können, was dazu führte, dass sich der Kontakt zwischen du Fresnes Männern und den Ngare so dramatisch verschlechterte. Vielleicht kam es wegen des tahitianischen Wörterbuchs zu Missverständnissen; es könnte auch Frustration gewesen sein, weil du Fresne und seine Leute so lange blieben. Es kam immer wieder vor, dass das, was europäische Entdecker für eine Willkommenszeremonie hielten, eher dazu gedacht war, sie wieder zu vertreiben. Es ist sehr wahrscheinlich, dass die Mannschaft oder sogar du Fresne selbst einige Tabus verletzte, was heilige Orte oder Speisen betraf, und dass die Ngare diese Kränkungen schließlich nicht mehr ertragen konnten. Wir werden nie erfahren, was wirklich geschah, aber spätere Ereignisse bei anderen Expeditionen lassen dies vermuten.

Dramatisierte Darstellung von du Fresnes Tod.

THE
INJURED ISLANDERS;
OR,
THE INFLUENCE OF ART
UPON
THE HAPPINESS OF NATURE.

W. Hamilton del.   Isaac Taylor sculp.

*New wonder rose, when ranged around for Thee,
Attendant Virgins danc'd the* TIMRODEE.

LONDON,
PRINTED FOR J. MURRAY, No. 32, OPPOSITE ST. DUNSTAN'S CHURCH,
FLEET-STREET; AND W. CREECH, EDINBURGH.
MDCCLXXIX.

Seuchenbringer

Die Ankunft der Europäer im Pazifik erschloss neue Möglichkeiten des Handels und barg dabei ein gewisses Konfliktpotenzial; die Reisenden brachten aber auch Krankheiten von der anderen Seite der Erde mit, die auf den Inseln des Pazifiks verheerend wüteten. Als die Reisenden tiefer in den Pazifik vordrangen und Inseln wie Tahiti, Hawaii und Rapa Nui besuchten, waren die Auswirkungen europäischer Krankheiten auf die indigene Bevölkerung schon bekannt. Eingeschleppte Krankheiten wie Pocken, Masern, Grippe und vielleicht sogar Malaria hatten seit der Ankunft von Columbus auf dem amerikanischen Kontinent ganze Volksstämme ausgerottet. In Europa grassierten diese Erkrankungen noch immer, doch hatten dort viele Menschen eine Art Immunität dagegen erworben. Zwar gab es immer wieder Pandemien, bei denen jedes Jahr viele Menschen starben, aber es wurden kaum ganze Populationen dahingerafft, wie es auf den pazifischen Inseln der Fall war.

Bei manchen Inseln im Pazifik, wie Japan, Taiwan und den Gewürzinseln, war der Kontakt zum kontinentalen Festland, seinen Handelszyklen und Ackerbaumethoden eng genug, dass sich auch dort Immunitäten gegen Krankheiten aus Eurasien und Afrika entwickeln konnten. Tiefer im Pazifik sah es jedoch anders aus. Zudem waren die Schiffe ein sehr effektiver Nährboden für die Ansteckung: Die beengten Verhältnisse an Bord führten zu einer schnellen Ausbreitung von übertragbaren Krankheiten unter der Besatzung, und jene, die sich wieder erholt hatten, fungierten dennoch oft als Überträger beim Kontakt mit den Menschen an Land. Natürlich spielte auch das Verhalten der Seemänner eine Rolle, wenn sie Landurlaub hatten.

Wie schon bei der ersten Expedition Captain Cooks nach Tahiti klar wurde, waren die Seeleute sehr geneigt, während ihres Landaufenthalts intime Beziehungen mit den Inselschönheiten zu pflegen. Diese Beziehungen waren meist einvernehmlich, dennoch kam es auch hie und da zu gewalttätigen Übergriffen. Die Sexualkontakte waren der ideale Nährboden zur Übertragung von Lungenkrankheiten und Infektionskrankheiten wie Masern, am verheerendsten jedoch war die Einschleppung von Geschlechtskrankheiten auf die Inseln.

Hier ist das Frontispiz von *The Injured Islanders* dargestellt, ein außergewöhnlich kompromissloses Werk über die Auswirkungen der europäischen Expansion in den Pazifik. Der Gedichtband verurteilt nicht nur die durch Europäer verursachten kulturellen Veränderungen, sondern befasst sich auch mit den Folgen von Geschlechtskrankheiten für Inseln wie Tahiti.

Erst im Laufe des 18. und 19. Jahrhunderts kam es zu vermehrten Kontakten zwischen Pazifikinsulanern und europäischen Seefahrern, Missionaren, Händlern, Walfängern, Kolonialherren und vielen anderen. Ihre Ankunft im Pazifik bewirkte tiefgreifende soziale, wirtschaftliche und politische Veränderungen auf den pazifischen Inseln, doch diese Veränderungen verblassen im Vergleich zu den Folgen der von ihnen eingeschleppten Krankheiten, die auf den Inseln wüteten und Tod und Zerstörung mit sich brachten.

Titelseite des Gedichtbands *The Injured Islanders*, 1779.

Missionsarbeit

Überall auf der Welt, wo Entdecker aus Europa und dem amerikanischen Kontinent vor Anker gingen, folgten ihnen Repräsentanten des christlichen Glaubens auf dem Fuße. Die pazifischen Inseln waren keine Ausnahme. Durch die Begeisterung, die Cooks Expeditionen geweckt hatten, waren besonders die Angehörigen der evangelisch-anglikanischen Kirche willens, an der Missionsarbeit teilzunehmen oder sie zu unterstützen. Hinzu kam der Ehrgeiz der protestantischen Engländer, ihren Glauben als Gegengewicht zur katholischen Missionsarbeit im Pazifik zu etablieren, die dort bereits allgegenwärtig war. Es ist deshalb nicht überraschend, dass die pazifischen Inseln Ende des 18. Jahrhunderts in den Fokus der britischen Missionsbemühungen gerieten.

Diese Tätigkeiten wurden von der London Missionary Society, anfangs Mission Society, geleitet, die die Bekehrung der pazifischen Inselvölker übernahm. Die ersten Missionswerke wurden in Tahiti eingerichtet; Captain James Wilson brachte die Missionare kostenfrei auf seinem Schiff *Duff* dorthin. Unterwegs wurden auch einige Missionare auf den Nachbarinseln abgesetzt. Die Missionare fanden überall Gemeinschaften vor, die sich kulturell, sozial und politisch schnell entwickelten, und erkannten bald, dass diese Inseln vielfältige Kontakte zur Außenwelt pflegten. Seefahrer aus verschiedenen Ländern, erste Händler und Männer vieler Nationalitäten, die von ihren Schiffen zurückgelassen wurden – die sogenannten „Beachcomber" – übten bereits einen gewissen Einfluss auf die Gesellschaften aus, auf die die Missionare trafen.

Die Missionare gewannen den Eindruck, dass viele Insulaner, denen sie begegneten, bereits vorgefasste Meinungen von ihnen hatten, von dem Nutzen, den sie haben konnten, und von der Rolle, die ihnen in den örtlichen Gemeinschaften zugedacht war. Die Weigerung der „Society-Missionare", in lokale Konflikte einzugreifen, machte es jedoch schwierig, das Vertrauen der Häuptlinge zu gewinnen. Weil die evangelikal-anglikanischen Missionare den Alkohol verteufelten, wohnten sie auch nicht den Kava-Zeremonien bei, die für das Ansehen Einzelner und für die Stärkung der Gemeinschaft sehr wichtig waren. Dadurch manövrierten sie sich in eine Außenseiterposition, die es erschwerte, auf die ansässigen Insulaner einen bekehrenden Einfluss zu gewinnen.

A Missionary Voyage ist in vielerlei Hinsicht eine Aufzeichnung dieser frühen Probleme der Missionsarbeit. Während des 18. Jahrhunderts setzten die „Society" und weitere Missionswerke dennoch bedeutende Veränderungen in dieser Region des Pazifiks in Gang, besonders seit die Insulaner selbst die Rolle der Missionare übernahmen.

Vom 18. Jahrhundert an wurden Missionarsgruppen immer mehr in die Politik der Eingeborenen einbezogen, sie machten Aufzeichnungen über Sprache und Geschichte und veränderten die Strukturen von Glauben und religiöser Praxis auf den pazifischen Inseln merklich. Diese Arbeit leisteten nicht nur die Anglikaner, und überhaupt waren die Missionare untrennbar verbunden mit der lokalen und globalen Religionspolitik in einer Welt expandierender Königreiche.

Szenen aus *A Missionary Voyage to the Southern Pacific Ocean*, 1799 (Originaltitel): (*oben links*) „Missionary House and Environs in the Island of Otaheite"; (*oben rechts*) „Great Morai of Temarre in Pappare in Otaheite"; (*unten links*) „Morai and Altar at Attahooro with the Eatooa and Teees"; (*unten rechts*) „The Afiatookas of Futtafaihe at Mooa in Tongataboo".

Besucher aus dem Pazifik

Im 18. Jahrhundert waren bereits viele Pazifikinsulaner nach Europa und Südamerika gereist, wie man an den Beispielen von Enrique de Malacca und Hasekura Tsunenga belegen kann. Diese Reisenden knüpften nicht nur kulturübergreifende Verbindungen auf höchstem Niveau, sondern waren auch als Wegbereiter an bedeutenden Ereignissen der Weltgeschichte beteiligt. Im späten 18. Jahrhundert wurden polynesische Reisende als Teil der Expeditionen von Seefahrern wie Cook oder als Mitreisende von Händlern, die tiefer in den Pazifik vordrangen, in deren Netzwerke eingebunden.

Reisende aus dem Südpazifik wurden so Teil europäischer Diskurse in einem einzigartigen Moment der intellektuellen Geschichte Europas. Obwohl nicht alle den Kontinent erreichten, wie etwa Tupaia, hatten auch sie doch prägenden Einfluss darauf, wie die Europäer neuen Regionen des Pazifiks begegneten. Bis heute beeinflussen sie unsere Sichtweise auf die Welt um uns herum, weil uns Dinge wie Tupaias Karte von den Inseln des Südpazifiks immer noch faszinieren. Zu diesem Austausch gehörte auch eine Vielzahl von Reisenden, die Ende des 18. und Anfang des 19. Jahrhunderts in direkten Kontakt mit den Ländern und Kulturen des amerikanischen Kontinents und Europas kamen. Viele dieser Personen reisten und arbeiteten mit Walfängern und Händlern, um im Pazifikhandel ihr Glück zu machen. Für diese Menschen wurden die Häfen des Pazifiks und Inseln in anderen Weltmeeren, wie zum Beispiel die Insel Nantucket im Atlantik, zu wichtigen Kontaktpunkten.

Von den Pazifikinsulanern, die in die Aktivitäten der immer größer werden Zahl der europäischen Entdecker im Pazifik eingebunden waren, zählt der Raiateaner Mai zu den bekanntesten. Er lernte Cook und seine Expedition während ihres Aufenthaltes in Tahiti kennen, als sie dort den Venustransit beobachteten, und reiste vier Jahre später (1773) auf dem Schiff *HMS Adventure* unter dem Kommando von Tobias Furneaux nach London. Das hier gezeigte Porträt ist eines von vielen, die von Mai (in Europa bekannt als „Omai") angefertigt wurden. Die damalige Gesellschaft Europas war fasziniert von Mai, nicht nur wegen ihrer Neugier auf das Exotische, sondern auch, weil er über Witz und Charme verfügte. Als Mai in London ankam, hatte Ahutoru, ein Tahitianer, der mit Bougainville gereist war, bereits vorgegeben, wie polynesischer Besucher in Europa wahrgenommen wurden. Ahutoru hatte in der Pariser Salongesellschaft verkehrt und hochrangige Persönlichkeiten der französischen Gesellschaft kennengelernt. Sein Einfluss schlägt sich in den Schriften Jean-Jacques Rousseaus und weiteren Denkern des 18. Jahrhunderts nieder, die die Vorstellung des „edlen Wilden" entwickelten, der das Idealbild eines von der Zivilisation unverdorbenen, freien Menschen verkörperte. Die Tahitianer passten in dieses Bild, das die europäische Vorstellung vom Pazifik über Generationen begleitete.

Mai verkehrte in London in ähnlich hochgestellten Kreisen, lernte Koryphäen wie Sir Joseph Banks kennen und hatte sogar eine Audienz bei König Georg III., den er „King Tosh" nannte. Mai beeinflusste die Gesellschaft auf die gleiche Art wie Ahutoru; er stand im Fokus der Kunstszene und war Gegenstand vieler Werke. Im Gegensatz zu früheren Reisenden wie Tupaia war es Mai vergönnt, seine Heimat wiederzusehen. Er segelte mit Captain Cook auf dessen dritter Forschungsreise zurück in den Pazifik. Cooks erneute Reise zeigt, wie tief sich Mai, die Tahitianer und die pazifischen Inseln im

Allgemeinen in die Weltpolitik europäischer Nationen eingeprägt hatten. Cooks erklärtes Ziel für diese Reise war zwar, Mai nach Tahiti zurückzubringen, aber er segelte mit dem geheimen Auftrag, bei seiner Rückkehr die sagenumwobene Nordwestpassage zu finden. Mais Heimkehr fungierte so als Täuschungsmanöver in einem jahrhundertealten geopolitischen Spiel.

Porträt von Mai aus Cooks *Des Captain Jacob Cook dritte Entdeckungs-Reise in die Südsee und nach dem Nordpol.*

Begegnung mit Hawaii

Bis zum 18. Jahrhundert wusste man in Europa noch nichts von den Hawaiianischen Inseln. Die Strömungen des Pazifiks und die europäischen Handelsrouten führten die europäischen Segelschiffe jahrhundertelang nicht in die Nähe der Inseln. Möglicherweise gingen zwar die Galeonen von Juan Gaytan 1542 an den Inseln vor Anker, aber selbst wenn diese flüchtige Begegnung stattfand, wusste man nichts von den Inseln, bis James Cook 1778 dort landete. Erst jetzt begann die europäische Begegnung mit Hawaii.

Bis zu diesem Zeitpunkt war auf Hawaii die polynesische Kultur vorherrschend; es bestanden verschiedene Reiche. Die Inseln selbst waren direkt mit der polynesischen Entdeckerkultur verknüpft – vor ihrer Inbesitznahme durch tahitische Seefahrer im 12. Jahrhundert hatte die erste Besiedlung bereits vor dem 11. Jahrhundert stattgefunden. Die Tahitianer errichteten eine dominante Kultur auf den Inseln, die bei der Ankunft Cooks nach wie vor Bestand hatte. Sie wies viele Merkmale der polynesischen Kultur auf. Es regierte ein Netzwerk aus Häuptlingen, die ihren Machtanspruch aus ihrer Abstammung und ihrer spirituellen Energie „Mana" herleiteten. *Kahuna*-Priester waren die Bewahrer des Wissens um Kunst und Medizin, während sich die Bevölkerung an feststehende Verbotsregeln (*Kapu/Tapu*) hielt, die denen auf anderen polynesischen Inseln ähnlich waren.

Das war die Welt, die Captain Cook antraf, der bereits erste Begegnungen mit polynesischen Gemeinschaften gemacht hatte. Wie fasziniert seine Mannschaft von Hawaii war, zeigen die Berichte über die Expedition, wie der des Schiffsarztes der *HMS Discovery*, William Wade Ellis. Die Hawaiianischen Inseln spielten am Ende von Cooks dritter Expedition eine bedeutende Rolle. Cook setzte schließlich die Segel in Richtung der nordamerikanischen Westküste auf der Suche nach der Nordwestpassage, über die er den Heimweg antreten wollte. Doch die Reise stand unter keinem guten Stern, und Cook war durch den einsetzenden Winter und das Packeis gezwungen, wieder Richtung Süden zu fahren. Weil die Schiffe Schaden genommen hatten und der Proviant zu Ende ging, steuerte Cook erneut Hawaii an, um die Reparaturen an einem günstig gelegenen (und warmen) Ort vorzunehmen.

(*Oben*) Illustration hawaiianischer Artefakte von Louis Choris, 1822.

(*Rechts*) „Ansicht von Morai auf O'Whyhee" von W. W. Ellis, 1782.

Das Entscheidende in diesem Zusammenhang ist nicht Cooks Ermordung, sondern die Wahl Hawaiis als Anlaufhafen. Die Inseln lagen günstig und hatten eine Bevölkerung, die man für den Handel einspannen konnte, passende Häfen und bedeutende Ressourcen für lange Expeditionen. Cook war einer der Ersten, die die Hawaiianischen Inseln zu diesem Zweck ansteuerte, aber bei Weitem nicht der Letzte. Walfänger und Händler suchten bald Zuflucht in den sicheren Häfen der Inseln und stockten ihre Vorräte auf, während andere sie als Umschlagplatz für Waren aus Nordamerika für den chinesischen Markt nutzten. Die Ankunft der Europäer hatte dramatische Konsequenzen für die Insulaner, die Cook angetroffen hatte, wie König Kamehamehas gewaltsame Vereinigung der Inseln unter Anwendung europäischer Waffen wenige Jahre danach zeigt. Die Arbeit der Missionare und die verheerenden Auswirkungen eingeschleppter Krankheiten sorgten für weitere dramatische Veränderungen. Die strategische Rolle der Inseln im Herzen des Pazifiks gewann an Bedeutung und trug im 18. und 19. Jahrhundert zur stärkeren Verflechtung Hawaiis mit der Außenwelt bei.

Cooks Begegnung mit den Nuu-Chah-Nulth

Cooks dritte Reise in den Pazifik führte ihn an die Westküste und die Inseln von Nordamerika. Nachdem er Mai nach Tahiti zurückgebracht hatte, folgte er seinem Auftrag, einen Heimweg über die Nordwestpassage zu finden. Obwohl russische Karten damals schon sehr weit entwickelt und genau waren und sogar den engen Kanal zwischen Kamtschatka und dem heutigen Alaska beschrieben, beurteilten die Europäer sie abschätzig, und Cook wurde bei seiner Entsendung mit eher vagen Angaben ausgestattet. Es kursierte eine Reihe von Karten, die von Schreibtisch-Kartografen erstellt worden waren, allen voran der Franzose Philippe Buache, der ein gewisses Ansehen erlangt hatte und dessen Karten neues Interesse für die Nordwestpassage weckten. Diesen Karten zufolge fiel die nordamerikanische Küste steil ab und beschrieb eine fast gerade südliche Linie von der Banksinsel in der Arktis bis an die Küste Kaliforniens.

Als Cook und seine Mannschaft am Nootka Sound ankamen, mussten sie der Überzeugung gewesen sein, dass die Nordwestpassage in greifbarer Nähe läge. Stattdessen lag eine beschwerliche und enttäuschende Reise entlang Alaskas Küsten vor ihnen, bevor es nach Hawaii zurück ging. Diese Suche war, wie viele weitere, ein Fehlschlag, dennoch war die Ankunft der Expedition auf Vancouver Island von historischer Bedeutung: Sie war der Anfang einer Reihe von Kontakten zwischen den Nuu-Chah-Nulth und verschiedenen europäischen Gruppen und der Beginn einer neuen Handelsroute. Den Anstoß für diesen Handel bildete ein Pelz, den Cooks Mannschaft mitnahm und der bei den russischen Pelzjägern heiß begehrt war, deren Karten die fehlinformierten europäischen Nationen ignorierten.

Im Zuge des mittlerweile gängigen Tauschhandels, der mit den europäischen Kontakten zu den pazifischen Inseln einherging, tauschten einige aus Cooks Mannschaft europäische Waren gegen Seeotterfelle ein. Die Qualität der Pelze war eindeutig, aber nicht ihr genauer Wert. Viele Monate nach der fehlgeschlagenen Suche nach der Nordwestpassage und der verhängnisvollen Rückkehr nach Hawaii machten einige Überlebende der Expedition mit den Seeotterfellen im chinesischen Kanton sagenhafte Gewinne. Sagenhaft in der Tat, denn einige der Expeditionsteilnehmer konnten einzelne Felle gegen Luxusgüter wie Gürtelschnallen eintauschen, die einen Wert von mehreren Hundert spanischen Dollars hatten.

Wenn die Nachfrage groß war, hatten Felle von guter Qualität einen höheren Wert als ein Fass hochwertigen Walöls, und ihr Erwerb war zudem weniger gefährlich. Für Cooks Mannschaft war das eine Entschädigung für eine Reise, die im Desaster geendet hatte. Ihr erfolgreicher Handel sprach sich herum, und das Ergebnis waren sowohl die Ausbeutung einer Tierart, die ohnehin in einer gefährdeten Nische beheimatet war, als auch eine neue Handelsroute im Pazifik. Cooks dritte Reise hatte schnelle und anhaltende Auswirkungen auf zwei Inseln, mit denen er in Kontakt gekommen war, denn die Gebiete der Nuu-Chah-Nulth und die Hawaiianischen Inseln wurden zu Umschlagplätzen von Seeotterpelzen für Kanton und andere chinesische Märkte. Die Nuu-Chah-Nulth mussten mit der Ökologie ihrer Inseln in einer sich rapide verändernden Welt zurechtkommen.

Webber, Ansicht einer Nuu-Chah-Nulth-Siedlung in Nootka Sound, 1778.

Bäume, Früchte und Meuterei

Sir Joseph Banks erkannte das wirtschaftliche Potenzial dessen, was er auf seiner Reise mit James Cook gesehen hatte, besonders hinsichtlich der vielseitigen Einsetzbarkeit der botanischen Spezies, die er gesammelt hatte. Eine spezielle Frucht stach jedoch besonders hervor: die Brotfrucht aus Tahiti. In der Brotfrucht sah Banks eine sehr produktive Pflanze, die hochenergetische, billige Früchte lieferte und deshalb auch andernorts nützlich sein konnte – wie sich zeigen sollte, auch zur Ernährung der Sklaven in der Karibik.

Im späten 18. Jahrhundert waren die karibischen Inseln sterile Monokulturen, die fast ausschließlich dem Zuckerrohranbau dienten. Der Zucker wurde mit einem großen Aufgebot versklavter Plantagenarbeiter gewonnen, die auf Inseln ernährt werden mussten, die kaum Nahrung hergaben, was unter Normalbedingungen schon problematisch war, aber in Kriegszeiten, in denen die Nahrungsversorgung abgeschnitten werden konnte, katastrophal. Banks hielt die Brotfrucht für eine potenzielle Lösung dieses Problems, und machte es zu einem seiner Projekte, das Parlament davon zu überzeugen. Banks Einsatz – und die verlockende Aussicht auf Geld und eine Goldmedaille von der Royal Society – führte zur Ausrüstung einer Expedition mit der *HMS Bounty* unter dem Kommando von Leutnant William Bligh.

Bligh hatte bereits Pazifikerfahrungen als Navigator auf Captain Cooks dritter und letzter Expedition in den Pazifik gesammelt. Danach stand er weiterhin in den Diensten der Marine und nahm am Seekrieg gegen die Niederlande, Spanien und Frankreich teil, die die Amerikaner in ihrem Unabhängigkeitskrieg unterstützten. Nach Kriegsende befehligte er ein Handelsschiff, deshalb war er vertraut mit dem neuen Typ der *HMS Bounty*, ein für den Transport der Brotfrüchte umgebautes Handelsschiff. Das Hauptaugenmerk hatte bei dem Umbau auf einem Laderaum gelegen, der passend für den Transport von Brotfruchtbäumen war. Bei der Bauart des Schiffes (oben rechts) wurde Wert darauf

gelegt, dass eine große Menge von Bäumen aufgenommen und ausreichend stabilisiert werden konnte.

Hier spricht die Grausamkeit für sich selbst. Es gibt ähnliche Pläne, wie im unteren Bild zu sehen ist, die die Umstände zeigen, unter denen Sklaven über den Atlantik transportiert wurden. In diesen Zeichnungen sieht man, wie die Sklaven eng aneinander, ohne Raum, um sich zu bewegen oder aufzustehen, unter menschenunwürdigen Bedingungen im Unterdeck transportiert wurden. Die Bäume wurden mit äußerster Sorgfalt behandelt, während Menschen Qualen erleiden mussten, bevor sie an Plantagenbesitzer verkauft wurden, denen ein Menschenleben nichts bedeutete; das zeigt die perfide Logik der Sklaverei auf den Plantagen.

Am Ende blieb die *Bounty*-Expedition aufgrund der Meuterei der Besatzung gegen den dominanten Bligh in Erinnerung, der es schaffte, sich in einem Rettungsboot in Sicherheit zu bringen. Banks schien ein ungebrochenes Interesse daran gehabt zu haben, was aus der *Bounty*-Expedition, ihrer Ladung und den Plantagensklaven in der Karibik geworden war. Die Zeichnungen sind aus seinem persönlichen Exemplar von Blighs veröffentlichtem Reisebericht.

(*Links*) Darstellung der Brotfrucht, von Louis Choris.

(*Oben*) Die Ladefläche der *HMS Bounty* aus Banks Exemplar von Blighs Reisebericht, 1792.

(*Unten*) Plan des Sklavenschiffs *Brookes*, 1808.

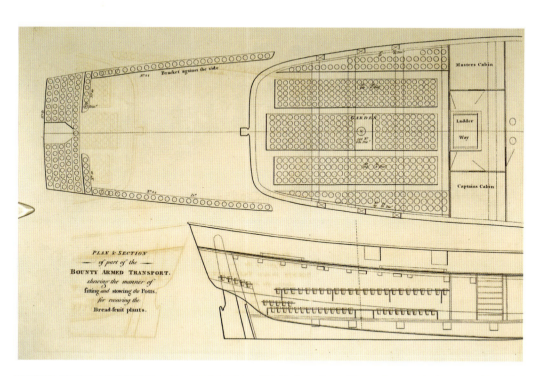

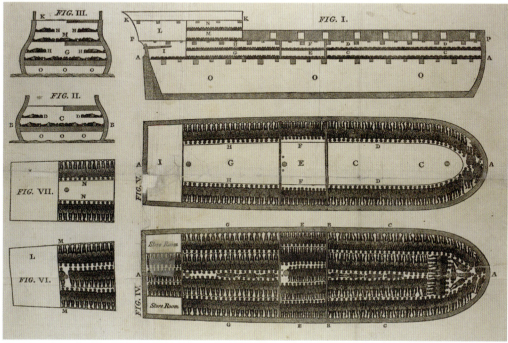

Meuterer und Aussteiger

Die *Bounty* war nicht das einzige Schiff im Pazifik, auf dem sich Meuterer befanden, und sicherlich auch nicht das einzige, von dem sich die Seeleute auf der Suche nach einem besseren Leben auf den pazifischen Inseln davonmachen wollten. Auf den Schiffen, die in den Pazifik segelten, herrschte strenge Disziplin, bis ins 20. Jahrhundert hinein. Sogar Blighs strenges Regime auf der *Bounty* war keine Seltenheit: Es gab Kommandeure, wie Lieutenant Charles Wilkes, der die United States Exploring Expedition (1838–1842) leitete, deren Behandlung der Mannschaft sogar Blighs Kommando in den Schatten stellte. Tatsächlich dauerten die Reisen unter Expeditionsleitern, Walfängern und Händlern oft Jahre unter beengten und aufreibenden Bedingungen; strenge Vorschriften und ihre oft brutale Durchsetzung waren die Regel.

Diese Restriktionen standen in krassem Gegensatz zu den Bedingungen, die die Seeleute auf ihrem Landurlaub auf verschiedenen pazifischen Inseln vorfanden. Freizeit, Speisen, Getränke und Sex waren nur einige der Attraktionen, die die Seemänner vom Schiff lockten. Im Pazifik boten sich ihnen auch verschiedenste Möglichkeiten, ihre finanzielle oder persönliche Lage zu verbessern. Oft wechselten die Mannschaften die Schiffe, um unter besseren Bedingungen zu segeln, und auch der kalifornische Goldrausch im 19. Jahrhundert machte so manchen Seemann abspenstig, der als Goldgräber reich zu werden hoffte.

Die bekanntesten europäischen Gestalten, die man auf vielen Pazifikinseln antraf, waren jedoch die Aussteiger, sogenannte Beachcomber, Personen, die sich entweder abgesetzt hatten oder absichtlich ausgesetzt worden waren. Diese Menschen mussten ihren Platz und ihr Auskommen in den Kulturen finden, die sie antrafen. Oft schlugen sie etwas für sich heraus, wenn sie ihr Wissen und Können den örtlichen Führern anboten. Diejenigen, die europäische Waffen funktionstüchtig halten oder mit Metall umgehen konnten, waren besonders gefragt, aber auch durch andere Fähigkeiten konnte ein Aussteiger einen gewissen Status in einer Inselgemeinschaft erreichen. Deshalb waren diese Menschen oft ein Dorn im Auge der Missionare, die ankamen, als die Aussteiger schon da waren. Sie arbeiteten oft gegeneinander, und diese Konflikte konnten die Missionsarbeit erheblich erschweren.

Geschichten über Aussteiger fesselten die Leser zu Hause, die Auswanderer wurden zu Ikonen des europäischen Lebens im Pazifik. Noch gefragter waren indes die Geschichten über Meuterer, und die der Mannschaft der *Bounty* war ganz vorn dabei. Die Suche nach der Besatzung blieb erfolglos, bis man 1808

(*Links*) Friday Fletcher October Christian und (*oben*) Pitcairn Island aus *A Narrative of the Briton's Voyage to Pitcairn's Island*, 1818.

über ihr Schicksal stolperte. In jenem Jahr traf das amerikanische Schiff *Topaz* auf Pitcairn Island und dort auf die Gemeinschaft, die aus den *Bounty*-Meuterern entstanden war. Dennoch hatte der Kommandeur des englischen Schiffes *Briton*, das 1814 dort ankam, keine Ahnung, dass die Gemeinschaft und der letzte Meuterer, John Adams, noch auf der Insel lebten. Die Mannschaft machte auch die Bekanntschaft von „Friday" October Christian (der später wegen Pitcairns Position in Bezug zur Datumsgrenze in „Thursday" umbenannt wurde), dem ersten Nachkommen der Meuterer und ihren tahitianischen Frauen. Diese Begegnung löste das Rätsel um das Schicksal der *Bounty*-Meuterer, tat aber deren Popularität in Europa keinen Abbruch. Bis heute wird über das Leben der „*Bounty*-Nachkommen" auf Pitcairn in internationalen Zeitungen berichtet.

Der Pazifik in der Literatur

Die Vorstellung vom Pazifik und seinen unbekannten Weiten hielt im 19. Jahrhundert Einzug in die Literatur. Die Erzählungen und Berichte der frühen Abenteurer und Freibeuter, von Personen wie Drake und Sharp, versorgten einige Schriftsteller mit ausreichend Inspiration, um im Pazifik fantastische Landschaften und fremde Völker vor ihrem geistigen Auge entstehen zu lassen. Beim Schreiben von *Gullivers Reisen* (1726) nutzte Jonathan Swift den Raum des damals nur teilweise erforschten Pazifiks, um eine verzerrte, gestreckte und verwandelte Landschaft in einer Welt zu erschaffen, die seine mystischen Inseln und Kontinente beherbergte. Die wenig bekannten Bereiche der Weltkarte, wie eben der Pazifik, und die spärlichen Informationen derjenigen, die dort gewesen waren, ließen genug Raum, um die fantastischen Visionen einer fernen Welt glaubhaft erscheinen zu lassen.

Mitte des 18. Jahrhunderts, als die Schiffe aus Europa und dem amerikanischen Kontinent immer häufiger und tiefer in den Pazifik segelten, wurde die Fantasie der Literaten weiter beflügelt. Eine der nachhaltigsten Vorstellungen war die des Schiffbrüchigen

Szene aus *Willis the Pilot*.

Queequeg mit seiner Harpune, aus *Moby Dick*.

auf der einsamen Insel. Schiffbrüchige waren nichts Neues – auch Gulliver war einer –, und Geschichten von Gestrandeten, die Monate und Jahre auf verschiedenen Inseln im Pazifik verbracht hatten, wurden mit Begeisterung aufgenommen, wenn sie in Zeitungen und Journalen für das Publikum in den Metropolen abgedruckt wurden. Die Geschichte von Alexander Selkirk, der Jahre auf Más a Tierra vor der chilenischen Pazifikküste verbrachte, bildete die Grundlage zu *Robinson Crusoe* (1719), obwohl sie in die Karibik versetzt wurde. Doch die von den Abenteuern Begeisterten waren nicht davon abzuhalten, die Insel Más a Tierra Mitte des 20. Jahrhundert in Robinson Crusoe umzubenennen und einen seltsamen Hybriden zu schaffen, in dem die Insel von Selkirks Isolation den Namen einer Figur trägt, die nie einen Fuß in den Pazifik gesetzt hatte.

Im 19. Jahrhundert entstanden viele populäre Werke, wie *Die Koralleninsel*, die eine einsame Insel zum Thema machten. Romane wie *Der Schweizerische Robinson* waren von Berichten über die pazifischen Inseln und den weiterführenden Geschichten darüber inspiriert, während andere Romane, die sich mit diesem Thema beschäftigten, darunter die „Fortsetzung" des *Schweizerischen Robinson*, *Willis the Pilot*, explizit im Pazifik angesiedelt waren. Die pazifischen Inseln waren als Handlungsorte fiktiver Geschichten auch Thema im 20. Jahrhundert; mit Romanen wie *Herr der Fliegen* und Filmen wie *Cast Away – Verschollen* blieb die Region auch bei nachfolgenden Generationen aktuell. Besonders in der englischsprachigen Literatur gaben nicht nur Inseln die Inspiration zu großen Werken, sondern auch der Ozean selbst. Die Weiten des Pazifiks und die Auswirkungen auf das Bewusstsein derer, die auf ihm segelten, sind der Stoff großer Werke, vor allem eines Romans, der vielen als einer der größten der amerikanischen Literatur gilt: *Moby Dick*. Diejenigen, die sich in den Pazifik aufmachten, um Reichtümer zu erlangen oder als berühmte Entdecker in die Geschichte einzugehen, inspirierten Schriftsteller zu Werken, die uns heute noch zu einem kritischen Blick auf unser eigenes Handeln motivieren. *Moby Dick* ist ein großartiges Beispiel dafür.

Haiangriff aus *Die Koralleninsel*.

Maquinna und die Nootka-Krise

Bis zu Cooks letzter Pazifikreise kannten nur wenige russische Pelzhändler den wahren Wert von Seeotterfellen, doch das sollte sich rasch ändern. Einige ehemalige Mannschaftsmitglieder hatten die Pelze so erfolgreich gehandelt, dass bereits wenige Jahre darauf britische Schiffe mit erfolgversprechenden Namen, wie *Nootka* und *Sea Otter,* den Pazifik durchpflügten.

Eine führende Persönlichkeit auf diesen Expeditionen war der ehemalige Offizier der Royal Navy und Händler John Meares, der sich unter verschiedener Flagge auf die Suche nach Seeotterpelzen für den chinesischen Markt machte. Dieser Handel führte ihn zum heutigen Vancouver Island und brachte ihn in Kontakt mit dem dortigen Häuptling Maquinna. Maquinnas Herrschaft war durch den europäischen Kontakt charakterisiert, denn er kam im Jahr von Cooks Ankunft (1778) an die Macht und spielte bald die führende Rolle in den Verhandlungen mit den europäischen Mächten. Meares behauptete, er habe von Maquinna Land erworben – ein strittiger Punkt, als die Spanier, als Reaktion auf die britischen und russischen Handelsinteressen, versuchten, ihre Interessen an der Westküste Nordamerikas geltend zu machen.

Dieser Streit führte zur sogenannten „Nootka-Krise". Spaniens Versuch, die britischen Händler zu enteignen, führte zur Besetzung von Maquinnas Territorium in Yuquot (dem Teil von Nootka Island, der im Nootka Sound liegt). Fast wäre es zum Krieg gekommen, aber die Situation wurde 1720 mit der Verabschiedung der Nootka-Konvention weitgehend bereinigt, und sowohl die Spanier als

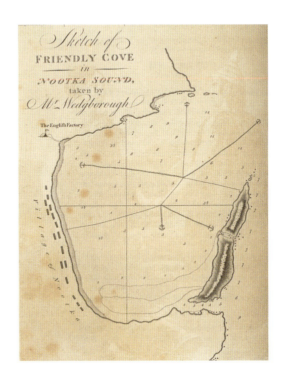

auch die Engländer sandten offizielle Expeditionen zum Nootka Sound, um den Territorialstreit beizulegen. Im Sommer 1792 kamen Juan Francisco de la Bodega y Quadra und George Vancouver auf die Insel, um das Land und die Seewege für ihr jeweiliges Reich zu vermessen und die Details der Vereinbarung auszuarbeiten. Trotz der in Europa verabschiedeten Konvention und der Ankunft der beiden gut bewaffneten Kontrahenten ließ sich Maquinna nicht an den Rand drängen. Er nahm stattdessen eine aktive Rolle in den Verhandlungen der beiden Parteien ein, die die meiste Zeit damit verbrachten, Maquinna zu feiern.

Als Bodegas Expedition die Insel verließ, kontrollierte Spanien zwar immer noch das Yuquot-Gebiet, aber nur wenige Jahre später wurde es abgetreten und Maquinnas Volk kehrte zurück; die spanische Infrastruktur wurde entfernt. Persönlichkeiten wie Maquinna waren bedeutende Akteure zur Zeit der Kolonien im Pazifik, die nicht nur Vereinbarungen zwischen den Kolonialmächten aushandelten, sondern auch ihre eigenen Machtpositionen zu festigen verstanden. Außerdem nutzten sie den Wettstreit zwischen den Kolonialmächten und

„Die Jungfernfahrt der Northwest America im Nootka Sund. Das erste Schiff, das in diesem Teil der Erde gebaut wurde", aus Meares' *Voyages Made in the Years 1788–1789*.

(Links) Skizze von „Friendly Cove", aus Meares' *Voyages Made in the Years 1788–1789*.

Händlern dazu, ihre eigenen Profite im Handel mit den Europäern zu steigern. Das konkurrierende Interesse an Ressourcen, wie Seeotterfellen, nutzten Maquinna und andere dazu, die Parteien gegeneinander auszuspielen. Zwar wurde in den darauffolgenden Jahrzehnten der Einfluss der indigenen Führer durch die Einwirkung von kolonialem Druck und Krankheiten im Bereich dieser Inseln geschwächt, aber ihre wichtige Rolle in einem zunehmend globalisierten Pazifik war nicht zu unterschätzen.

Schlechte Partner: Russland und die Aleuten

Die hier gezeigte Karte aus Gavril Sarychevs Bericht über die Expedition der russischen Regierung von 1785 bis 1794 unter der Leitung des Engländers Joseph Billings spricht Bände über die Erkenntnisse, die zwischen den Expeditionen von Bering und Billing gewonnen worden waren. Die Geografie verschiedener Küstenlinien, nicht zuletzt von Alaskas Küste, rückte schärfer in den Fokus, und solche Karten waren grundlegend für das Verständnis von Geografie, Völkern und Ressourcen in diesen Breiten, die nach und nach vom russischen Reich annektiert wurden. Sarychevs Karte zeigt, wie Russland zu einer pazifischen Großmacht wurde.

Die Expansion Russlands in den Pazifik war nicht nur katastrophal für die Seeotter und weitere Pelztiere des Nordpazifiks, sondern auch desaströs für viele Bewohner der Inseln. Dabei trugen die Aleuten-Völker die Hauptlast der russischen Expansion in den Pazifik. Pelzhändler, die in dieser Region tätig waren, bemerkten schnell, dass die aleutischen Jäger Seeotter besser aufspüren und jagen konnten als sie selbst oder andere indigene Gruppen. Die Folge war, dass sie bald für die russischen Händler arbeiteten, mit Vertragsbedingungen, die sich von Sklaverei nicht unterschieden. Den aleutischen Jägern blieb keine Wahl: Wer sich weigerte, ob einzelne Personen oder Gruppen, musste mit drakonischen Strafen rechnen. Sogar die gebietsweise Ausrottung der Seeotter konnte die aleutischen Gemeinden nicht vor der rücksichtslosen Verfolgung russischer Interessen schützen.

Es gab noch niemals in der Geschichte große Seeotterpopulationen, hauptsächlich weil sie in einer ökologischen Nische existieren. Ein Leben im kalten Wasser, eine hohe Stoffwechselrate, ein hoher Kalorienverbrauch und eine niedrige Geburtenrate führten dazu, dass es nur eine begrenzte Zahl Seeotter im Nordpazifik gab. Dennoch ließen sich russische Händler von der Ausrottung lokaler Populationen nicht abhalten, aleutische Jäger und ihre Familien, oft ein Großteil der Gemeinschaft, (aleutische Frauen waren wegen ihrer Arbeit beim Häuten ebenso wichtig) zu entführen, um sie in verschiedenen Gebieten die örtliche Seeotterpopulation jagen zu lassen. Bewohner der Aleuten wurden nach Alaska, Vancouver Island und sogar bis weit an die kalifornische Küste gebracht. Überall dort suchten russische Pelzhändler nach neuen Möglichkeiten zur Jagd auf Seeotter.

Die Folgen für die Aleuten und die Seeotter waren katastrophal: soziale Entwurzelung

(*Oben*) Karte der Beringstraße aus Sarychevs Bericht der Reise von 1785–1794.

(*Links*) Darstellung aleutischer Inselbewohner.

und Kontakt mit unbekannten Krankheiten waren vernichtend für die Bevölkerung und die Sozialstrukturen in aleutischen Gemeinden. Die Expedition von Billing und Sarychev versuchte etwas gegen die Ausbeutung aleutischer Gemeinden durch Fallensteller und Händler zu unternehmen, indem sie eine Volkszählung durchführten und das Ergebnis der russischen Regierung meldeten. Auch die aleutischen Gemeinden versuchten gegen die ansässigen Handelsgesellschaften zu rebellieren, aber die Pelzhändler waren zu gut organisiert, um von der Regierung kontrolliert, und zu gut bewaffnet, um von der Bevölkerung in die Knie gezwungen zu werden. Nur die fast vollständige Ausrottung der Seeotter und weiterer Tiere, aus deren Verkauf die Händler Profit schlagen konnten, verhinderten ein weiteres gewaltsames Vordringen der Pelztierjäger.

La Pérouse im Pazifik

Captain Cooks Arbeit rief nicht nur Großbritannien, sondern auch andere europäische Nationen auf den Plan. Im späten 18. Jahrhundert hatten die damaligen großen Seemächte ein besonderes Interesse an den pazifischen Gebieten, die Cook während seiner ersten Expedition entdeckt hatte. Kommerzielle Perspektiven und Möglichkeiten diplomatischer Einflussnahme, die mit dem Füllen der weißen Flecke auf europäischen Karten einhergingen, waren das Ziel vieler späterer Expeditionen. Eine der berühmtesten war die von Jean-François de Galaup de La Pérouse, der beauftragt wurde, eine ähnliche Entdeckungsreise wie die Captain Cooks zu leiten.

La Pérouses Mission wurde in Frankreich mit Begeisterung verfolgt und König Ludwig XVI. hatte persönliches Interesse an der Expedition und ihrer möglichen Ergebnisse. Die Karte zeigt Ausmaß und Zweck der Expedition, die Hawaii, Alaska, Japan, Rapa Nui, Australien und zahlreiche andere Orte auf einer Route ansteuerte, die den Entdeckern des späten 18. Jahrhunderts wenig Überraschendes zu bieten hatte. Tatsächlich waren die Berichte aus dem Frühstadium La Pérouses Reise von den besuchten Orten und den dargestellten Ansichten des Pazifiks für europäische Leser schon fast Standard. Besuche auf Hawaii, Bilder der Moai-Statuen und von pazifischen Kulturobjekten wurden von Reisenden in diese Region erwartet. In dieser Hinsicht war das Bedürfnis nach Beschreibungen paradiesischer Inseln des Südpazifiks stärker geworden als der Wunsch

„Blick auf den Ankerplatz der Schiffe vor der Island of Mowee" aus dem posthum veröffentlichten Bericht der Expedition 1798.

(*Rechts*) Karte von La Pérouses Reise aus dem posthum veröffentlichten Reisebericht, 1798.

nach Erschließung neuer Perspektiven für die Kolonialmächte.

La Pérouses Expedition war im Frühstadium erfolgreich, das Blatt wendete sich jedoch, nachdem sie Australien verlassen hatte. Er schickte seine neuesten Aufzeichnungen nach Frankreich und segelte im März 1788 nach dem Überwintern in Australien von Botany Bay aus weiter. Das war das Letzte, was man von ihm und seiner Mannschaft hörte. Nur das Verschwinden des späteren Arktisforschers Sir John Franklin sollte ebensolches Aufsehen erregen wie das Verschwinden von La Pérouse, der Schiffe *La Boussole* und *L'Astrolabe* sowie der gesamten Besatzung 1788. Trotz starkem Interesse am Verbleib der Expedition – Ludwig XVI. soll sogar noch auf dem Weg zum Schafott gefragt haben, ob es etwas Neues von La Pérouse gäbe – und der Entsendung einer Suchexpedition wurde nichts gefunden (die *HMS Pandora* ignorierte die Zeichen, die 1791 zu Überlebenden der Expedition hätten führen können). Erst 1826 erfuhr Captain Peter Dillon beim Erwerb von Artefakten auf der Insel Tikopia, dass die Expedition verschwand, als sie versuchte, von der Nachbarinsel Vanikoro, eine der Salomonen, wegzukommen.

Für La Pérouse gab es keine umjubelte Rückkehr nach Europa und keine gefeierten Entdeckungen. Schon Cook hatte es erfahren müssen, als er am Great Barrier Reef auf Grund gelaufen war – nun erinnerte auch La Pérouses Schicksal Europa daran, dass das Paradies Zähne hatte.

Die Vereinigung Hawaiis

Die Vereinigung der Hawaiianischen Inseln durch König Kamehameha I. war ein herausragendes Ereignis in der Geschichte Polynesiens und etablierte eine der längsten Dynastien in der Geschichte der Hawaiianischen Inselkette. Kamehamehas Aufstieg beschleunigte sich seit 1790, als er mit einer Gruppe von Männern das britisch-amerikanische Schiff *Fair American* angriff – als Vergeltung für die Gewalttaten der Besatzung eines früher angelandeten Schiffs, der *Eleanor*. In den darauffolgenden zwanzig Jahren führten Feldzüge und diplomatische Bemühungen zur Vereinigung der Hawaiianischen Inseln in einem Königreich unter Kamehameha I. und seinen Nachkommen.

Es ist vieles über die Errungenschaften während König Kamehamehas Regentschaft geschrieben worden, besonders in den Bereichen Gesellschaft und Gesetzgebung. Er verbot Opferrituale und ordnete an, Besucher mit Respekt zu behandeln. Kamehameha war sich bewusst, dass sich der Ozean um Hawaii veränderte und dass die Europäer, die herkamen und oft ungestraft taten, was sie wollten, kontrolliert werden mussten. Wenn das erreicht werden konnte, würden Hawaii und sein Volk in der sich verändernden Welt in Wohlstand leben. Die großen Sandelholzbestände der Inseln lockten europäische Händler an, die schließlich den gesamten Bestand der Inseln fortzuschaffen drohten. Kamehameha erwirkte ein Monopol auf die Bäume und kontrollierte ihren Export.

Auch der ankommende und abfahrende Schiffsverkehr erforderte Aufmerksamkeit. Für europäische Segelschiffe war Hawaii ein zentraler Anlaufpunkt, der zudem über vielfältige und profitable Ressourcen verfügte. Handels- und Kriegsschiffe, Walfänger und andere europäische und amerikanische Schiffe nutzten die Inseln im frühen 19. Jahrhundert als Warenumschlagplatz und Versorgungsstelle. Die Verwaltung des Schiffsverkehrs und im Besonderen die Einführung von Hafengebühren trugen zum bedeutenden Einkommen bei, das aus dem Sandelholzhandel erwirtschaftet wurde und eine starke wirtschaftliche Basis für die Kamehameha-Regierung bildete. Die Gewinne aus den administrativen Vorgaben stiegen im Laufe des Jahrhunderts weiter an, besonders als Walfänger und Pelzhändler vermehrt in den Pazifik kamen. Dadurch

König Kamehameha I. (*oben*) und Königin Ka'ahumanu (*rechts*) von Choris, 1822.

waren Hawaii und seine Regenten über einen Großteil des 19. Jahrhunderts im Aufstieg begriffen.

Trotz dieser Errungenschaften und der politischen und administrativen Fähigkeiten Kamehamehas I. konnten der Zustrom und die Aktivitäten von weißen Seemännern, Händlern und potenziellen Kolonisten nicht vollständig kontrolliert werden. Die geografische Lage der Inseln war einfach zu günstig, besonders mit der Ausweitung der Handelsnetzwerke im Laufe des 19. Jahrhunderts wurde ihre logistische Bedeutung immer offensichtlicher. In Folge wuchs der Druck auf die Inseln durch die Kolonialmächte immer mehr, und die sich schnell verändernde pazifische Welt verlangte von den Hawaiianern, dass sie sich neuen Herausforderungen stellte. Ihr Erfolg gab den Inseln im Pazifik ein Beispiel, wie sie sich in einer Zeit des wachsenden Imperialismus entwickeln und ihre Unabhängigkeit behalten konnten; ein Versagen hätte auch vielen weiteren Inseln diese Chance genommen.

Ein Ozean globaler Kriege

Viele denken bei globalen Kriegsgeschehen an die Weltkriege des 20. Jahrhunderts. Obwohl diese Kriege echte Weltkriege mit bedeutenden Kriegsschauplätzen im Pazifik waren, waren sie nicht die ersten Konflikte globalen Ausmaßes. Der Siebenjährige Krieg (1756–1763) war ein globaler Krieg zwischen England und Frankreich und sowohl der amerikanische Unabhängigkeitskrieg als auch der Krieg von 1812 hatten von den eigentlichen Schlachtfeldern weit entfernte Schauplätze. In allen Fällen gehörte der Pazifik zu den Gegenden, an denen die Mächte aufeinanderprallten, hauptsächlich aufgrund der wertvollen Ressourcen, die Europäer und Amerikaner vom 18. Jahrhundert an aus dieser Region gewannen. Die Ausweitung der Konflikte auf den Pazifik geschah nicht immer wahllos: Die Entdeckungsreisen von Cook beispielsweise blieben während des Unabhängigkeitskriegs von den Amerikanern und von den Franzosen unangetastet. Im Großen und Ganzen machten diese Konflikte aus dem Pazifik jedoch einen Ozean voll von Plünderern und Freibeutern, die sich in das Kriegsgeschehen einbrachten.

Das war nichts Neues: Der Pazifik wurde schon zur Zeit der „Spanischen See" als Quelle leichter, wertvoller Beute betrachtet. Selbst in Zeiten des Friedens zwischen den europäischen Nationen konnten Freibeuter im Pazifik umherstreifen und Jagd auf die Galeonen machen, die zwischen Manila und Südamerika segelten. Der Krieg erhöhte nur den Einsatz. Kapitän David Porter von der amerikanischen Marine hatte im Krieg von 1812 den Auftrag, die britische Walfangflotte im Pazifik ins Visier zu nehmen. Für die jungen Vereinigten Staaten war das eine Strategie von unschätzbarem Wert. England war vom Walöl abhängig, um die Fertigungsindustrie am Laufen zu halten und die Straßen der rasch wachsenden Städte zu beleuchten. Konnten Walfänger in großer Zahl gekapert werden, hätte das entscheidenden Einfluss auf die englische Wirtschaft. Und selbst wenn sich dieses Ziel nicht erreichen ließ, hätte man das erbeutete Öl in den Staaten verkaufen können; ein unverhoffter Geldsegen für eine Nation, die der britischen Kriegsmaschinerie gegenüberstand.

Porter segelte 1812 auf der *Essex* und kaperte im Verlauf des Konflikts zwölf Walfänger. Seine Taktik war ebenso hinterhältig wie wirkungsvoll: er hisste eine britische Flagge, während er sich einem potenziellen Ziel näherte, und gab erst im letzten Moment

Porträt von Kapitän David Porter.
(*Recht*s) Ansicht von „Madisonville",
aus *A Voyage to the South Seas*, 1823.

seine wahre Identität preis, als es für den Kapitän des Walfängers zu spät war, sich der *Essex* zu stellen. Vor allem aber war Porters Werk in der amerikanischen Presse allgegenwärtig. Artikel, in denen seine Erfolge gefeiert wurden, waren ein Propagandacoup in einem Konflikt, in dem die Vereinigten Staaten auf See als unterlegen erachtet wurden. Selbst die Tatsache, dass sich die *Essex* 1814 im chilenischen Hafen von Valparaiso den Engländern ergeben musste, wurde zu Hause in den Staaten als Heldentat dargestellt. Die Erfolge der *Essex* waren von großer Bedeutung für die amerikanische Marine im Pazifik. Sie war das erste amerikanische Schiff, das Kap Hoorn umrundete und in den Pazifik segelte; sie erhielt große Anerkennung für ihre dortigen Siege und Niederlagen. Porter versuchte sogar die erste amerikanische Kolonie im Pazifik zu errichten, als er 1813 die Marquesas-Inseln annektierte. Der Anspruch wurde vom Kongress zwar niemals bestätigt, aber Porter machte für die kommenden Jahrzehnte einen fulminanten Eindruck im Pazifik und in der amerikanischen Öffentlichkeit. Die Taten der *Essex* markierten auch einen Wendepunkt in der Beziehung Amerikas zum Pazifischen Ozean.

Panpazifischer Handel

Von allen Handelsgütern, die die Globalisierung des Pazifiks Ende des 18. und Anfang des 19. Jahrhunderts antrieben, waren Seeotterfelle potenziell am lukrativsten. Das ist auch der Grund, weshalb der Fellhandel tiefere Einblicke in die Handlungsweise der Amerikaner und Europäer gewährt, die durch ihre Jagd nach Profiten die Handelsnetzwerke beeinflussten und die Beziehung verschiedener Inseln zum Rest der Welt neu formten. Die Begegnung zwischen den Nuu-Chah-Nulth und James Cook und später die Rolle Maquinnas markieren die Anfänge dieses Handels und zeigen, wie das Profitstreben eine Vielzahl von Händlern dazu trieb, lange Reisen zu den Seeottergebieten zu unternehmen, besonders nach Vancouver Island und später in andere Gegenden des Pazifischen Ozeans.

Der Wert dieser Pelze war so hoch, dass Händler im späten 18. Jahrhundert scharenweise in diese Gebiete strömten. Russische Händler schafften sich ihre eigene Nische, in der sie den Pelztierbestand ausbeuteten, aber auch immer mehr amerikanische und britische Händler machten sich auf den Weg an die Westküste Nordamerikas. Nach dem Erwerb der Seeotterfelle lag der weite Pazifik zwischen den Händlern und den chinesischen Märkten, auf denen die Felle heiß begehrt waren. Aufgrund der großen Distanz war ein Anlaufpunkt auf halbem Weg besonders wertvoll für die Kaufleute, an dem sie die Bordverpflegung aufstocken und ihre Schiffe reparieren oder gar ihre Pelze an einen Zwischenhändler abgeben konnten, um schnell wieder neue Felle zu erwerben.

Die Hawaiianischen Inseln, die noch nicht lange unter der Alleinherrschaft von Kamehameha standen, waren dafür von allen Pazifikinseln am besten geeignet. Sie hatten die Infrastruktur, die die immer zahlreicher werdenden Handelsschiffe benötigten. Hawaii war zentral im Ozean gelegen, hatte große Häfen und konnte einen hohen Anteil des Proviants für die Händler, die dort anlegten, vor Ort produzieren. Nur durch die Organisation der Dienstleistungen seitens der Regierung war es möglich, zuverlässig alles in dem Ausmaß zur Verfügung zu stellen, was die vielen Schiffe brauchten, die jährlich den

Pazifik überquerten. Hawaii war nicht nur der Umschlagplatz für den Seeotterhandel, auch für Walfänger waren die Inseln ein unverzichtbarer Ort für die Proviantaufnahme und, nach Monaten auf See beim Walfang, auch für den verdienten Landgang. Sandelholzhändler nutzten die Inseln, um ihre Lagerbestände aufzufüllen und Proviant aufzunehmen, ebenso die zahlreichen Kaufleute, die an verschiedenen Handelswaren der pazifischen Inseln interessiert waren. Die wachsende Zahl der Schiffe im Pazifik verdeutlicht der Hafen von Honolulu: 1824 legten 105 Schiffe an, im Jahr 1850 waren es bereits 476.

Hawaii war damals ein Umschlagplatz im Pazifik und stand sinnbildlich für die Entwicklung des Handels und des Kapitalismus der Kolonialreiche des 19. Jahrhunderts. Durch eine starke und umsichtige Führung, wie Kamehamehas I. sie ausübte, konnten die Regierungen der Pazifikinseln eine bedeutende Rolle in diesem Handel spielen, indem sie Lage und Besonderheiten der Inseln dazu nutzten, sich in dieser globalisierten Welt zu behaupten, ohne dabei ihren Status der Unabhängigkeit zu verlieren.

(*Oben*) Ansicht von Port Hanarourou von Choris, 1822.

(*Links*) Blick auf den russisch-amerikanischen Handelsposten Novo Arkhangelsk (heute Sitka).

Die abgeschotteten Inseln

Als sich die Kolonialmächte immer schneller im Pazifik ausbreiteten und seine Inseln unweigerlich immer tiefer in den zerstörerischen imperialistischen Sog zogen, blieb eine Inselgruppe weitgehend unberührt von diesem Prozess: die Inseln, die zu Japan gehörten. Seit den Sakoku-Edikten von 1635 war Japan von der weiteren Welt isoliert geblieben, besonders von den Gebieten, die in den Einflussbereich der expandierenden europäischen Mächte fielen. Dennoch wurden schiffbrüchige Seeleute gelegentlich an Japans Küsten gespült, und japanische Fischer wurden manchmal von ausländischen Schiffen vor fremden Ufern gerettet, nur um feststellen, dass man ihnen den Zugang zu ihrer Heimat verwehrte. Das war auch das Schicksal von schiffbrüchigen japanischen Seeleuten, die eine Gruppe von Missionaren 1937 wieder nach Hause bringen wollte; auf ihr Schiff wurde gefeuert, und die Seeleute mussten ein neues Leben in Macau, Singapur oder anderswo beginnen. Es gab auch seltene Versuche von Abenteurern, den Handel wiederzubeleben, aber die japanischen Inseln blieben verschlossen und geheimnisumwittert.

Europäische Kolonialmächte richteten im 19. Jahrhundert erneut ihre Aufmerksamkeit auf Japan, als sich ihre Einflussbereiche im Pazifischen Ozean ballten. Für Russland wurde es im Zuge seiner Expansion in den Nordpazifik unvermeidbar, Handelsbeziehungen zu Chinas und Japans Märkten aufzubauen. 1803 wurde Adam Johann von Krusenstern von Zar Alexander I. auf eine Forschungsexpedition geschickt mit der Mission, eine Möglichkeit zu finden, über die Routen via Kap Hoorn und dem Kap der Guten Hoffnung mit China, Japan und Ostasien Handelsverbindungen einzugehen. Krusenstern startete mit zwei Schiffen und konnte während seiner dreijährigen Reise die Karte des Pazifiks um einige bedeutende Ergänzungen reicher machen. Er vollführte die erste russische Weltumsegelung, seine Versuche, mit Japan in Handelsverbindungen zu treten, blieben jedoch erfolglos.

Nicht lange danach, 1818, erreichte ein britisches Handelsschiff, die *Brothers*, den japanischen Hafen Uraga. Die Mannschaft der *Brothers* war entschlossen, durch den Handel mit Japan neue Märkte und Möglichkeiten für sich zu erschließen. Während Krusensterns Reisebericht Japan aus russischer Perspektive zeigt, führte die Reise der *Brothers* zu einem detaillierten japanischen Bericht, der Einblick darüber bietet, wie Japaner zu dieser Zeit auf europäische Besucher reagierten. Es wurden nicht nur das Schiff gezeichnet, sondern auch viele Utensilien an Bord. Ihre Aufmerksamkeit galt nicht nur Pistolen, Gewehren und Schwertern, sondern auch Tischen, Ankern, Kompassen, Schirmen und weiteren auf dem Schiff gelagerten Dingen.

Trotz der Faszination, die die *Brothers* auslöste, erreichte ihre Mannschaft ebenso wenig wie Krusensterns frühere Expedition. Japan war immer noch in seiner Isolation eingeschlossen, und es bedurfte schon größerer Anstrengung, um einen Zugang zu finden. Die Tatsache, dass erneut Händler nach Japan segelten, zeigt jedoch, dass die pazifischen Inseln im 19. Jahrhundert in ein neues, intensives Handelsnetzwerk eingebunden wurden, nur mit anderer Besetzung.

Ansicht von Nagasaki, aus dem veröffentlichten Bericht von Krusensterns Reise, 1813.

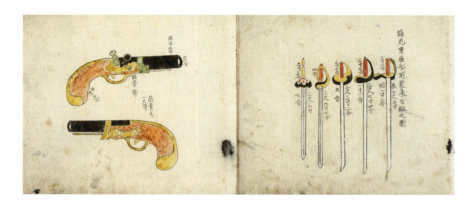

Japanische Zeichnungen von der *Brothers*, ihrer Crew und verschiedenen Objekten, 1818.

Inseln der Gesetzlosen

Schon sehr früh nutzten europäische Kolonialmächte Teile ihrer entfernten Reiche als Strafkolonien für verurteilte Verbrecher. Bis zum amerikanischen Unabhängigkeitskrieg befanden sich viele britische Strafkolonien in Nordamerika, und nachdem Cook und andere Seefahrer Australien und weitere Landmassen des Pazifiks entdeckt hatten, fanden sich auch dort geeignete Orte, zumindest nach der Auffassung der britischen Administratoren. Eine Unmenge von Straftätern wurden dorthin verbannt, darunter Schwerverbrecher, Falschmünzer und solche, die vor allem arm und hungrig waren.

Obwohl diese Kolonien Orte der Isolation waren, wirkte sich ihre Existenz stark auf die pazifischen Inseln aus, manchmal nur durch ihre Lage, manchmal durch die komplexen Abhängigkeiten, die entstanden, weil es ums Überleben ging: Diese Kolonien und ihre Gefangenen konnten ohne die Inseln um sie herum nicht existieren. Manche Inseln, wie

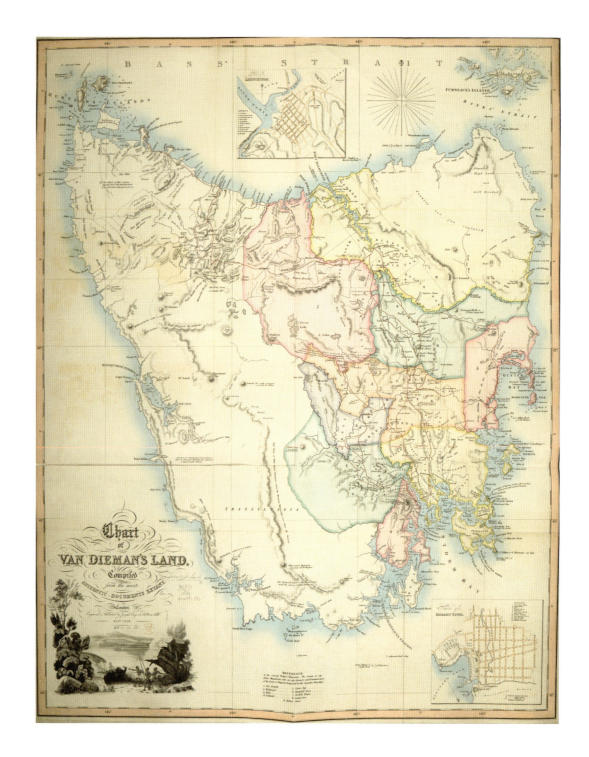

Karte von Van-Diemens-Land, mit Einliegekarten von Hobart and Launceston, 1838.

(*Gegenüber*) Hobart Town, von W. J. Huggins, 1830.

Van-Diemens-Land (das heutige Tasmanien), erhielten eine starke Prägung durch die Kolonien, denn dorthin wurde eine bedeutende Anzahl von Verurteilten aus England und weiteren europäischen Nationen transportiert. Zu Beginn des 19. Jahrhunderts bis zur Abschaffung der Transporte 1853 war Van-Diemens-Land der wesentliche Bestimmungsort für die Gefangenen, die zu den Antipoden geschickt wurden; über 70 000 Straftäter kamen hier an. Während dieser Zeit sollte die Insel auch kolonisiert werden, die Siedler lebten umgeben von Gefangenen und ehemaligen Häftlingen, die zum Hausbau verpflichtet wurden, um die Entwicklung der Kolonie zu beschleunigen.

Besonders die Strafkolonien zwischen Australien und Neuseeland, wie Norfolk Island, waren wegen ihrer Brutalität berüchtigt. Es waren nicht nur die Gefangenen selbst, die in den Kolonien darunter litten. Die Strafkolonie und angehende Siedlung von Van-Diemens-Land konkurrierte konfliktreich mit den indigenen Palawa um Nahrungsquellen, und die Expansion der Siedlung förderte weitere Konflikte sowie die Ausbreitung von Krankheiten; die Folge war eine gravierende Dezimierung der Eingeborenen. Bis zum Ende der Gefangenentransporte gab es nur noch knapp fünfzig von ihnen auf der Insel.

Van-Diemens-Land war nicht die einzige Insel, deren Strafkolonien in ihrem Umfeld Schaden anrichteten. Die Kolonien im Pazifik waren auf den Handel mit Eingeborenen angewiesen, besonders zur Versorgung mit Nahrung, es entstanden gefährliche Abhängigkeiten zwischen den Strafkolonien und den Inseln um sie herum. Dieser Umstand konnte zur großen Belastung für jene werden, von denen die Kolonien abhängig waren, wie am Beispiel Neukaledonien zu sehen ist. Auf Druck Europas wurde eine Strafkolonie in einem Gebiet gegründet, das nicht darauf ausgerichtet war, den immensen Nahrungsbedarf zu decken. Das führte zu Abhängigkeiten, aber auch zu Konflikten mit der lokalen Kanak-Bevölkerung, die die Siedlung umgab.

Für einige Inselbewohner bedeutete die Anwesenheit von Strafkolonien einen konfliktreichen Konkurrenzkampf um Ressourcen und mit dem Wachsen der Kolonien auch die Dezimierung der Urbevölkerung; für andere bedeutete sie die Verwicklung in ein System gegenseitiger Abhängigkeit, das tiefgreifenden Einfluss auf soziale und wirtschaftliche Strukturen nahm. Die Strafkolonien der europäischen Kolonialmächte waren keine Orte, an denen die Gefangenen in vollständiger Isolation lebten. Sie wurden in einen entfernten Teil der Welt geschickt, wo sie in die Netzwerke des Pazifiks implantiert und damit zu einem Problem für die anderen wurden.

Illustrationen aus *Picturesque Atlas of Australasia*, 1886: (*links*) Gefängnis in Neukaledonien; (*rechts*) Strafgefangene beim Straßenbau in Neukaledonien.

Vom Sklaven- zum Drogenhandel

Im frühen 19. Jahrhundert trieb die Suche nach Handelswaren für China immer noch viele Amerikaner, Europäer und Russen in den Pazifik. China war die Quelle von Produkten wie Tee und Seide, für die Kaufleute auf den heimischen Märkten bedeutende Summen erzielen konnten. Ein seit Jahrhunderten bestehendes Problem war, dass die Händler nur wenige Waren anzubieten hatten, die auf den chinesischen Märkten gefragt waren. Seeotterfelle und Sandelholz waren streng limitiert und nur unter großem Risiko und hohen Kosten zu bekommen. Gab es beides nicht, wollten die chinesischen Händler nur eine Sache im Austausch für ihre Waren: Silber.

Für den Handel mit China benötigte man demnach eine riesige Menge des Edelmetalls, deshalb sann man, auch in England, auf eine Alternative. Opium, ein wirksames und süchtig machendes Narkotikum, war in der Qing-Dynastie nur für medizinische Zwecke erlaubt. Die Ostindien-Kompanie ließ sich aber nicht davon abhalten, Opium nach China zu schmuggeln. Einmal im Land, wurde es nur gegen Silber verkauft, für das man im Gegenzug Tee und weitere Produkte von den chinesischen Händlern erwerben konnte. Die verbreitete Opiumabhängigkeit in der Bevölkerung zwang die Qing-Regierung zum Handeln; deshalb forderte sie 1839 vom britischen Handelskommissar in Guangzhou (Kanton) die Herausgabe der Opiumbestände zur Vernichtung.

Viele Briten empörten sich gegen die chinesische Handelsblockade und die Restriktionen, die den Händlern auferlegt wurden, deshalb versuchte die britische Regierung bessere Handelsbedingungen zu erwirken. Das war die freundliche Umschreibung dafür, die Chinesen durch Kanonenbootdiplomatie dazu zu zwingen. Zwischen 1839 und 1860 fanden zwei Opiumkriege statt, bei denen die Briten große Zerstörungen zu Wasser und zu Land anrichteten. Beispielhaft für ihre technologische

Unterzeichner des Friedensvertrags: (*links*) Prinz Kung (Yixin); (*rechts*) Sir James Hope Grant.

Überlegenheit ist ein Gefecht, bei dem die *HMS Volage* und die *HMS Hyacinth* neunundzwanzig Dschunken zerstörten, während sie britische Flüchtlinge aus Guangzhou evakuierten. Das Resultat der Opiumkriege war ein leichterer Zugang zu chinesischen Häfen, einschließlich des Inselhafens von Xiamen, und „freier Handel" für britische Kaufleute. In den Friedensverhandlungen, bei denen Fotografien wie die hier gezeigten gemacht wurden, trat China Hongkong und die Halbinsel Kowloon an die Briten ab.

Die Opiumkriege waren zwar für die pazifischen Inseln von geringer Bedeutung, aber sie sprachen eine deutliche Sprache im politischen und wirtschaftlichen Kontext des Pazifiks. Abenteurer, Forscher und Kaufleute, die jahrhundertelang versucht hatten, Zutritt zu den chinesischen und weiteren Märkten Asiens zu erhalten, gewannen nun zunehmend die Oberhand. Das Zeitalter fremder Imperien im Pazifik stand bevor. Die weltumspannenden Aktivitäten dieser Reiche bargen teils auch ethische Widersprüche.

Die Briten schwammen 1839 als treibende Kraft für ein Verbot des Sklavenhandels auf einer Welle moralischer Überlegenheit. Die Opiumkriege zeigen jedoch, dass das Empire schlicht seine Rolle als Sklavenhändler durch die eines internationalen Drogendealers ersetzt hatte.

„Das eiserne Dampfschiff *Nemesis* der Ostindien-Kompanie zerstört am 7. Januar 1841 chinesische Kriegsdschunken in der Ansons Bay", kolorierte Aquatinta von E. Duncan, 1843.

Die Insel im anderen Ozean

Der Walfang im Pazifischen Ozean bescherte uns auf den Seiten von Herman Melvilles Roman *Moby Dick* (1851) eine der wesentlichen Beschreibungen der unendlichen Weite dieses Ozeans und der Völker, die in und um ihn herum leben. Das Buch zeigt uns, dass eine der Inseln, die den bedeutendsten Einfluss auf den Pazifik des 18. und 19. Jahrhunderts hatte, eigentlich zu einem anderen Ozean gehört: zum Atlantik. Nantucket ist eine flache Sandbank vor der Küste Cape Cods. Mehr als ein Jahrhundert lang war sie das Herz der amerikanischen Walfangindustrie. Als die Mannschaften, die sich von dieser Insel aufmachten, den Atlantik leergejagt hatten, richtete sich ihr Blick gen Westen, auf den Pazifik, der, wie Seefahrer und Freibeuter berichteten, voller Wale war.

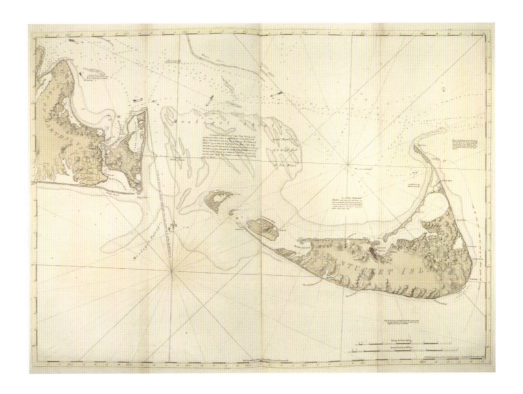

Im Pazifik wurde Pottwale gejagt und abgeschlachtet, um aus den Köpfen der Tiere das profitable Walrat auszulassen. Die Auswirkungen des Walfangs auf die Ökologie des Pazifiks werden später beleuchtet, aber es lohnt sich, zuerst seine Folgen für die pazifischen Inseln zu beleuchten. Nantucket und seine Walfänger repräsentieren den Beginn des amerikanischen Einflusses im Pazifik. Die Fahrten der Walfänger dauerten oft Jahre, deshalb mussten sie irgendwo anlegen und regelmäßig ihre Vorräte auffüllen. Als klar wurde, welche Profite man aus dem Walfang ziehen konnte, sahen sich Inseln wie Hawaii und Neuseeland einer stetig wachsenden Zahl von Walfängern gegenüber, die an ihren Ufern anlegten. Während sie handelten, ihre Vorräte aufstockten und ihren Landurlaub genossen, sorgten sie auch für tiefgreifende Veränderungen auf den Inseln; ihr Bedarf an Nahrung und Gebrauchsgegenständen beeinflusste die dortige Wirtschaft. Die Walfänger schleppten auch Geschlechtskrankheiten ein, obwohl ihre Kapitäne und

viele ihrer Mannschaftsmitglieder von einer besonders gottesfürchtigen Insel im Atlantik stammten.

Viele Polynesier wiederum fanden Arbeit auf den Walfangbooten und segelten mit ihren neuen Arbeitgebern um die Welt. Bei *Moby Dick* ist Queequeg ein Beispiel dafür; der ehemalige Häuptling arbeitet als Harpunier auf der *Pequod* und ist ein respektiertes

Einfahrt zur Bay of Islands mit der Flagge des Amerikanischen Konsuls James Reddy Clendon.

(*Links*) Karte der Insel Nantucket und eines Teils von Martha's Vineyard, 1775.

Mitglied der Mannschaft. In Wirklichkeit wurden die polynesischen Seeleute und Walfänger eher wie Knechte behandelt, die von ihren Kapitänen und Mannschaftskollegen schlecht behandelt und, wenn überhaupt, dann nur geringfügig bezahlt wurden.

Die Walfangindustrie, und besonders Nantucket, führte auch zu Amerikas erster kolonialen Unternehmung im Pazifik. Im Interesse von Nantuckets Aktivitäten war James R. Clendon von 1838 bis 1841 als amerikanischer Konsul der Bay of Islands in Neuseeland eingesetzt. Die Bay of Islands hatte bald den Ruf eines der gesetzlosesten Häfen im Pazifik, was hauptsächlich den

Aktivitäten der Walfänger von Nantucket geschuldet war. Der Missbrauch der Maori-Bevölkerung war ungezügelt, und die Verwaltung war für ihre Korruption berüchtigt. Dennoch, oder vielleicht gerade deshalb, wurde in der Bay of Islands von Walfängern aus Massachusetts, Händlern und Politikern in großem Stil spekuliert: Sie hofften, der Hafen würde zum Brückenkopf für die Errichtung einer amerikanischen Kolonie (und für den profitablen Walfang) im Südpazifik werden. Nantucket war nicht nur Motor für die dramatischen Auswirkungen der Walfangindustrie auf die pazifischen Inseln, sondern auch für frühe Kolonisationsversuche der Vereinigten Staaten von Amerika.

Ein Ozean blutet aus

Der Walfang war ein Großunternehmen, nicht nur für amerikanische Walfänger, sondern auch für Schiffe aus einigen europäischen Nationen. Im 18. und 19. Jahrhundert benötigten diese Nationen Walöl für ihre Fabriken. Das Walöl diente als Schmiermittel für die zunehmende Zahl von Maschinen, die für die Warenproduktion entwickelt wurden. Auch die Öllampen wurden mit Walöl betrieben, und die feinen Sorten, wie Walrat, waren in der Kosmetikindustrie sehr geschätzt. Die Eigenschaften eines jeden Öls waren je nach Walart einzigartig; Walrat beispielsweise dient als Medium für die Echo-Orientierung bei Pottwalen. Deshalb wurden unterschiedliche Walarten für die verschiedenen Produkte gejagt, und das in jedem Ozean, in dem sie in bedeutender Zahl vorkamen.

Die fast vollständige Ausrottung verschiedener Spezies im Atlantik wird aus diesen Walkarten des amerikanischen Amts für Waffen und Hydrografie von 1852 deutlich. Sie zeigen eine geringe Anzahl von Walen im Atlantik, aber immer noch eine bedeutende Zahl im Pazifik. Das Wissen um das dortige Walvorkommen stammt ursprünglich aus den Berichten der Seefahrer, die die zuvor unbekannten Bereiche des Pazifiks kartografierten und sie dadurch der kapitalistischen Ausbeutung durch Europa preisgaben. Als die guten Jagdgründe bekannt wurden, machten sich immer mehr Walfänger, besonders aus Nantucket und weiteren Teilen der amerikanischen Ostküste, auf den Weg dorthin.

Der Walfang war alles andere als einfach. Wale waren eine gefährliche Beute, die leicht die kleineren Fangboote zertrümmern und sogar versenken konnten, wie es bei der *Essex* der Fall war, die 1820 von einem Pottwal versenkt wurde.

Zudem war der Pazifik selbst schon gefährlich. Krankheiten, angriffslustige Insulaner und Freibeuter verfeindeter Nationen waren nur einige der Gefahren, denen die Walfänger ausgesetzt waren. Der zu erzielende Gewinn war jedoch enorm. Karten wie diese zeigen die Auswirkungen dieser profitablen Jagd, nämlich die drohende Ausrottung verschiedener Walarten im Pazifik. Der Walfang wurde erst unrentabel, als das billigere Erdöl aus den Quellen der Kontinentalen Vereinigten Staaten das Walöl ersetzte und so viele Walarten im Pazifik vor der Auslöschung rettete.

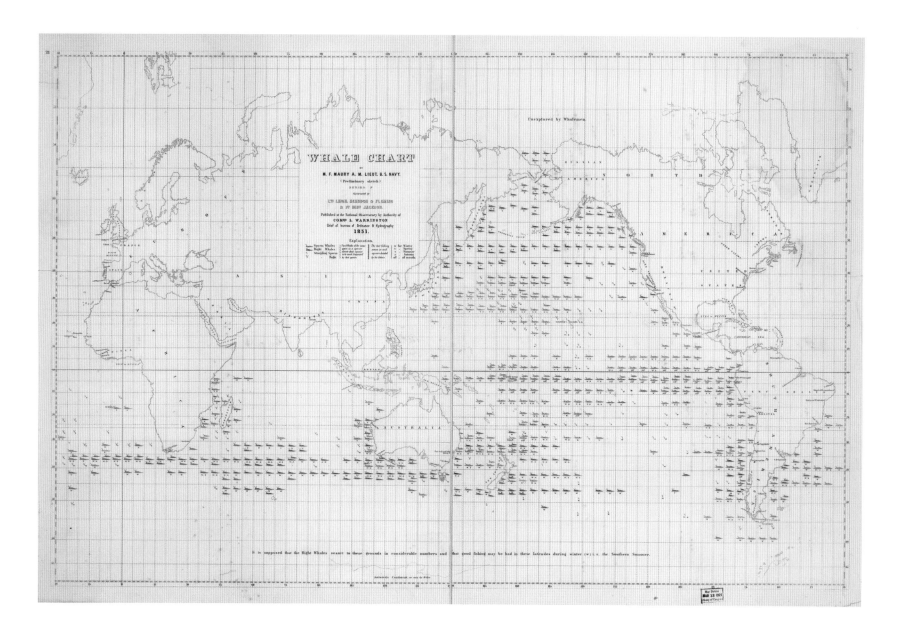

(*Links*) Ein Pottwal wird harpuniert, von Robert Hamilton, *The Natural History of the Ordinary Cetacea or Whales*, 1843.

Amerikanische Karte der Walbestände im Pazifik, Amerikanisches Amt für Waffen und Hydrografie, 1852.

Ein Theorie-Impuls aus dem Pazifik

Im 19. Jahrhundert waren die Briten immer noch daran interessiert, Landmassen im und um den Pazifik zu erforschen. Diese Unterfangen gingen im Allgemeinen Hand in Hand mit den Interessen des British Empire, wie die Reise der *HMS Beagle* belegte. Die *Beagle* verließ Ende 1831 England, um die Küste Südamerikas zu vermessen. Die Briten waren interessiert an diesem Gebiet, weil die dortigen Kolonien der Spanier und Portugiesen zu zerbröckeln drohten. Die Reise beinhaltete auch eine Weltumsegelung, die die Mannschaft nicht nur um Südamerika herumführte, sondern auch über den Pazifik nach Australien und darüber hinaus. Die Reise sollte fünf Jahre dauern.

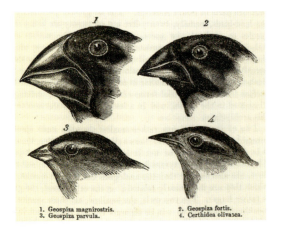

Obwohl die Erkundungsarbeit der Expedition im Vordergrund stand und ganz offensichtlich auch von Nutzen für das British Empire war, ist sie nicht der Grund, weshalb man sich an diese Expedition erinnert. Es war die Anwesenheit eines 22-jährigen Geologen, Charles Darwin, durch die sich diese Reise von denen der kartografierenden Kollegen unterschied. Darwin verbrachte fast dreieinhalb Jahre der fünfjährigen Reise an Land in verschiedenen Teilen des amerikanischen Kontinents und im Pazifik. Seine Beobachtungen zur Geologie der Anden und weiteren Teilen Südamerikas verband ihn mit der Arbeit des preußischen Gelehrten Alexander von Humboldt und später James Dwight Dana von der United States Exploring Expedition. Die Geologie mag zwar damals der Schwerpunkt seiner Arbeit gewesen sein, aber seine weiteren Beobachtungen während der Expedition hinterließen den größten Eindruck. Während er die Biodiversität des Amazonas und die australische Fauna untersuchte und zu den pazifischen Inseln reiste, machte er Beobachtungen, die den Fokus seiner Gedankenwelt für den Rest seines Lebens veränderte.

Vieles von der Biodiversität der pazifischen Inseln war bis zum 19. Jahrhundert bereits verlorengegangen, manche Arten wurden im Zuge der Besiedlungswellen und der Eingriffe in die Umwelt in die Isolation gedrängt oder waren ausgestorben. Dennoch gab es Gebiete, die so isoliert waren, oder so artenreich, dass eine Besiedlung und später die Kolonisierung des Pazifiks ihr natürliches Artenvorkommen nicht beseitigte. Die Galapagosinseln waren nicht vollständig durch ihre isolierte Lage geschützt – sie waren lange Anlaufpunkt für Seefahrer und Freibeuter, die dort ihren Proviant aufstockten –, aber durch ihre einzigartige Lage im Pazifik konnte Leben auf den Inseln und um sie herum gedeihen. Deshalb konnte Darwin immer noch einen Ort finden, der zeigte, wie sich der Inseleffekt auf die Artendifferenzierung auswirkte. Seine Beobachtungen der Galapagos-Finken sind berühmte Eckpfeiler seiner Theorie über die

Entwicklung der Arten und beeinflussten seine Denkweise in den Jahrzehnten zwischen seiner Reise auf der *Beagle* und der Veröffentlichung seines Werkes *Die Entstehung der Arten* 1859.

Die einzigartige Lage und Ökologie der pazifischen Inseln boten Darwin die seltene Gelegenheit, grundlegende Muster in der Natur zu beobachten, und seine daraus entwickelte Theorie hat bis heute Gültigkeit. Dennoch ist Darwins Arbeit nur ein Beispiel dafür, wie die Erforschung des Pazifiks die Sicht auf die Welt insgesamt beeinflusste. Derartige Einsichten waren durch die Begegnung mit den pazifischen Kulturen entstanden (und entstanden weiterhin) und auch durch die Reisen von Cook und anderen. Das 19. Jahrhundert brachte weiteren Erkenntniszuwachs.

(*Links*) Beispiele von Finkenschnäbeln aus Darwins Bericht über seine Reise auf der *Beagle*, 1860.

(*Links oben*) Galapagos-Meerechse, aus *Die Fahrt der Beagle* Teil 5, 1843

(*Rechts*) Finken aus *Die Fahrt der Beagle* Teil 3, 1841.

Kartierung der „Amerikanischen See"

Fast gleichzeitig mit dem Erreichen ihrer Unabhängigkeit deuteten Walfang, Geschäftstätigkeit und politische Interessen rund um die Küste von Neuengland auf die Bestimmung der Vereinigten Staaten hin, eine Großmacht im Pazifik zu werden. Die Erschaffung einer „Amerikanischen See", wie sie amerikanische Theoretiker später nannten, war das finanziell und geopolitisch profitabelste Unternehmen, das die amerikanische Regierung durchführen konnte. Obwohl ein derartiges Unterfangen mehrere Facetten hatte – beispielsweise einen Konsul zur Stärkung des Einflusses auf einigen Inseln einzusetzen –, war im 19. Jahrhundert klar, dass jeglicher amerikanischer Imperialismus im Pazifik mit einem grundlegenden Element beginnen musste: einer Forschungsreise. Die Arbeiten von Cook und den vielen, die in seinem Kielwasser folgten, hatten bewiesen, wie wichtig es war, Forscher zu entsenden, die Landmassen kartografieren und die Fahne für eine angehende Kolonialmacht hissen sollten. Im Hinblick auf den Pazifik konnte eine amerikanische Expedition nicht nur diesen Zweck erfüllen, sondern auch neue Einnahmequellen auftun (neue Walfanggründe waren stets willkommen) und durch das Kartografieren gefährlicher Untiefen das Befahren dieser Region sicherer machen.

Obwohl Walfänger und andere finanziell Interessierte eine solche Expedition für überaus sinnvoll hielten, zierte sich die US-Regierung jahrzehntelang. Erst 1838 stach die große United States Exploring Expedition, auch „Ex. Ex." genannt, mit zwei einmastigen Kriegsschiffen, einem Flaggschiff, einer Brigg und zwei Schonern unter dem Generalkommando von Lieutenant (nicht Captain zu seinem Ärger) Charles Wilkes in See. Wilkes war mit einer gigantischen Aufgabe konfron-

Karte des Oregon-Territoriums, aus *Narrative of the United States Exploring Expedition*, 1850.

tiert: Richtung Süden zu segeln, um mögliche Landmassen in der Antarktis zu finden, Karten von verschiedenen Inseln anzufertigen und dann zur Westküste Nordamerikas zu fahren, um das Land um den Columbia River zu kartografieren. Die Expedition sollte der föderalen Regierung durch geeignete Karten helfen, sich die Westküste zu sichern, kolonialen Ruhm durch die Entdeckung von Land in der Antarktis begründen und nicht zuletzt die Handelswege – vor allem für die Kaufleute, die Sandelholz erwarben – durch das Kartieren der Untiefen um Inseln wie Fidschi sicherer zu machen.

Zusätzlich trug Wilkes die Verantwortung für ein großes wissenschaftliches Corps und mehrere Schiffe, besonders für das Versorgungsschiff *Relief*, die nicht auf ihre Rolle in der Expedition vorbereitet waren. Trotz der Herausforderungen der Expedition an sich, des ständigen Streits zwischen Wilkes und seiner Mannschaft und Wilkes' Talent, sich in gewalttätige Konflikte mit Insulanern verwickeln zu lassen, setzte die Expedition einige Meilensteine, die zum Einfluss Amerikas im Pazifik beitrugen. Die Vermessung des Columbia River ermöglichte die Entwicklung einer pazifischen Küstenlinie, während die Kartierung von Inseln wie Fidschi, deren Umstände viele Einwohner das Leben kostete, den amerikanischen Handelsschiffen von großem Nutzen waren. Wilkes machte zudem noch zahlreiche Beobachtungen, die für kommende Generationen von entscheidender Bedeutung sein sollten. Er lotete in Hawaii das Hafenbecken aus, das er „Pearl Harbor"

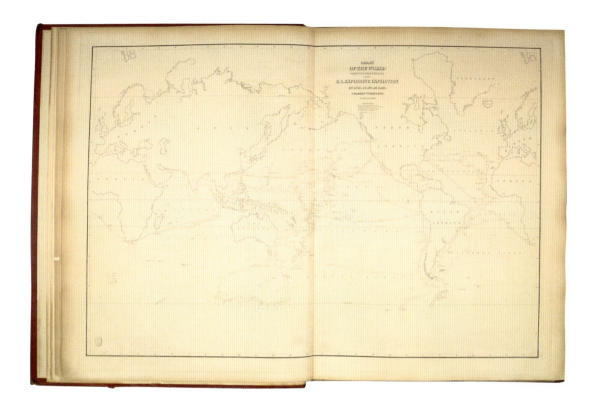

nannte (damals bekannt als Wai Momi), und dabei wurde ihm klar, dass es die Kapazitäten hatte, der größte Hafen im Pazifik zu werden. Von finanziellen wie auch geopolitischen Erwägungen geleitet, wurde man sich in den Vereinigten Staaten immer mehr der strategischen Bedeutung Hawaiis und seiner potenziellen Rolle als Dreh- und Angelpunkt eines amerikanischen Pazifiks bewusst.

(*Oben*) Karte der Route der US Exploring Expedition, 1850.
(*Rechts*) Portrait mit dem Titel „Captain Charles Wilkes", 1850 (Wilkes wurde 1855 offiziell zum Kapitän ernannt).

Eine mit Blut bezahlte Karte

Seit Tasmans Expeditionen wurden die Fidschi-Inseln von Entdeckern aller Nationen, die vom Ruf der Insulaner als gewalttätige Kannibalen gehört hatten, weiträumig umfahren. Deshalb kam die ganze Reihe der Entdecker den Inseln zwar nahe, aber ein längerer Kontakt wurde vermieden (auch Bligh segelte um die Inseln, als man ihn nach der Meuterei auf der *Bounty* ausgesetzt hatte).

Das änderte sich jedoch mit dem Sandelholzfieber, das die kolonialen Händler Anfang des 19. Jahrhunderts erfasste. Als die amerikanische Brigg *Argo* im Jahre 1800 in der Nähe der Inseln Schiffbruch erlitt, verschlug es einige Mannschaftsmitglieder auf die Fidschis. Zwei Jahre darauf verließen sie die Inseln wieder und hatten wertvolles Wissen im Gepäck: Hier gab es einen großen Bestand an Sandelholz.

Der Anlass für den Sandelholzboom lag in den chinesischen Märkten. Sandelholz gehörte zu den wenigen Handelswaren, mit denen amerikanische und europäische Händler in China große Gewinne machen konnten; deshalb nahm es denselben Rang ein wie Seeotterpelze oder die umstrittenste Handelsware für den chinesischen Markt: Opium. Der Verkauf von Sandelholz konnte demnach sehr profitabel sein, und so fielen Händler mit ihren Holzfällertruppen über jede Insel her, auf der Sandelholz wuchs. Fidschis Abschottung vor Fremden im Pazifik fand ein jähes Ende.

Die Angriffslust der Fidschi-Insulaner war nicht die einzige Sorge der Händler, die Sandelholz auf diesem Archipel schlagen wollten. Die Korallenriffe vor den Inseln waren bald berüchtigt, und ohne brauchbare Seekarten von der Region liefen viele Schiffe auf Grund, was manchen Seemann das Leben kostete. Während der Sandelholzboom auf den Fidschis wegen Abholzung der Bestände bereits 1815 weitgehend vorbei war, gab es immer noch den Wunsch, diese gefährlichen Korallenriffe zu kartografieren, als Wilkes mit seiner Exploring Expedition von den Häfen Amerikas ablegte.

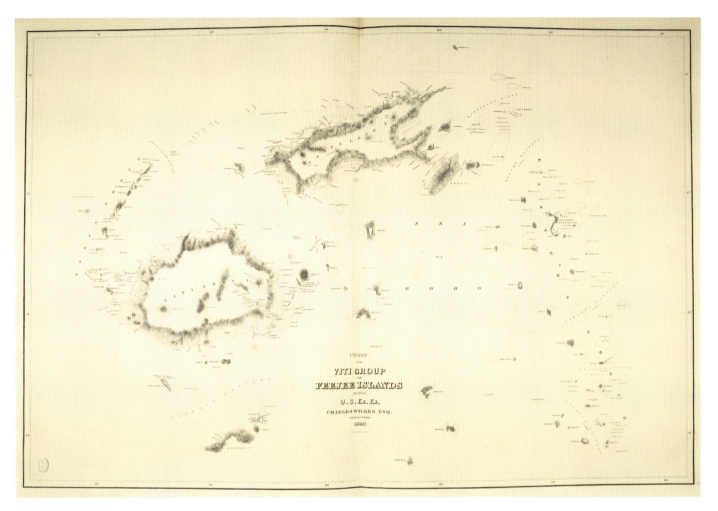

Karte der „Viti Group or Feejee Islands", von Wilkes erstellt aus der von der Expedition durchgeführten Vermessung.

(*Links*) „Stammestanz, Feejee", aus dem Bericht der US Exploring Expedition.

Wilkes und seine Mannschaft erreichten die Inseln, als sie schon ein gutes Stück der beschwerlichen und konfliktreichen Tour hinter sich hatten. Die Gemüter erhitzten sich, als Mannschaftsmitglieder ihre Vermessungsarbeit verrichteten und dabei von Insulanern umringt wurden. Wilkes war wie ein Pulverfass kurz vor der Explosion. Als Machtdemonstration ließ er sich zum Ufer übersetzen, wild entschlossen, jeden anzugreifen, der sich ihm in den Weg stellte, ob er an den ursprünglichen Übergriffen beteiligt war oder nicht. Schließlich erklärte er sich bereit, Frieden zu schließen, aber nur, wenn sich die Insulaner bei ihm entschuldigten. Zudem nahm Wilkes den Häuptling Veidovi (von Wilkes als Vendovi bezeichnet) gefangen, den er für den Angriff auf seine Männer verantwortlich machte, und verlangte, dass er die Expedition zurück nach Amerika begleitete. Die Exploring Expedition verließ die Inseln mit einer vollständigen Karte, die wie viele andere Pazifikkarten mit Gewalt und Blutvergießen teuer bezahlt worden war.

Bahnbrechende Erkenntnisse

Im 19. Jahrhundert wurde die Anwesenheit von Naturhistorikern und -wissenschaftlern als grundlegend für jede Forschungsreise, besonders in den Pazifik, erachtet. Sir Joseph Banks legte zusammen mit der langen Reihe von Forschern, die auf den Reisen mitsegelten, den Grundstein für eine Forschungsarbeit, die für jede Expedition unentbehrlich war, um die nachfolgende Errichtung von Kolonien voranzutreiben. Es galt als Grundsatz, die Welt, die man beansprucht, auch zu verstehen.

Um diesen Aspekt der Expedition abzudecken, benötigte Wilkes' United States Exploring Expedition ein Team von Wissenschaftlern, das die Ansprüche einer großen, ambitionierten Forschungsexpedition erfüllte. Das hielt ihn zwar nicht davon ab, die Zahl der mit ihm reisenden Forscher zu verringern und einige Verantwortlichkeiten selbst zu übernehmen. Doch obwohl Wilkes für Vermessung, Meteorologie und Astronomie zuständig war, hatte er noch einige Posten zu besetzen, und dafür stellte er eine starke Truppe zusammen: Titan Peale (Naturforscher), William Rich (Botaniker), Charles Pickering (Naturforscher), Joseph Couthouy (Conchologe), William Brackenbridge (Landschaftsgärtner) und James Dwight Dana (Geologe). Diese Wissenschaftler lieferten fundamentale Erkenntnisse, obwohl die Arbeit unter ihrem kommandierenden Offizier oft mehr als schwierig war. Wilkes' Einstellung war zwar eher hinderlich, aber er erkannte die Wichtigkeit der wissenschaftlichen Arbeit. Deshalb ließ die technische Ausrüstung der Expedition kaum Wünsche offen, was zweifellos eine große Hilfe für die Forscher war, um zu den Erkenntnissen zu gelangen, die sie nach ihrer Rückkehr veröffentlichten.

Im Laufe der Expedition sammelte Dana Tausende von Proben, viele aus dem Bereich der Geologie, aber auch von Korallen und Mollusken, die eigentlich in Couthouys Fachgebiet fielen. Nach seiner Rückkehr veröffentlichte er seine Erkenntnisse in Conchologie (die für einen weiteren Wissenschaftler, der den Pazifik bereits bereist hatte, sehr hilfreich waren, nämlich Charles Darwin) und seinem eigentlichen Fachgebiet Geologie. Besonders seine Studien auf Hawaii und an verschiedenen Stellen des Ozeans ermöglichten ihm Einblicke in die Vulkantätigkeit im Zusammenhang mit der Plattentektonik auf der Erdoberfläche. Seine Erkenntnisse stützten die Theorie, dass Vulkane und Gebirgszüge durch die Verschiebung der Kontinentalplatten entstanden sind, die er als Falten auf der Erdoberfläche bezeichnete – ähnlich dem heutigen Verständnis der Subduktionszonen und der daraus resultierenden Vulkantätigkeit.

Danas Arbeit legte den Grundstein für das Verständnis des Pazifiks als eines riesigen Rings vulkanischer Aktivität, wobei auch die Westküste der Vereinigten Staaten der geologischen Aktivität des Pazifiks unterliegt. Diese und weitere Vorstellungen zur Verbindung der Vereinigten Staaten mit dem Pazifik befeuerten die amerikanische Expansion in diesen Ozean im darauffolgenden Jahrhundert. Nach einem langwierigen und mühsamen Prozess wurden die Ergebnisse der Exploring Expedition schließlich zum Grundstein der Sammlung der Smithsonian Institution in Washington, D.C. Die Forschungsarbeit von Wilkes und seinem Team im Pazifik übt immer noch starken Einfluss auf das heutige Weltverständnis der Amerikaner aus.

Naturhistorische Illustrationen, darunter Danas Korallen, aus dem Begleitatlas zum Bericht der United States Exploring Expedition.

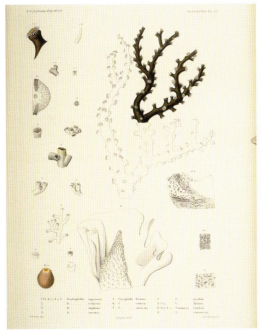

Sklavenhalter im Pazifik

Dass die Einbindung der Pazifikinsulaner in die Geschäfte von Außenseitern wie Pelzhändlern, Walfängern und anderen ihre Schattenseiten hatte, wurde schnell deutlich. Gewalt, Trunksucht und Prostitution auf den Inseln waren nur ein Teil des zerstörerischen Austausches, der durch das Wirken der Seefahrer, die von anderen Teilen der Erde in den Pazifik kamen, um sich griff. Mitte des 19. Jahrhunderts schafften die Kolonisierung des Pazifiks, besonders der ostaustralischen Küste, und die wirtschaftliche Entwicklung zusammen mit dem technologischen Fortschritt in Teilen Lateinamerikas neuen Bedarf an Arbeitskräften, den die Sklavenhändler nur zu gerne stillten. Zuckerrohrplantagen, Guano-Abbau und weitere sich entwickelnde Wirtschaftszweige benötigten konstanten Nachschub an Arbeitskräften, ihre Herkunft spielte keine Rolle. Für eine große Zahl skrupelloser Kapitalisten lag die Lösung des Problems in der Entführung und Versklavung von Insulanern aus dem Pazifik.

Das zwangsweise Heranziehen von Arbeitskräften aus dem Pazifik wurde „Blackbirding" genannt. Die „Transporteure" argumentierten, dass die Arbeitsverpflichtung, die sie boten, den Insulanern Geld brächte und eine Reise ermöglichte. In Wahrheit segelten sie von Häfen in Chile oder New South Wales zu den abgelegeneren Inseln des Pazifiks und lockten ganze Gruppen von Menschen an den Strand, wo sie sie gefangen nahmen und verschleppten, um sie an jene zu verkaufen, die

(*Unten*) Die Zeichnung zeigt die gewaltsame Rekrutierung von Arbeitern auf den Neuen Hebriden, 1892.

(*Link*s) Arbeiter aus dem Pazifik pflanzen Zuckerrohr auf einer Plantage in Mackay, Queensland, in den 1870er-Jahren.

(*Links*) Zwangsrekrutierung von Südseeinsulanern zur Arbeit auf den Plantagen von Queensland, 1893.

(*Oben*) Beschlagnahme des Schoners *Daphne* durch die *HMS Rosario*.

am Rande des Ozeans Arbeitskräfte benötigten. Diese Praxis, die von den 1840er-Jahren bis zum frühen 20. Jahrhundert angewandt wurde, war nichts anderes als Sklaverei, und die Verschleppten fanden sich unter denselben menschenunwürdigen Bedingungen schuftend wieder, wie sie die Sklaven aus der Karibik jahrhundertelang erleiden mussten. Ein besonders zerstörerischer Aspekt des Blackbirdings war der Bevölkerungsrückgang durch die systematische Entfernung von jungen, kräftigen Männern von Inseln mit ohnehin geringer Bevölkerungsdichte. Rapa Nui hatte bereits Probleme durch eingeschleppte Krankheiten und veränderte Umweltbedingungen, aber die Ankunft der Blackbirder in 1860er-Jahren führte dazu, dass die Bevölkerungszahl in den darauffolgenden Jahrzehnten auf rund hundert Personen zurückging.

Es wurden durchaus Versuche unternommen, die Praktik des Blackbirdings zu kontrollieren. Schiffe wie die *HMS Rosario* (hier dargestellt) patrouillierten im Pazifik, um Schiffe aufzuspüren, auf denen sich in die Knechtschaft gezwungene Insulaner befanden, was sich als schwierig erwies. Einige Segler beförderten ganz legal Arbeiter aus dem Pazifik, die dennoch ausgenutzt und missbraucht wurden. Trotz der klaren Parallelen zur Sklaverei bewegte sich das Blackbirding in einer Grauzone, das ungeachtet der zunehmenden Überwachung verschiedener Kolonien weiterhin praktiziert wurde, solange es finanziell rentabel war. Tragischerweise konnten auch Interventionen zugunsten der verschleppten und versklavten Insulaner katastrophale Folgen haben. Ein Versuch, entführte Arbeiter von Lima wieder auf ihre Heimatinsel Nuku Hiva zurückzubringen, endete im Desaster, weil die Rückkehrer die die Pocken einschleppten, an denen über 1500 Menschen auf der Insel starben. Auch auf Rapa Nui wurde die Bevölkerung durch von Rückkehrern eingeschleppte Krankheiten weiter dezimiert. Den pazifischen Inseln wurde von den Blackbirdern ein verheerender Schaden zugefügt.

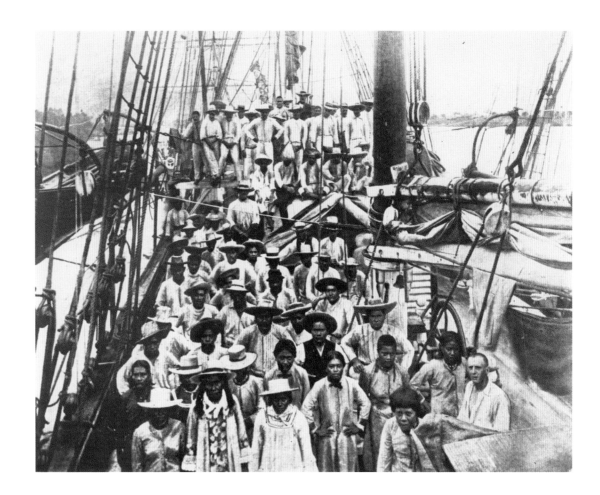

Insulaner an Deck eines Schiffes bei der Ankunft in Bundaberg, 1895.

Die Kolonialisierung der pazifischen Geschichte

Seit der Ankunft der ersten Europäer im Pazifik wurden rudimentäre Versuche anthropologischer Studien zu den Inselvölkern unternommen. Expeditionen wie die unter der Leitung von Cook und die vermehrte Aktivität von Missionaren im Pazifik führten zu einer Zunahme von Umfang und Reichweite der anthropologischen Arbeiten. Forschergeist und der Wunsch, mehr über die Welt, ihre Völker und Gesellschaftssysteme zu erfahren, waren zum Teil der Motor dafür. Hauptsächlich ging es jedoch darum, das erworbene Wissen dazu zu nutzen, die Missionsarbeit bei den indigenen Völkern effektiver zu gestalten. Die anthropologischen Studien gingen Hand in Hand mit dem Einsammeln spiritueller Kultobjekte aus den Inselgemeinden. Aus kolonialer und evangelikaler Sicht hatte das den Vorteil, dass sich der Umfang musealer und privater Sammlungen in den Metropolen vergrößerte, während gleichzeitig bedeutende Objekte von den Inseln entfernt wurden, um sie durch christliche Symbole zu ersetzen.

Diese Unternehmungen erforderten umfangreiche Aufzeichnungen über Tradition und Geschichte der Pazifikinsulaner, und die ließen sich aus den anthropologischen Studien zusammenstellen, die im gesamten Pazifik, von Neuguinea über Neuseeland und Hawaii bis hin zu Vancouver Island gemacht wurden. Das hier vorgestellte Werk, *Polynesian Mythology*, wurde von Sir George Grey, einem britischen Militärangehörigen und Kolonialgouverneur in Neuseeland, erstellt und von John Murray 1855 veröffentlicht. Anthropologische Studien spielten in der Verwaltung von Kolonien eine ähnliche Rolle wie in der Missionsarbeit. Der Versuch, die pazifische Inselwelt zu „zivilisieren", konnte nach Auffassung der Kolonialverwalter nur gelingen, wenn die vorherrschenden Kulturen verschwanden und die indigenen Völker stattdessen die Kultur, Gepflogenheiten und Religion der Kolonialmacht annähmen. Ungeachtet dieser Zielsetzung hatten viele Kolonialherren das Bedürfnis, über die Kulturen und Traditionen, die sie ersetzen wollten, zu berichten. Sir George Grey war aus diesem Holz geschnitzt.

Polynesian Mythology ist ein ungewöhnliches Werk aus diesem Kanon, weil es direkt von den Aotearoa Maori auf Neuseeland stammt, besonders von Te Rangikaheke (getauft als Wiremu Maihi oder William Marsh). Te Rangikaheke arbeitete als Beamter und erforschte die Maori-Geschichte; er sammelte zahlreiche Manuskripte über Traditionen, Sprache, Abstammung, Legenden und Geschichte der Maori. Grey nutzte diese Aufzeichnungen als Grundlage für *Polynesian Mythology*, machte dabei allerdings zahlreiche Fehler, auch erwähnte er Te Rangikaheke nicht. Im 19. Jahrhundert gab es viele Publikationen dieser Art in einem intellektuellen Spektrum zwischen lächerlich und bedeutend. *Polynesian Mythology* ist in vielerlei Hinsicht bezeichnend für die Texte von Kolonialherren, jedoch durch den anonymisierten Beitrag von Te Rangikaheke von größerer Bedeutung.

Frontispiz und Titelseite von Greys *Polynesian Mythology*, 1855.

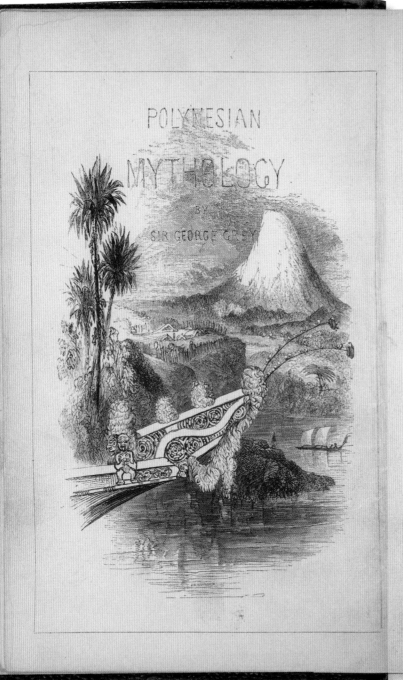

POLYNESIAN MYTHOLOGY,

AND

ANCIENT TRADITIONAL HISTORY

OF THE

NEW ZEALAND RACE,

AS FURNISHED BY THEIR PRIESTS AND CHIEFS.

BY SIR GEORGE GREY,
LATE GOVERNOR-IN-CHIEF OF NEW ZEALAND.

LONDON:
JOHN MURRAY, ALBEMARLE STREET.
1855.

Schwarze Schiffe am Horizont

Die Ambitionen der Vereinigten Staaten im Pazifik waren nicht nur auf die Inseln begrenzt, die Wilkes während der Exploring Expedition zwischen 1838 und 1842 ansteuerte. Finanzielle Interessen, untermauert durch die Doktrin des „Manifest Destiny" (offensichtliche Bestimmung), trieben die Expansion in den Pazifik während des 19. Jahrhunderts voran, mancherorts auch mit politischer und militärischer Hilfe der Administration. Die bedeutendste Intervention der US-Regierung im Pazifik während dieser Zeit war vermutlich die unter der Leitung von Matthew Perry 1852–1855. Perry leitete eine Expedition amerikanischer Kriegsschiffe zu den japanischen Inseln, um die Öffnung der Häfen und Märkte für den ausländischen Handel zu erzwingen.

Händler aus England, Russland und anderen Kolonialmächten hatten bereits im frühen 19. Jahrhundert ihr Glück mit Japan versucht, und bis Mitte des Jahrhunderts trieben politischer und wirtschaftlicher Druck den Wettkampf zwischen den Kolonialreichen im Pazifik auf die Spitze. Die Ausweitung der Produktion in vielen Industrienationen hatten parallel zu den wachsenden kolonialen Bestrebungen im Pazifik zur Folge, dass Mitte des Jahrhunderts alle bekannten wirtschaftlichen Möglichkeiten im Pazifischen Ozean ausgeschöpft waren. Japan war vielleicht nicht so ein großer Markt wie China, dennoch war es ein großes Reich, das über Jahrhunderte gegen äußere Einflüsse größtenteils abgeschottet gewesen war. Deshalb versprach man sich von Japan große Chancen zur Erschließung neuer Finanzmärkte und weltpolitischer Einflussbereiche. Der ungebrochene technologische Fortschritt der Nationen, die an der Kolonialisierung im 19. Jahrhunderts beteiligt waren, bedeutete auch, dass man Japan mit Waffengewalt seinen Willen aufzwingen konnte.

Perry schöpfte bei seiner diplomatischen und militärischen Expedition nach Japan alle damals verfügbaren Möglichkeiten der Waffentechnologie aus. Mit der Schaufelrad-Fregatte *Mississippi* als Flaggschiff, modernen Waffen einschließlich Kanonen, die Sprenggranaten abfeuern konnten, fuhr Perry im Juli 1853 in die Bucht von Edo ein. Er betrieb eine Kanonenbootdiplomatie wie aus dem Lehrbuch: Er vermaß die Bucht trotz offizieller Einwände, feuerte eine Reihe von Schreckschüssen ab

und ließ keinen Zweifel daran, dass jeder Widerstand einen direkten Angriff zur Folge hätte. Perrys Forderung war unmissverständlich: die Öffnung Japans für den Handel. Er fuhr ab mit dem Versprechen, in einem Jahr wiederzukommen, um Japans Antwort entgegenzunehmen. Perry kehrte jedoch bereits nach sechs Monaten mit einer Schwadron aus zehn Schiffen zurück, um Druck auf die japanische Administration auszuüben. Die Verwirrung und Angst, die Perry auslöste, spiegeln sich in den japanischen Berichten über die Expedition wider. Der imposante Auftritt Perrys ist hier dargestellt.

Am Ende reiste Perry in dem Glauben ab, Japan für den amerikanischen Handel geöffnet zu haben. Die Realität war komplizierter, vornehmlich weil die Offiziellen, mit denen er verhandelte, dem Shogun unterstellt waren und nicht dem Kaiser. Dennoch handelte er den Zugang amerikanischer Schiffe zu japanischen Gewässern aus sowie eine gute Behandlung von gestrandeten Seeleuten. Die USA erhielten die Erlaubnis, amerikanische Konsuln zur Öffnung der japanischen Häfen zu entsenden, und es wurde vereinbart, dass Konzessionen, die anderen Nationen erteilt wurden, auch für die Vereinigten Staaten galten. Amerikas Glaube an das „Manifest Destiny" und die Kanonenbootdiplomatie hatten sich ausgezahlt.

(*Links*) Japanische Schriftrolle, die die Ankunft von Commodore Perrys Schiffen in der Uraga-Bucht zeigt, 1853.

(*Rechts*) Ein Mann und ein Junge beobachten am Hafen ein amerikanisches Dampfschiff (Farbholzschnitt von Hiroshige).

Kriegerische Expansion

Durch die Ausweitung der geopolitischen Interessen Amerikas auf den Pazifik war es fast unvermeidbar, dass Konflikte irgendeiner Form auf den Inseln entstanden. Die Überlappung der Einflussbereiche verschiedener Kolonialmächte führte zwangsläufig zu Auseinandersetzungen. Viele Amerikaner standen hinter dem „Manifest Destiny"; deshalb schreckten die Vereinigten Staaten und ihre Repräsentanten im Pazifik auch vor kriegerischen Auseinandersetzungen nicht zurück, wie Perrys „Verhandlungstaktik" mit Japan und die Vorgehensweisen weiterer Kommandanten wie Wilkes veranschaulichen. Einige der Konflikte, die aus der amerikanischen Expansion im Pazifik und seinen Randmeeren entstanden, grenzten ans Lächerliche. Der „Schweinekonflikt" (Pig War) von 1859 ereignete sich auf den Inseln von San Juan zwischen Vancouver Island und Kontinentalamerika. Es war nicht allzu lange her, dass die Expedition George Vancouvers die Inseln und ihre Lage kartografiert hatte, allerdings war ihre Platzierung, wie hier zu sehen ist, nicht korrekt. Damit stand Vancouver nicht allein; Wilkes machte während der Vermessung des Columbia River in dieser Gegend einen ähnlichen Fehler. Die schwierigen klimatischen und geologischen

Karte von Vancouver Island, entstanden aus den Vermessungen während Vancouvers Expedition.

Verhältnisse der Meerenge sowie die starke Strömung machten eine Vermessung äußerst kompliziert.

Das Problem, das durch diese geografischen Fehler entstand, war die Eigenheit der amerikanisch-kanadischen (damals Britisch-Nordamerika) Grenze um Vancouver Island. Ein Großteil der Westgrenze zwischen den Staaten ist durch den 49. Breitengrad festgelegt, der sich aber durch die Meerenge zieht und Vancouver Island auf der kanadischen Seite verlässt. Daraus entbrannte ein Disput darüber, auf welcher Seite der Meerenge die Inseln lagen. Im 19. Jahrhundert spitzten sich die Spannungen zwischen dem British Empire und den Vereinigten Staaten zu: 1812 gab es einen Krieg, der Oregon-Kompromiss war äußerst umstritten und England mischte sich in den Bürgerkrieg ein, und deshalb war jeder Streit um diese Inseln ein potenzieller Grund für einen größeren Konflikt zwischen den beiden Nationen.

Tatsächlich begann der Konflikt mit dem Tod eines Schweins: Ein amerikanischer Siedler tötete auf den Inseln das Schwein eines Angestellten der Hudson's Bay Company, und dies führte, man mag es kaum glauben, zur militärischen Mobilmachung sowohl auf der britischen als auch auf der amerikanischen Seite. Obwohl sich die Kommandanten und Truppen beider Seiten weigerten, die Mobilisierung der Truppen in einen offenen Konflikt ausarten zu lassen, war die Situation zweifellos gefährlich. Im Interesse beider Nationen wurde der Streit kampflos beigelegt.

Dennoch blieb der Grenzverlauf unklar, und die Inseln waren von Militärs beider Seiten besetzt. Erst 1872 wurde der Disput gelöst, nachdem Kaiser Wilhelm I. gebeten worden war, als neutraler Schiedsrichter einzugreifen. Die neue Grenze verläuft westlich der Inseln, und Amerika hatte einen weiteren „Insel-Streit" im Pazifik gewonnen; nicht jeder Konflikt ging jedoch ohne Blutvergießen aus. Der Spanisch-Amerikanische Krieg von 1898 führte dazu, dass die Amerikaner eine große Flotte zu den Philippinen schickten und 11 000 Marines dort stationierten.

Während der Sieg über die Spanier vergleichsweise schnell erzielt wurde, dauerte der darauffolgende Konflikt zwischen US-Streitkräften und philippinischen Widerstandskämpfer über drei Jahre und kostete 200 000 Zivilisten das Leben. Amerikas Aufbruch in seine pazifische Zukunft ging zulasten der vielen Menschen, die auf den Inseln lebten.

Illustration von „English Camp", Insel San Juan.

Die Teilung eines Ozeans

Obwohl der Pazifische Ozean eine größere Fläche der Erdoberfläche einnimmt als alle Landmassen zusammen, wird er, vor allem von Europäern, nicht als Ganzes wahrgenommen. Stattdessen wird er in Einzelteile aufgesplittert, der Ostpazifik bildet den Westen vieler Mercator-Projektionsweltkarten, während der Westpazifik auf der Ostseite dieser Karten liegt. Die riesige Wassermasse ist durch verschiedene gedachte und kulturelle Grenzen in einzelne Zonen unterteilt. Es gibt ein weiteres menschliches Konstrukt, das sich durch den Pazifik zieht und unseren Alltag und unsere Vorstellung von der Geografie dieses Ozeans prägt: die internationale Datumsgrenze, die Demarkationslinie, die einen Tag von einem anderen trennt. Diese räumliche Trennung der Zeit dient nicht nur dazu, einen Tag zu definieren; für Seeleute ist sie Grundlage zur Berechnung der longitudinalen Distanz zu einem weiteren fixen Referenzpunkt. Heute ist dies normalerweise der Nullmeridian (Greenwich-Meridian). Seit den Anfängen der europäischen Erforschung des Pazifiks wurde diese Demarkationslinie irgendwo durch den Pazifik gezogen, um den Seefahrern das Bestimmen der Tage auf ihren Reisen zu ermöglichen. Dennoch ist diese Linie ein flexibles Konstrukt.

In den Jahrhunderten der spanischen Handelsflotten wich die geografische Lage der Datumsgrenze erheblich von ihrer heutigen ab. Irgendwann fiel die Ostküste der Philippinen, heute westlich der Datumsgrenze, in die amerikanische Seite und damit hinter die Zeit Lateinamerikas. Im Nordpazifik wanderte die Datumsgrenze nach Osten und nach Westen, je nach Ausweitung des russischen Reiches zur Zeit des Pelzhandels. Auf ähnliche Weise beeinflusste die Meridiankonferenz von 1884 die geografische Lage der Datumsgrenze durch die Festlegung des Nullmeridians in Greenwich, England. Dadurch wurde nicht nur die geografische Mitte vieler Kartenprojektionen festgelegt, sondern auch ein Fixpunkt für die Bestimmung der mittleren Sonnenzeit (Mittag). Zur Bestimmung des Längengrads werden die Abstände vom Nullmeridian nach Westen und Osten in Grad, Minuten und Sekunden gemessen. Wenn der Nullmeridian als Fixpunkt für Zeit- und Distanzmessung Greenwich durchläuft, fällt der 180°-Meridian demnach auf den Pazifik.

Während der Meridiankonferenz von 1884, auf der man den Nullmeridian festgelegt, aber die Fixierung der Datumsgrenze ausdrücklich vermieden hatte, wurde dennoch angemerkt, dass der 180°-Meridian, der durch den Pazifik verläuft, ideal wäre, denn wegen der geringen Landmasse dort sei die Entscheidung, welche Territorien auf welcher Seite der Datumsgrenze liegen, einfacher. Während der darauffolgenden 130 Jahre fand ein regelrechter Kuhhandel darüber statt, welche Territorien auf welcher Seite der Datumsgrenze liegen sollten. Gerade als Russland (wegen der durch die Dezimierung der Tierpopulationen rasch fallenden Profite aus ihrem Pelzhandel) Alaska an Amerika verkaufte, kam es ja nach Kolonisierung oder Unabhängigkeit dazu, dass verschiedene Territorien von einer Seite zur anderen wechselten. Das Kwajalein-Atoll beispielsweise war spanischen, deutschen, japanischen und amerikanischen Einflüssen ausgesetzt und fiel je nach vorherrschender Kolonialmacht auf die eine oder andere Seite der Datumsgrenze. Solche Details veranschaulichen die Bedeutung eines menschlichen Konstrukts, das den Pazifik nicht nur zeitlich, sondern auch in unserer Vorstellung unterteilt.

Karte der U.S. Air Force mit Zeitzonen und Datumsgrenze, 1947.

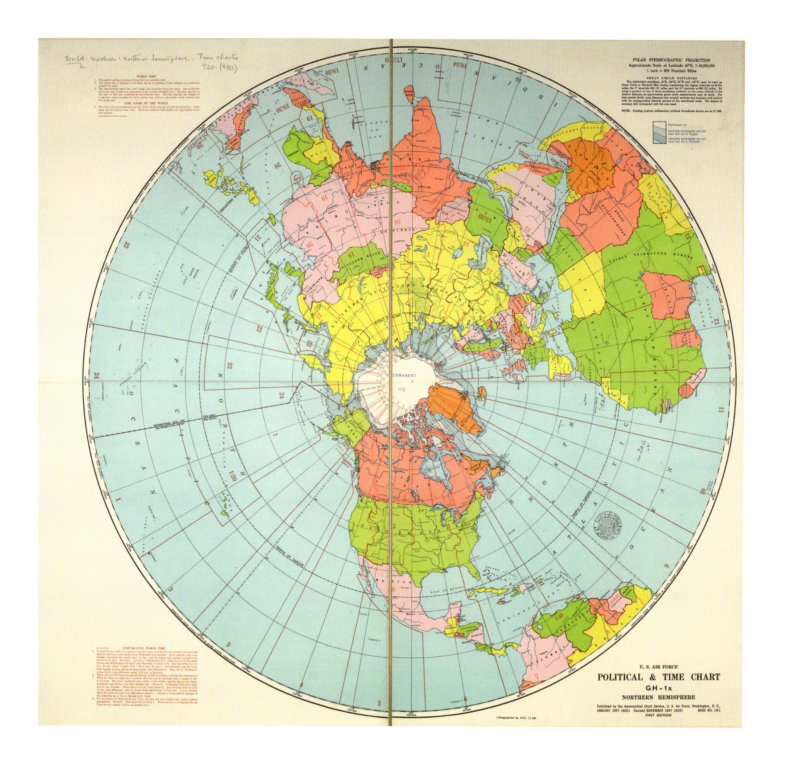

DAS INSELREICH

Die Polynesische Konföderation

Die Herrschaft der Kamehameha-Dynastie endete 1872, als Kamehameha V. starb, ohne einen Nachfolger zu bestimmen. In den Jahren der Kamehameha-Regentschaft waren Hawaiis Wohlstand und politische Vernetzung mit der Welt gewachsen. Dieses Netzwerk sollte von der Dynastie übernommen und weiter ausgebaut werden, die die Regentschaft nach dem Kamehameha-Geschlecht übernahm. Nach der hawaiianischen Verfassung musste von der gesetzgebenden Versammlung ein neuer Monarch gewählt werden, wenn vom amtierenden Regenten kein Nachfolger bestimmt worden war. Der direkt gewählte Lunalilo starb nach einem Jahr und so trat schließlich Kalākaua die Nachfolge der Kamehameha-Dynastie an.

Kalākauas Regentschaft hatte keinen glücklichen Start: Er benötigte britische und amerikanische Hilfe, um den Aufstand, zu dem es nach seinem Wahlsieg über Königin Emma (Witwe von Kamehameha IV.) gekommen war, niederzuwerfen. Das änderte jedoch nichts an den Plänen, die er während seiner Amtszeit zu verwirklichen gedachte. Kalākaua wollte die Beziehungen zu den Nationen und Kolonialmächten weltweit vertiefen und eine politische Struktur entwickeln, die den Status der polynesischen Inseln heben sollte. Vor allem sah er es als ungerecht an, dass Kolonialmächte wie England und das schnell erstarkende Amerika kleineren Inseln im Pazifik, besonders den polynesischen, ihren Willen aufzwingen konnten. Deshalb war es ihm wichtig, ein politisches System zu schaffen, das kleinen Nationen größeren Einfluss auf der internationalen Bühne ermöglichte.

1881 ging Kalākaua auf Reisen, um einige Staatsbesuche zu machen, und wurde dabei zum ersten Hawaiianer, der offiziell die Erde umrundete. Während seiner diplomatischen Besuche machte er sich Gedanken darüber, wie er die Rolle Hawaiis und der anderen polynesischen Inseln weltpolitisch stärken konnte. Sein Besuch in Japan, das sich mittlerweile schnell öffnete und eine bedeutende Präsenz auf der Weltbühne erreichte, zeigte ihm, wie eine Nation westliche Elemente der Technologie, Staatsführung und Wirtschaft annehmen kann, ohne die eigene kulturelle Tradition und Identität zu verlieren. Während seiner Reise wurde ihm klar, dass der einzige Weg, sich gegenüber den Interessen ausländischer Mächte eine starke, unabhängige Position im Weltgeschehen zu erhalten, der Zusammenschluss kleinerer Staaten zu einem größeren Staatenbund war.

Dies würde nicht leicht zu erreichen sein. Im späten 19. Jahrhundert lagen viele verschiedene europäische Mächte und die Vereinigten Staaten im Wettstreit und setzten Inselregierungen unter Druck, um ihre Präsenz im Pazifik im großen Stil auszuweiten. Die Bemühungen um die Schaffung einer Konföderation waren mit dem Problem

Bei Kalākauas Besuch der Vereinigten Staaten war Präsident Grant Gastgeber des ersten modernen Staatsbanketts, 1874.

(*Links*) König Kalākaua.

konfrontiert, sich trotz unterschiedlicher Prioritäten der einzelnen Inseln zu einigen und dabei gleichzeitig die Machtinteressen der Kolonialreiche abzuwehren. Trotz der großen Vision eines Staatenbundes und der hochgesteckten Ziele (sogar Japan sondierte die Möglichkeiten eines Beitritts), war die Idee zu ambitioniert, um sie bei so vielen störenden Fremdeinflüssen zu realisieren.

Kalākauas philosophische Vorstellungen und seine Entschlossenheit, die Unabhängigkeit Polynesiens zu bewahren, ermutigten seine Gegner zusätzlich, die Regierung der hawaiianischen Inseln zu schwächen. Das Ende des 19. Jahrhunderts brachte eine fundamentale Veränderung.

Die Annexion Hawaiis

Im 19. Jahrhundert war Amerika stark an Hawaii interessiert. Zum einen barg es neue Möglichkeiten, zum anderen aber auch Anlass zur Besorgnis. Hawaii war ein unschätzbarer Stützpunkt für amerikanische Walfänger, stand im Fokus amerikanischer Missionarsarbeit und eröffnete eine Reihe von Perspektiven in der Landwirtschaft, besonders im Hinblick auf den Zuckerrohranbau. Gleichzeitig waren Hawaiis Unabhängigkeit und die Gefahr, dass eine europäische Nation wie England oder Frankreich über die Inseln herrschen würden, eine Bedrohung für die Interessen Amerikas. Der Grund dafür ist auf den hier dargestellten Karten deutlich zu erkennen: Hawaii war das geografische und strategische Herz des Pazifischen Ozeans. Die Winde des Pazifiks hatten die europäischen Seefahrer vielleicht jahrhundertelang von diesen Inseln ferngehalten, aber das 19. Jahrhundert und der Beginn der Dampfschifffahrt mit der damit verbundenen Notwendigkeit von Bekohlungsanlagen machte Hawaii zu einen Schlüsselort im Pazifik.

Diese strategische Bedeutung ist zum größten Teil der Grund dafür, weshalb das Werk, aus dem diese Karten stammen – *A Handbook on the Annexation of Hawaii* (1898) – gedruckt wurde. Die Regentschaft Kalākauas machte deutlich, dass die Monarchen Hawaiis auch im darauffolgenden Jahrhundert an der Unabhängigkeit der Inseln festhalten wollten. In den späteren Jahren seiner Amtszeit und der seiner Nachfolgerin, Königin Liliʻuokalani,

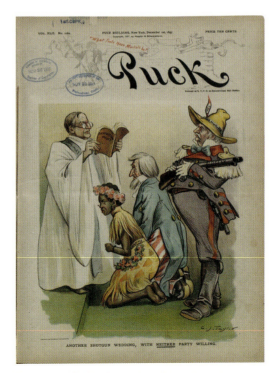

Persiflage auf die Handlungen Sanford B. Doles in der Zeitschrift *Puck*.

kam es aus den Reihen politischer Repräsentanten immer wieder zu Korruptions- und Bestechungsvorwürfen. Zwischen 1887, kurz nach Beginn der Konföderationsbestrebungen, und 1898 befürworteten Akteure wie Sanford Ballard Dole, ein Anwalt amerikanischer Abstammung, die Verwestlichung Hawaiis und zettelten Unruhen an, die die Macht Kalākauas und Liliʻuokalanis schwächten.

1893 wurde die Monarchie in einem Staatsstreich gestürzt. Die neue Regierung arbeitete eng mit dem US-Minister für Hawaii, John L. Stevens, zusammen, um eine Einverleibung Hawaiis durch die Vereinigten Staaten in die Wege zu leiten. Obwohl die anfänglichen Bemühungen positiv aufgenommen wurden, stieß die Delegation, die Sanford Dole 1894 nach Amerika sandte, beim neuen Präsidenten der Vereinigten Staaten, Grover Cleveland, auf wenig Begeisterung. Stattdessen versuchte Cleveland Liliʻuokalani wieder einzusetzen, was Dole dazu veranlasste, Hawaii zur unabhängigen Republik zu erklären. Die Situation änderte sich schlagartig, als es 1898 zum Krieg Amerikas gegen Spanien kam. Die strategisch wichtige Bedeutung der Inseln

Karten aus *A Handbook on the Annexation of Hawaii* zeigen die strategische Bedeutung der Inseln.

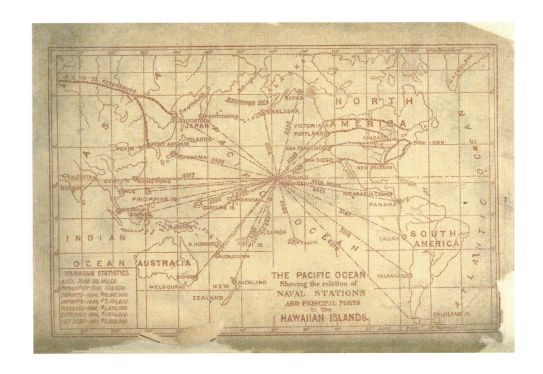

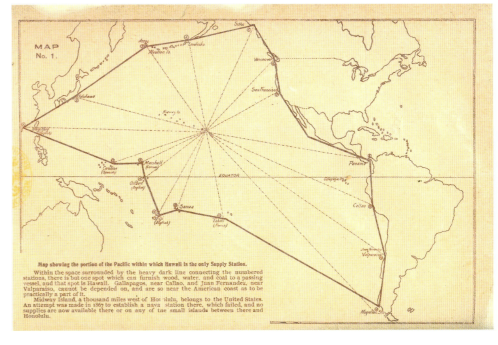

führte dazu, dass ein weiterer Präsident der USA, William McKinley, die hawaiianischen Inseln annektieren ließ; sie wurden 1900 Territorium der USA.

Hawaiis Erfahrungen mit Amerika spiegeln die Situation wider, in der sich viele pazifische Inseln befanden. Sie waren gezwungen, sich durch eine Welt voller geopolitischer, militärischer und wirtschaftlicher Intrigen zu manövrieren, in der Vertreter verschiedener Nationen entweder gegeneinander oder gemeinsam agierten (wie Hawaiis Staatsstreich und spätere Annexion zeigt), was sich letzten Endes nachteilig auf die Inselregierungen auswirkte. Die Aufrechterhaltung von Ordnung und Stabilität wurde unter derart chaotischen Umständen zunehmend schwieriger. Konflikte wie der Spanisch-Amerikanische Krieg und Kampfhandlungen auf den Philippinen konnten den politischen Kontext, in dem die Insulaner agierten, rasch verändern. Amerikas zunehmender Einfluss im Pazifik war zwar chaotisch und wirkte destabilisierend, aber nicht alle Inseln erlitten das Schicksal Hawaiis. Japan beispielsweise behauptete sich in der kolonialen Welt des 19. und 20. Jahrhunderts völlig anders.

Japanische Inseln gegen den russischen Bären

Einen Großteil des 20. Jahrhunderts hindurch war der Pazifik durch andere politische und wirtschaftliche Machtverhältnisse geprägt als in den Jahrhunderten davor. In vielerlei Hinsicht ist das Chinas Niedergang und Japans Aufstieg geschuldet. Letzterer erscheint besonders im Licht der Ereignisse, die die Ankunft von Perrys „Schwarzen Schiffen" Mitte des 19. Jahrhunderts begleiteten, bemerkenswert. Als Perry in Japan ankam, hatte das Tokugawa-Shogunat dort mehr als zwei Jahrhunderte regiert und das Land in Feudalherrschaftsbereiche geteilt und gegen ausländische Einflüssen abgeschottet. Dieses System hatte sich größtenteils bewährt – Frieden und Stabilität waren die Norm –, aber im 19. Jahrhundert wurde klar, dass diese Herrschaftsstrukturen einem modernen Japan nicht mehr zuträglich waren. Wachsende Bevölkerung, technische Entwicklungen und die Expansion fremder Kolonialreiche im Pazifik waren deutliche Hinweise darauf, dass Japan sein soziales und politisches System ändern musste. Spätestens die Ankunft Perrys und die Opium-Kriege, die England gegen China führte, machten unmissverständlich klar, was passieren konnte, wenn sich Japan nicht an die Entwicklung der restlichen Welt anpasste.

Diese und weitere Faktoren erleichterten den Fall des Tokugawa-Shogunats, auf den die Wiedereinsetzung eines Kaisers folgte. Kaiser Meiji herrschte als Galionsfigur einer zentralisierten Regierung über ganz Japan. Die Meiji-Restauration bedeutete nicht die Wiedererlangung der kaiserlichen Macht; der Kaiser regierte unter der Regie einer japanischen Oberschicht. Diese Gruppe folgte derselben Weltanschauung wie der hawaiianische König Kalākaua: Nur politischer Zusammenhalt und Modernisierung würde die Stellung

Japans in einem Ozean, der zunehmend von Kolonialmächten beherrscht wurde, stärken. Japan hatte sich zwar nicht für Kalākauas Pazifik-Konföderation entschieden, aber die zugrundeliegende Philosophie verstanden: Nur ein vereintes Japan konnte unabhängig bleiben und sich einen eigenen Einflussbereich im Pazifik aufbauen.

Obwohl die Vorstellung eines japanischen Kolonialreiches in Regierungskreisen jahrzehntelang umstritten war, gab es dennoch Pläne, gestützt durch eine Rhetorik der kulturellen Überlegenheit, aus der Schwächung Chinas und Koreas Vorteile zu ziehen. Ende des 19. Jahrhunderts konnte Japan durch Militäraktionen und geheime Operationen in beiden Ländern seinen Einflussbereich in dieser Region und auch weltweit ausweiten. Viele in Europa empfanden dies als Bedrohung der Vormachtstellung europäischer Kolonialreiche und fürchteten die Infragestellung der Rassenideologie, die zur ideologischen Begründung des Imperialismus diente. Eine asiatische Kolonialmacht war vielen europäischen Staatsoberhäuptern ein Dorn im Auge, darunter auch Zar Nikolaus II. Japans Aufstieg bedrohte den Einflussbereich Russlands im Nordpazifik. Die Spannungen zwischen den beiden Ländern wuchsen stetig, bis Japan im Februar 1904 Russland überraschend den

Krieg erklärte und die russische Flotte in Port Arthur angriff. Es folgte eine Militäroffensive, die die westlichen Kolonialmächte schockierte. Russland scheiterte an der Logistik, einen Krieg in abgelegenen Gebieten des Reiches zu führen, während Japan durch die rasche Modernisierung und zentralisierte Verwaltung zu einer effektiven Kriegsmaschine geworden war. Aus dem durch die USA vermittelten Friedensvertrag ging Japan als Sieger hervor und annektierte Korea. Russland hatte mit der peinlichen Niederlage zu kämpfen. Von den drei Parteien, die den russisch-japanischen Frieden aushandelten, waren es Japan und die USA, die den Pazifik des 20. Jahrhunderts auf dramatische Weise beeinflussten.

(*Links*) Kisaburo Oharas Karte, die Russlands wachsenden Einfluss verdeutlicht, 1904.

(*Oben*) Eine russische Illustration der Schlacht von Tschemulpo, 1904.

(*Rechts*) Kaiser Meiji (1867–1912).

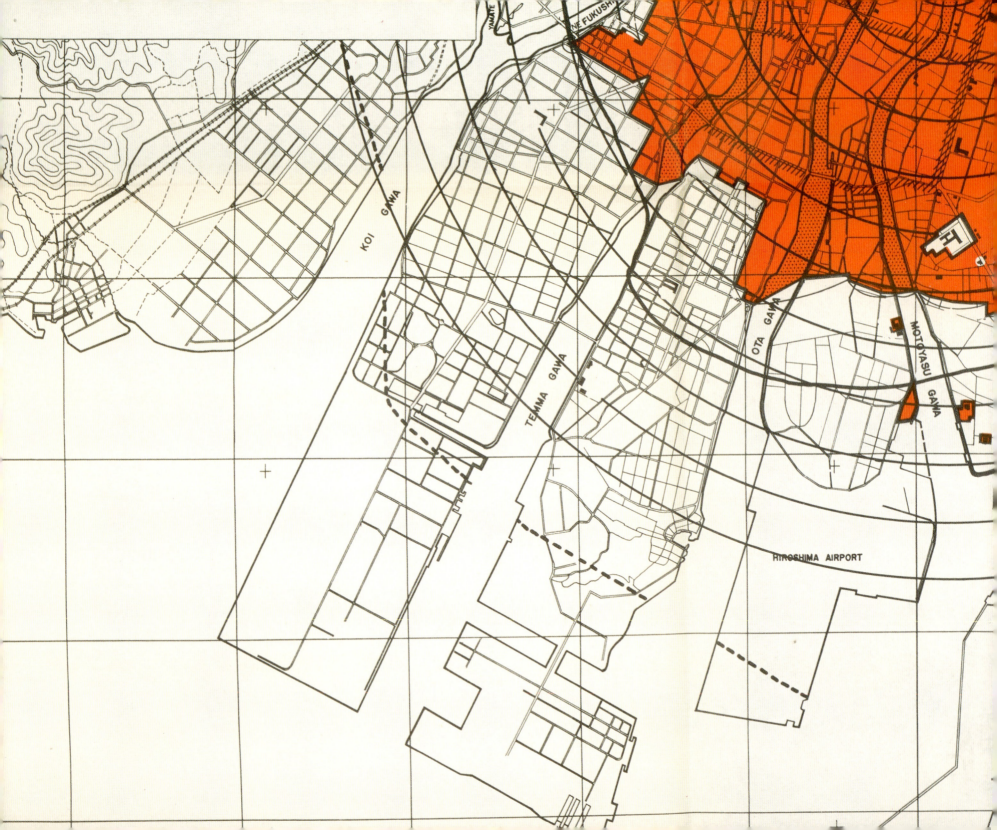

Teil 3
Inseln in einer globalisierten Welt

Der Pazifik hatte sich während der vier Jahrhunderte vor 1900 erheblich entwickelt. Vieles davon ist dem Vordringen der Kolonialmächte in den Pazifik zu verdanken; besonders Amerikaner, Europäer und Russen, die versuchten, diesen Ozean und seine Inseln nach ihrem Willen zu formen. Es wäre jedoch falsch, jede Veränderung diesen äußeren Einflüssen zuzuschreiben. Auf vielen pazifischen Inseln hatte eine Welle der Veränderung bereits vor Ankunft der Europäer Gemeinden, Regierungen und Wirtschaftssysteme erfasst. Genauer gesagt, auch wenn die Begegnung mit Außenstehenden den Anstoß zu Veränderungen gab, waren viele dieser Entwicklungen eigenmotiviert und gingen über das hinaus, was es bedurfte, um mit den Neuankömmlingen umzugehen. Japans Meiji-Restauration und Kalākauas Vision einer Polynesischen Konföderation wurden durch komplexe Prozesse und Philosophien befeuert, die weiter als die Kontaktzonen reichten, die zwischen den pazifischen Inseln und der westlichen Welt existierten.

Zudem hatte der Pazifik auch diejenigen verändert, die in Kontakt mit diesem Ozean kamen. Studien wie die von Banks formten während der Aufklärung die europäischen Weltvorstellungen. Mittlerweile hatten Forscher, die in den Pazifik reisten – allen voran Darwin und Dana – aus ihren Beobachtungen der pazifischen Inseln Theorien entwickelt, die auch heute noch unser Weltverständnis formen. Der Pazifik wirkte sich auf das alltägliche Wirtschaftsleben rund um den Globus aus. Walöl aus dem Pazifik hielt die Industrie am Laufen, Pelze aus dem Pazifik beeinflussten die Mode, Sandelholz verzierte die Salons in ganz Eurasien und unzählige weitere Produkte aus dem Pazifik waren entweder unentbehrlich oder überaus gefragte Luxusgüter. Was immer im Pazifik und auf seinen Inseln geschah (oder nicht geschah), konnte über Wohl und Wehe in der regionalen wie der internationalen Wirtschaft entscheiden, wie das Platzen der Südseeblase zeigt.

Auch im 20. Jahrhundert ging die Ausbeutung der Ressourcen, die Veränderung der Beziehungsmuster und die wechselhafte Ausdehnung der Kolonialreiche weiter. Wie zuvor boten die Inseln des Pazifiks eine Bühne für erstaunliche und auch schreckliche Ereignisse, die dieses Jahrhundert in vielerlei Hinsicht geprägt haben. Einige dieser Geschehnisse, nicht zuletzt der Abwurf der Atombombe über Japan, sind weltweit im Bewusstsein der Menschen verankert; viele davon sind Teil unseres allgemeinen Weltverständnisses, ohne dass wir uns ihres pazifischen Ursprungs bewusst sind. Vom Walfangverbot über die Gründung von Greenpeace bis hin zum Aufkommen des Surfens als Bestandteil der Freizeitgestaltung haben viele Entwicklungen des 20. Jahrhunderts ihren Ursprung im pazifischen Ozean und seinen Inseln.

Die Inseln des Pazifiks stellen eine Linse dar, durch die wir Ebbe und Flut der Geopolitik betrachten können. Der Pazifik des 20. und 21. Jahrhunderts erinnert uns mit Nachdruck an die Auswirkungen, die unsere Gesellschaften mit ihrem Lebensstil auf unsere Umwelt haben. Insbesondere zeigt er uns, wie sehr Politik und Umwelt miteinander verbunden sind. Dieser riesige, mit kleinen, aber bedeutenden Landmassen gesprenkelte Ozean ist ein perfektes Prisma, durch das wir den Preis, den wir dieser Welt abverlangen, und die zukünftigen Herausforderungen sehen können.

Japans pelagisches Reich

Im 20. Jahrhundert entwickelte sich Japan weiter zu einer Seemacht, aufbauend auf dem Erfolg im Russisch-Japanischen Krieg zu Beginn dieses Jahrhunderts. Japans Verhältnis zu diesem Ozean wich jedoch von dem anderer Weltmächte ab, denn es setzte auf den Pazifik als weites Netzwerk miteinander verbundener Ressourcen. Japans militärische, politische und wirtschaftliche Expansion während des späten 19. und frühen 20. Jahrhunderts war darauf fokussiert, diese Netzwerke weiterzuentwickeln und schuf so etwas Einzigartiges, das der amerikanische Historiker William Tsutsui als „pelagisches Reich" bezeichnete.

Die Entwicklung dieses neuartigen Imperiums begann bald nach der Ankunft von Perrys Schiffen. Durch das Ende der Abschottungspolitik konnten sich japanische Fischerboote immer weiter von den Inseln entfernen, und die rasche technologische Modernisierung führte auch zur Entwicklung einer bedeutenden Fischfangindustrie. Es liegt auf der Hand, dass Japans technologischer Fortschritt während dieser Zeit von militärischen Zielen getrieben wurde, dass es darum ging, die Nation auf das Niveau zu heben, das die aggressiven Kolonialmächte im Pazifik erreicht hatten. In Politik und Verwaltung wusste man jedoch, dass die Modernisierung des Militärs allein nicht ausreichen würde. Um als ebenbürtige Macht im globalen Geschehen zu gelten, musste Japan sich insgesamt weiterentwickeln.

Das pelagische Reich gründete deshalb nicht nur auf dem Wagemut der japanischen Fischer, die nun weiter hinausfuhren als zuvor, sondern auch auf den von der Regierung ausgehandelten Fischereirechten in den Hoheitsgewässern größerer und kleinerer Mächte im pazifischen Raum. Japans Wirtschaft begann vermehrt Ressourcen aus dem Ozean zu schöpfen und erhöhte die Ausbeute in den folgenden Jahrzehnten weiter. Japanische Schiffe dominierten bald fremde Fischereigründe, wie im Nordwestpazifik, wo sie den russischen überlegen waren und zahlenmäßig weiter wuchsen, während die russische Fischerei stagnierte.

Die wachsende Dominanz der Japaner im Westpazifik war mit der Entwicklung einer japanischen Kolonialmacht in Ostasien verbunden. Ungeachtet verschiedener Konflikte, wie dem Russisch-Japanischen Krieg (1904–1905), wuchs Japans Bevölkerung im 20. Jahrhundert stetig an. Immer größere Teile der Bevölkerung waren beim Militär und in den Produktionsbetrieben beschäftigt, und die hinzugewonnene Bevölkerung des japanischen Kolonialreichs musste auch ernährt werden. Das erforderte ein weiteres Wachstum des Fischereisektors und die Weiterentwicklung der Fischereitechnik. Das pelagische Reich war eng an die Expansion ins asiatische Festland geknüpft.

Die Schrecken der japanischen Herrschaft in der Region wurden während des 20. Jahrhunderts nur allzu deutlich, doch darf nicht unerwähnt bleiben, dass die Entwicklung des pelagischen Reichs ein eindeutig pazifisches Phänomen war: Als Netzwerk aus Wasserwegen, Inseln und Küstengebieten, das sich über große Distanzen erstreckte, erinnerte das pelagische Reich an die Handelsnetzwerke der Pazifikinsulaner, die jahrhundertelang bestanden hatten, und an die späteren theoretischen Konstrukte von pazifischen Wissenschaftlern wie Epeli Hau'ofa; der Pazifik war nie ein Ozean isolierter Inseln.

Karte des japanischen Königreiches, 1919.

Der Erste Weltkrieg und der Pazifik

Der Ausbruch des Ersten Weltkriegs 1914 in Europa machte es unvermeidlich, dass der Pazifik, mittlerweile ein Hort der kolonialen Interessen aller Weltkriegsparteien, zum Kriegsschauplatz wurde. Während in Europa ein zermürbender Stellungskrieg in den Schützengräben mit enormen Verlusten stattfand, verlief der Krieg im Pazifik anders. Alle Kolonialmächte hatten Marinegeschwader im Pazifischen Ozean, deshalb kam es dort und im benachbarten Indischen Ozean zu bedeutenden Schlachten, und die Streitmächte der Entente griffen nach und nach von Deutschland kontrollierte Pazifikinseln an. Viele dieser Inseln wurden, anders als die europäischen Regionen, ohne großes Blutvergießen eingenommen.

Der Krieg sorgte auch für ein Szenario, in dem jahrzehntealte Rechnungen beglichen werden konnten. Die Interessen der Kolonialmächte ließen bereits im 19. Jahrhundert Streitpunkte entstehen, um die es beinahe zum Krieg gekommen wäre. Der Bürgerkrieg auf Samoa in den 1890er-Jahren hätte fast zum offenen Krieg zwischen England, Deutschland und den Vereinigten Staaten geführt. Im Ersten Weltkrieg gab es nun die Gelegenheit, manche dieser Konflikte neu aufzurollen und die Grenzen aus dem 19. Jahrhundert neu zu ziehen. Deutsch-Samoa wurde im August 1914 von neuseeländischen Truppen besetzt. Japans Bedeutung im Ersten Weltkrieg war besonders bemerkenswert, nicht nur wegen seiner tragenden Rolle in der Allianz mit einem Bündnis, zu dessen Partnern auch der ehemalige Gegner Russland gehörte. Japan war für die Entente ein wertvoller Partner, der die Seewege im Pazifik sicherte und von Deutschland verwaltete Gebiete im Westpazifik besetzte, und konnte zudem seinen Einflussbereich auf dem asiatischen Festland und den westpazifischen Inseln erweitern. Das pelagische Reich vergrößerte sich im Ersten Weltkrieg erheblich.

Japan sah den Ersten Weltkrieg auch als Möglichkeit, seinen Einfluss in der Weltpolitik weiter auszubauen. Während der Friedensverhandlungen in Versailles saß die japanische Delegation zwischen den Delegierten der

Entente und erhielt bedeutende Zugeständnisse. Das Kaiserreich sicherte sich auch einen Sitz im Völkerbund; die Errungenschaften Japans waren vergleichbar mit denen, die sich Kalākaua ein Jahrhundert davor für Hawaii vorgestellt hatte. Dennoch lief nicht alles nach Japans Plänen. Die Nation und ihre Kolonien profitierten von den geopolitischen Erfolgen während des Kriegs und der Friedensverhandlungen und waren zweifellos näher an die vorderen Ränge der Weltpolitik gerückt. Dennoch wurden sie immer noch als rassisch unterlegene Außenseiter behandelt, eine Tatsache, die am stärksten durch die Ablehnung des von ihnen 1919 gewünschten Passus über die Rassengleichheit sichtbar wurde. Damit wären alle Mitglieder des Völkerbunds in den darauffolgenden Verhandlungen gleich behandelt worden. Der entsprechende Wunsch Japans wird durch Dokumente wie die hier gezeigte Karte deutlich. Die Ablehnung dieser Klausel säte den Groll, der Japans Rolle im Zweiten Weltkrieg prägte. Die japanischen Delegierten in Versailles waren nicht die Einzigen aus dem Pazifik, die als Ergebnis eines Konflikts nach Europa kamen. Während des Krieges wurden die sogenannte New Zealand Division und weitere Pazifikinsulaner nach Europa verfrachtet, um dort für die Kolonialmächte zu kämpfen, die ihre Inseln kontrollierten.

Der Konflikt in Europa war weit entfernt davon, ein rein europäischer Krieg zu sein; er zeigt, auf welche Weise viele Gesellschaften der pazifischen Inseln mit der globalisierten Welt und ihren Auseinandersetzungen verwoben waren.

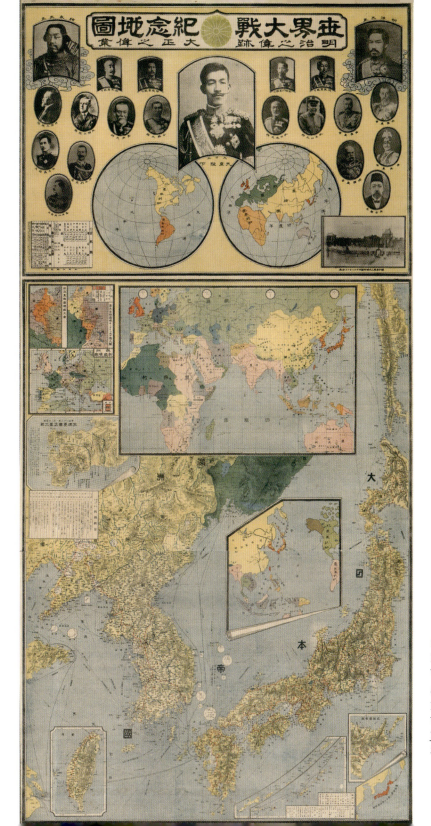

Karte zur Erinnerung an den Eintritt Japans in den Ersten Weltkrieg, 1918.

(*Gegenüber*) Ein Pionier-Bataillon führt im Bois-de-Warnimont einen Haka für Joseph George Ward auf, 30. Juni 1918.

Der Inselkrieg

Als Leutnant Wilkes von der United States Exploring Expedition seine Vermessung von Pearl Harbor durchführte, das die Hawaiianer Wai Momi und Puʻuloa nannten, war ihm sicherlich nicht in den Sinn gekommen, welches Schicksal die Bucht im Jahrhundert darauf erleiden würde. Wilkes war bei der Vermessung aufgefallen, dass dieser Ort das Potenzial hatte, der strategisch bedeutendste des Pazifiks zu werden. Er bot einen sicheren Hafen, und die Lage Hawaiis hatte erhebliche geopolitische Vorzüge. Auch vor der Annexion Hawaiis hatte die Regierung der Vereinigten Staaten auf diese Beobachtungen reagiert und 1875 ein Freihandelsabkommen mit Hawaii abgeschlossen. Dieses mit der Kalākaua-Regierung geschlossene Abkommen ermöglichte der US-Marine den Zugang zu Pearl Harbor, und im Gegenzug konnte Hawaii auf den amerikanischen Märkten Zucker verkaufen.

Im Zuge des Ersten Weltkriegs entwickelte Japan immer stärkere geopolitische Ambitionen und kam damit den amerikanischen Interessen im Pazifik ins Gehege. Zudem war das japanische Volk anhaltendem Rassismus ausgesetzt: Die drakonische Einwanderungs-

Der Angriff auf Pearl Harbor am 7. Dezember 1941.

politik gegenüber Japanern, die sich in den USA niederlassen wollten, war ein weiterer und an Bedeutung zunehmender Streitpunkt. Die Spannungen führten schließlich dazu, dass Japan im Dezember 1941 die Vereinigten Staaten angriff. Der Fokus dieses Erstschlags lag auf dem strategischen Herzen des Pazifiks, dem von Wilkes 1841 beschriebenen Wai Momi und jetzigem US-Flottenstützpunkt Pearl Harbor. Japans Angriff war der Beginn einer Reihe von Angriffen mit dem Ziel, Hawaii als US-Stützpunkt auszuschalten, damit die japanische Offensive im Westpazifik und auf dem asiatischen Festland ungehindert durchgeführt werden konnte. Japans Expansion weitete sich bis nach Australien aus.

Ein Krieg von bisher nie dagewesenem Ausmaß überzog die Inseln und verbreitete Leid und Zerstörung über einen Großteil des Pazifiks. Die Streitkräfte Japans, Amerikas und der Alliierten sorgten vielerorts aber auch für neue Interaktionen, Technologien und kulturellen Austausch. Die Logistik sowie die Zusammensetzung der Truppen auf den Inseln brachten unauslöschliche Veränderungen für etliche Pazifikkulturen mit sich. Viele zogen aus dem Geschehen konkrete Schlüsse für ihre Inseln und die Rolle, die sie in einer Zeit spielen würden, in der ihr Ozean nicht mehr der Pazifik der Kolonialmächte sein würde. Kontakte wie die zwischen Pazifikinsulanern und afroamerikanischen Marines befeuerten spätere Unabhängigkeitsbewegungen, denn die Insulaner sahen, dass die dunkle Haut sie nicht daran hindern musste, dieselbe Rolle zu übernehmen wie weiße Menschen.

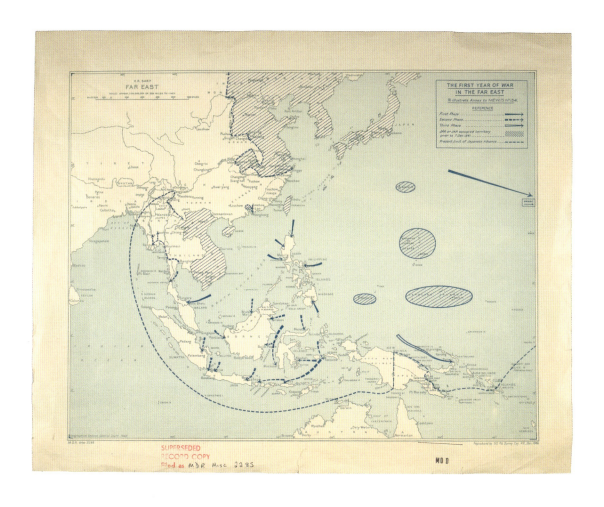

Die Vereinigten Staaten gingen als dominante Macht im Pazifik aus dem Krieg hervor, aber der Sieg war teuer erkauft. Die Kampfhandlungen dauerten hier länger an als in Europa und entwickelten sich zu einem blutigen Zermürbungskrieg. Der Krieg wütete über dem Westpazifik, wobei die vorübergehenden japanischen Gebietsgewinne bis zu den Salomonen reichten. Das Zurückdrängen der Japaner kostete Millionen das Leben, auch viele Zivilisten. Die Kämpfe endeten erst, als der Krieg ins Herz des japanischen Pazifikreichs, auf die japanischen Inseln selbst, getragen wurde. Dort wurde er durch die Anwendung einer Waffe von unvergleichlicher Zerstörungskraft beendet. Der Schatten, den dieses Ereignis über den Pazifik warf, sollte die Welt im 20. Jahrhundert und darüber hinaus bedrohen.

Karte aus „Das erste Kriegsjahr in Fernost",
Verteidigungsministerium, 1943.

Hiroshima und Nagasaki

Das Ende des Kriegs im Pazifik wurde durch den Abwurf zweier Bomben von ungeahnter Kraft herbeigeführt. Seit 1942 hatten die Vereinigten Staaten am „Manhattan Project" gearbeitet, mit dem die ersten Nuklearwaffen entwickelt werden sollten, die im Sommer 1945 abgeworfen wurden. Hiroshima wurde zuerst bombardiert, am 6. August, und 80 000 Menschen starben sofort durch den Einschlag. Drei Tage darauf wurde eine weitere Bombe über Nagasaki abgeworfen, die beim Einschlag 40 000 Menschen tötete. Tausende starben noch Tage, Monate und Jahre nach der Detonation der Bomben. Sie wurden Opfer der radioaktiven Kontaminierung.

Die Kampfhandlungen endeten schnell nach dem Bombardement, und Kaiser Hirohito verwies bei seiner Kapitulation auf die verheerende, grausame Kraft der Bomben. Das Ausmaß der Verwüstung, die Fähigkeit, eine derartige Zerstörung mit so vielen Menschenopfern in so kurzer Zeit anzurichten, war davor undenkbar gewesen. Die hier gezeigte Karte von Nihon Kotsu Kosha war ein Versuch, das geografische Ausmaß der Zerstörung durch die über Hiroshima abgeworfene Bombe darzustellen. Die graue Unterlegung in der Mitte der Karte

markiert den von der Bombe „Little Boy" verwüsteten Bereich, der zu den dichtest bebauten und belebtesten Gebieten der Stadt gehörte.

Mit dem Abwurf dieser Atombomben wurden der Pazifik und seine Inseln zu dem Ort, an dem eine neue Welt geboren wurde – eine Welt der tief empfundenen Angst vor Nuklearwaffen und, später, vor einem drohenden Atomkrieg. Während der Großteil der Welt bisher von den Auswirkungen der Nuklearwaffen verschont geblieben ist, wurde der Pazifik zum Schauplatz zahlreicher Atomtests zur Weiterentwicklung der Kernwaffen. Der Pazifik war aber auch der Ausgangspunkt der Anti-Atomwaffen-Bewegung im 20. Jahrhundert (s. S. 188-189).

Detonation der Atombombe über Nagasaki 1945.

(*Links*) Nihon Kotsu Koshas Karte (1947) zeigt den Einschlag der Atombombe in Hiroshima.

(*Links*) Blick in nordwestlicher Richtung vom Dach des beschädigten Rotkreuzkrankenhauses in Hiroshima.

(*Unten links*) Nagasaki vor und nach dem Einschlag.

(*Unten rechts*) Hiroshima vor und nach dem Einschlag.

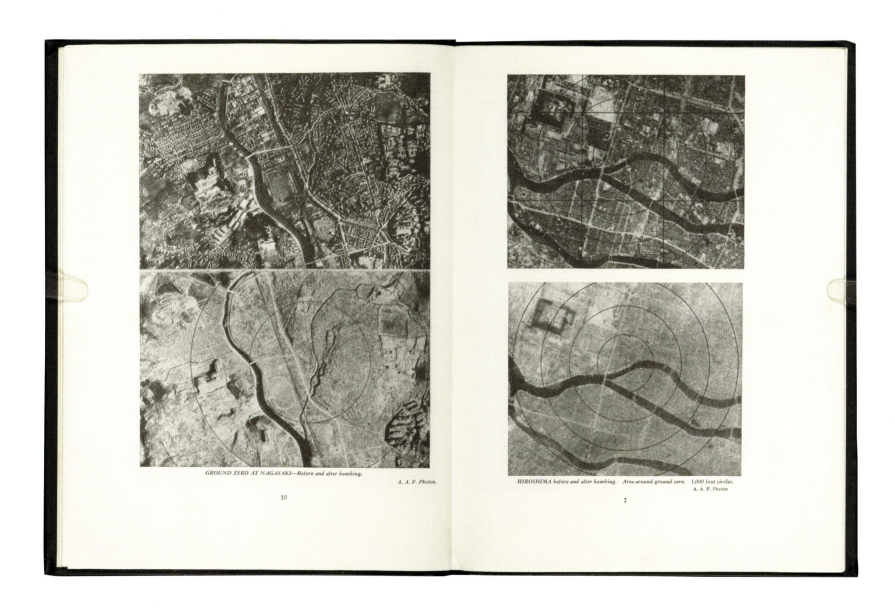

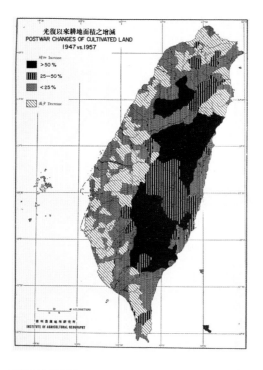
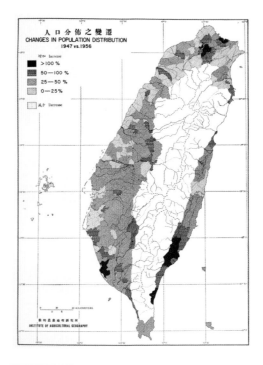
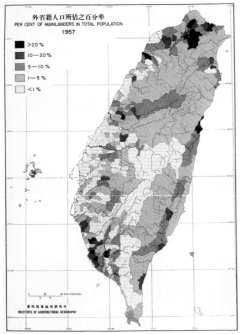
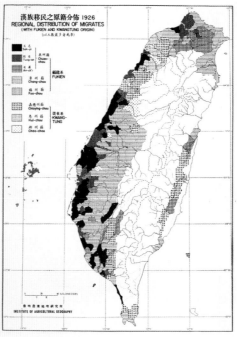

Eine Reihe von Tafeln, die Taiwans Veränderung in Bevölkerungszahl und Landnutzung zeigen. Aus *Geographical Atlas of Taiwan*, 1959.

Taiwan und der chinesische Bürgerkrieg

Taiwan war seit dem späten 17. Jahrhundert Teil der chinesischen Qing-Dynastie. Nach deren Fall wurde es immer tiefer in die politischen Bewegungen Ostasiens und des Pazifiks verwickelt. Der Aufstieg des japanischen Kaiserreichs und der damit verbundene Konflikt mit der Qing-Dynastie in Form des Japanisch-Chinesischen Kriegs von 1894–1895 führten zur Abtretung Taiwans an Japan im Friedensvertrag von 1895. Von da an gehörte Taiwan zu Japans schnell wachsendem pelagischem Reich im Pazifik, und in den darauffolgenden Jahren siedelten sich viele Japaner auf der Insel an; das sollte sich im 20. Jahrhundert ändern. Taiwan war während des Zweiten Weltkriegs von großer strategischer Bedeutung für Militär und Marine Japans. Es verfügte über wichtige Versorgungshäfen und stand deshalb im Fokus US-militärischer Aktionen im Zuge des Zurückdrängens der japanischen Expansion im Pazifik. Am Ende der Kampfhandlungen wurden Truppen der Republik China von der US-Marine auf die Insel verschifft, um die Kapitulation der japanischen Truppen auf der Insel entgegenzunehmen. Die Republik China war 1912 als Folge des Zusammenbruchs der Qing-Dynastie ausgerufen worden. Ihre Selbstbehauptung war durch die Kommunistische Partei Chinas stark gefährdet, die in einem Feldzug versuchte, die Kontrolle über das Land zu erlangen, der, unterbrochen durch Phasen der Kooperation der beiden Republiken, von 1927 bis 1950 dauerte.

Während des Zweiten Weltkriegs kooperierten die beiden Antagonisten zwar gegen die Japaner, aber nach dessen Ende brach der Bürgerkrieg wieder aus, und 1949 hatte die Kommunistische Partei Mao Zedongs die Hauptstadt des Festlands eingenommen. Der Regierungssitz der Republik China wurde nach Taiwan in seine Hauptstadt Taipeh verlegt. Das Ende des Zweiten Weltkriegs und die Friedensverträge hatten Taiwan in einem unklaren internationalen Status gelassen. Die Amerikaner hatten zwar Truppen der Republik China auf die Insel gebracht, waren aber bei den Friedensverhandlungen der Auffassung, dass die Verwaltung Taiwans und seiner kleineren Nachbarinseln an die Regierung des chinesischen Festlands fallen sollte. Die Japaner hatten ihre Ansprüche auf die Insel abgegeben, es war jedoch nicht klar, an wen. Deshalb herrschte Uneinigkeit darüber, ob die Verwaltung der Republik China, die nun in Taipeh residierte, eine legale Regierung war, die international anerkannt werden konnte, oder ob die international anerkannte Regierung die Volksrepublik China sein sollte. Für die Volksrepublik China war Taiwan ein von der Regierung und Militärs ihres Bürgerkriegsgegners unrechtmäßig besetztes Staatsgebiet.

Nach 1949 ging der Konflikt zwischen der Regierung des chinesischen Festlands und der Regierung auf der Insel Taiwan weiter, wenn auch größtenteils unblutig. Der Umzug der Regierung der Republik China schloss zwei Millionen im öffentlichen Dienst Beschäftigte, hochrangige Mitglieder der Gesellschaft und militärisches Personal ein, die zu den sechs Millionen Menschen, die bereits auf Taiwan lebten, dazukamen. Diese Menschen kamen in ein komplexes demografisches, soziales und wirtschaftliches Gefüge, das sich seit der Fremdbesiedelung der Insel im 17. Jahrhundert entwickelt hatte. Der hier dargestellte Atlas zeigt den Versuch, mit dem Zustrom fertig zu werden. Nach 1949 hatte Taiwan eine ähnliche Ausdehnung wie zu Zeiten von Zheng Chenggong (Koxinga), dem Gründer des Königreichs auf Taiwan: ein Dorn im Auge der Regierung des Festlands.

Marxismus und der Pazifik

Nach dem Zweiten Weltkrieg hatten kommunistische Staaten eine bedeutende Präsenz im Pazifik. Sowohl zur UdSSR als auch zur Volksrepublik China gehörten Länder und territoriale Gewässer, die an den Pazifik grenzten. Im späten 20. Jahrhundert zirkulierten viele Ableger der marxistischen Theorie im Pazifik, die alle durch die geopolitische Macht der Amerikaner in dieser Region abgewehrt wurden. Die amerikanische Angst vor kommunistischen und sozialistischen Regierungen im Pazifik ging Hand in Hand mit dem Ende des kolonialen Imperialismus in diesem Ozean. Obwohl dies Möglichkeiten für die Erweiterung des Einflussbereichs der Vereinigten Staaten und Organisationen wie der UNO darstellte, war der Prozess der Dekolonisierung schwierig und zahlreichen Beeinflussungen ausgesetzt. Neben Einflüssen durch demokratische und autokratische politische Systeme gab es parallel auch solche, die von sozialistischem Gedankengut geprägt waren. Der Pazifikkrieg hatte zur Entstehung kommunistischer Gruppen auf den Philippinen, Java und weiteren Orten geführt, die sowohl der amerikanischen als auch der japanischen Besatzung Widerstand geleistet hatten. In den westlichen Staaten war man besorgt, dass es zu einem Dominoeffekt in Ostasien kommen konnte. Jeder Staat, der in Ostasien dem Kommunismus anheimfiele, konnte seinen Einflussbereich auf weitere Nationen auf dem Festland und Inseln wie Indonesien oder Mikronesien im Pazifik ausweiten. Das führte dazu, dass sich die Vereinigten Staaten und andere in den 1950er- und 1960er-Jahren in die Konflikte Koreas und Vietnams einmischten, was zeigte, dass man die politische Entwicklung auf den pazifischen Inseln mit Sorge beobachtete.

Die Aussichten für kommunistische Staaten auf den pazifischen Inseln waren wohl schwieriger. Die Volksrepublik China war während der zweiten Hälfte des 20. Jahrhunderts in einer Pattsituation mit Taiwan und der dort ansässigen Regierung. Mittlerweile betrachtete die UdSSR viele polynesische und mikronesische Inseln und ihre angestammten soziopolitischen Strukturen als Opfer imperialistischer Aggression durch europäische und amerikanische Machthaber. Das hier dargestellte Buch ist ein eigenartiges Werk, das diese Ideologie transportiert. Das 1923 vom Staatsverlag Pedrograd veröffentlichte *Tihookeanskie Skazki* (Pazifikgeschichten) ist eine übersetzte und gekürzte Version der deutschen Veröffentlichung von 1916, *Südseemärchen: Aus Australien, Neu-Guinea, Fidji, Karolinen, Samoa, Tonga, Hawaii, Neu-Seeland*. Ob die russische Version autorisiert war, ist nicht bekannt, aber die Aufmachung wurde dem damals vorherrschenden intellektuellen und ästhetischen Klima Russlands angepasst, daher die konstruktivistische Titelgestaltung.

Tihookeanskie Skazkis genauer Zweck ist schwer zu bestimmen, aber der Pedrograder Staatsverlag wurde im Zuge der Revolution in Russland 1917 gegründet und war ein wichtiger früher Verlag im Umfeld der konstruktivistischen Bewegung, der versuchte, ein tieferes Verständnis für die kommunistischen und marxistischen Prinzipien in Russland zu verbreiten. *Tihookeanskie Skazki* schien in diesem Kanon ein Sonderfall zu sein, aber es spricht vermutlich die präkoloniale und präkapitalistische Geschichte der pazifischen Inseln an, deren „ursprüngliche" Regierungsform, nach Ansicht vieler in der UdSSR, in kommunistische Deutungsmuster passte. Diese Publikation kann als Teil des Versuchs gewertet werden, ein Weltverständnis zu entwickeln, das die

Strukturen und die Geschichte des Kapitalismus zurückdrängt, um Platz für Vorstellungen zu schaffen, die die kommunistische Expansion unterstützten. Der gefürchtete Dominoeffekt blieb zwar aus, dennoch waren die demokratischen Kapitalisten nicht die Einzigen, die ihre Vorstellung für die Zukunft der pazifischen Inseln im 20. Jahrhundert artikulierten.

Titelseite von *Tihookeanskie Skazki* („Pazifikgeschichten"), 1923.

Ein Schatten über dem Pazifik

Die Bomben, die über Hiroshima und Nagasaki abgeworfen wurden, waren nicht die einzigen, die im 20. Jahrhundert im Pazifik detonierten, aber die einzigen, die in einem bewaffneten Konflikt eingesetzt wurden. Die Weltmächte, insbesondere die Vereinigten Staaten, nutzten die Pazifikregion als Testgelände für nachfolgende Generationen von Atomwaffen mit höherer Zerstörungskraft. Gleichzeitig wurden auch die Nachwirkungen von Nuklearwaffen, die Auswirkung von Atompilzen auf Flugzeuge in der Nähe und zahlreiche weitere Faktoren untersucht. Der Pazifik war unzähligen Atomtests ausgesetzt.

Das Eniwetok-Atoll gehört zu den Marshallinseln und war der Ort zahlreicher Atomtests, die ab 1952 durchgeführt wurden; aus diesem Jahr stammt auch die hier gezeigte Karte. Solche Großkreiskarten wurden zur Ermittlung der kürzesten Distanz zwischen zwei Punkten verwendet und auch zur Durchführung und Überwachung der Nuklearwaffentests auf dem Eniwetok-Atoll genutzt. In den darauffolgenden Jahrzehnten wurden dort Dutzende Kernwaffentests mit einer Gesamtsprengkraft von 30 Megatonnen durchgeführt. Das Ergebnis waren ökologische Zerstörung, landschaftliche Veränderung (unter einer riesigen Betonkuppel wird hochradioaktives Material gelagert) und die Umsiedlung der Bewohner des Eniwetok-Atolls. Die Inseln gehörten nach dem Zweiten Weltkrieg zum Treuhandgebiet Pazifische Inseln der Vereinten Nationen. Ihre Verwaltung wurde den Vereinigten Staaten übertragen, deshalb konnten auch Zwangsumsiedlungen durchgeführt werden. Solche Enteignungen fanden auf einigen pazifischen Inseln und in der Wüste Australiens statt – alles, um eine neue Generation von Atomwaffen und ihre Auswirkungen zu testen. Die resultierende ökologische Verwüstung wurde durch das Fehlen von Wissen über die Langzeitauswirkungen des radioaktiven Fallouts durch diese Waffen zusätzlich verschlimmert. Jeder, dem die Rückkehr in das Testgebiet erlaubt worden war, entwickelte degenerative Krankheiten, die sich auch durch die nachfolgenden Generationen zogen. Diese Probleme wurden durch planlose (oft durch politischen Druck und internationale Organisationen erzwungene) Versuche, den Giftmüll der Tests zu beseitigen, noch gravierender. Im 21. Jahrhundert wird immer noch versucht, eine verstärkte Entgiftung der verstrahlten Orte durch die Nationen, die die Atomtests durchführten, gerichtlich zu erzwingen.

Godzilla-Poster, 1954.

(*Rechts*) „Großkreis-Distanzen und Azimute vom Eniwetok-Atoll", 1952.

Die Verwüstungen hatten nachhaltige Folgen für die Gesundheit der Menschen, für die Politik und Kultur im Pazifik. Durch verschiedene Protestbewegungen im 20. Jahrhundert entstanden Kampagnen und Umweltorganisationen, wie die „Kampagne für nukleare Abrüstung". Die Gründung von Greenpeace erfolgte als Reaktion auf einen weiteren geplanten Atomtest der USA auf der nordpazifischen Insel Amchitka. Auch im kulturellen Bereich gab es breit gestreute Bemühungen, das Ausmaß des Terrors und der Verwüstung durch diese Tests und der Atombombe im Allgemeinen in Worte zu fassen und anschaulich zu machen. Während der US-Tests auf dem Bikini-Atoll geriet der japanische Fischkutter *Dai-go Fukuryū-maru* („glücklicher Drache V") in den nuklearen Fallout. Die schrecklichen Auswirkungen auf die Mannschaft sowie das anhaltende Trauma durch die Bomben von Hiroshima und Nagasaki führten zur Entstehung der Figur Godzilla (*Gojira*) als Metapher für die Zerstörungskraft dieser Waffen. Für den Produzenten Tomoyuki Tanaka war ein Filmmonster, das die Schrecken Hiroshimas, Nagasakis und des japanischen Fischkutters verkörperte, ein todsicherer Filmhit in Japan. Etwas unerwartet kam dann der Erfolg, den die (geschnittene) amerikanische Version hatte.

Nuklearwaffen bedeuteten keine großen Veränderungen an der Art, wie Kolonialreiche und fremde Mächte über die vergangenen Jahrhunderte mit dem Pazifik umgegangen sind. Auch sie brachten Tod, Krankheit und Umweltzerstörung. Die Bomben schafften es nur schneller und großflächiger.

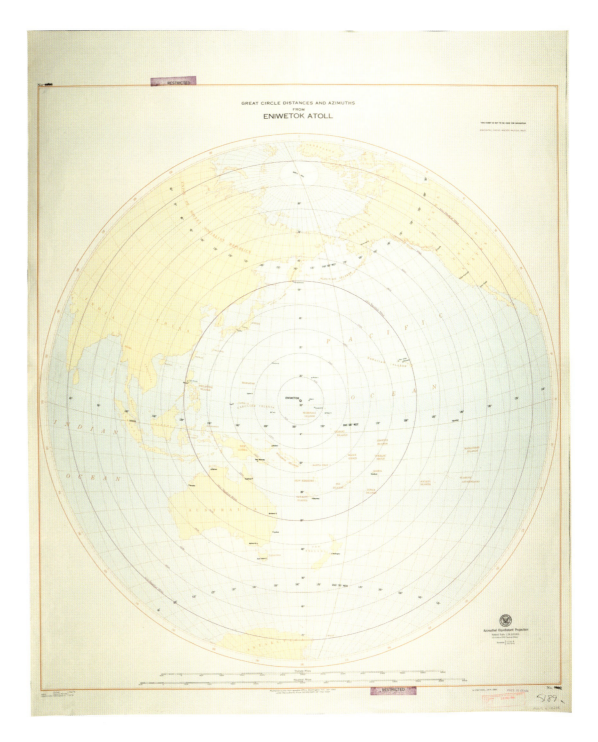

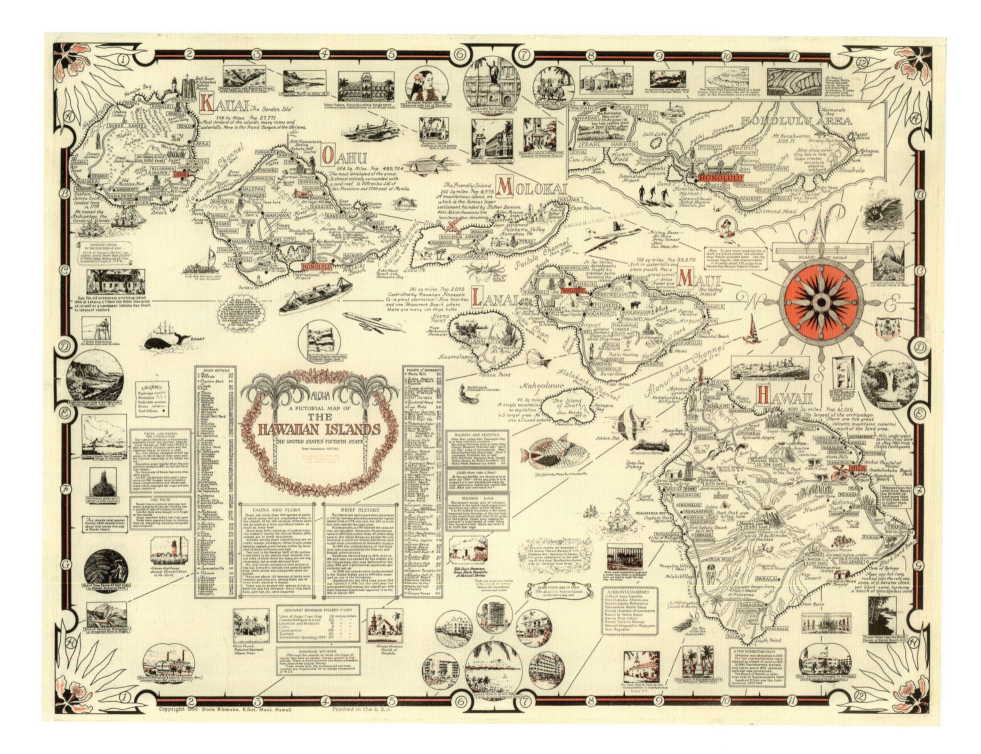

Der fünfzigste Bundesstaat

Hawaii spielte im Zweiten Weltkrieg eine besondere Rolle; es stand im Fokus japanischer Versuche, die militärische Macht Amerikas zu schwächen. Dennoch blieb es in den Kriegsjahren und darüber hinaus eine Militärbasis der Vereinigten Staaten. Durch den erweiterten Einflussbereich der USA im Pazifik, ganz zu schweigen von der Entschlossenheit, jede potenzielle kommunistische Expansion zu verhindern, war Hawaii weiterhin das Herz der amerikanischen Präsenz in diesem Ozean. Dennoch blieb es ein anektiertes Territorium und hatte als solches kaum Einfluss auf Politik und Verwaltung der Vereinigten Staaten.

Viele auf den Inseln verlangten den Status als Bundesstaat und das damit verbundene Mitspracherecht in der US-Politik, die maßgeblichen Einfluss auf den Inseln hatte. Mit der Staatlichkeit war eine Anpassung der Gesetze auf den hawaiianischen Inseln verbunden, was auch erworbene Rechte tangierte, die aus den Ereignissen des späten 19. Jahrhunderts entstanden waren. Dabei handelte es sich unvermeidlich um Vorrechte kolonialer Natur, und sie betrafen Gruppen wie weiße amerikanische Plantagenbesitzer, die die Zuckerproduktion der Inseln kontrollierten. Diese Plantagenbesitzer waren ein großes Hindernis auf dem Weg zur Staatlichkeit – ebenso wie diejenigen, die die Unabhängigkeit wollten. Die Politik in Amerika spielte ebenfalls eine Rolle: Die Demokraten verweigerten lange ihre Zustimmung für einen Bundesstaat, der ihrer Meinung nach republikanisch geprägt wäre.

Dennoch wurde Hawaii Ende der 1950er-Jahre zum 50. Bundesstaat der Vereinigten Staaten. Angesichts der Lage der Inseln im Pazifik, ihrer zentralen Rolle für die amerikanische Vormachtstellung in dieser Region und ihrer wirtschaftlichen Bedeutung für Plantagenwirtschaft und Tourismus lag das auf der Hand. Zudem gab es für Hawaii aufgrund der Ereignisse im 20. Jahrhundert, wie Amerikas Drängen auf die Auflösung der europäischen Kolonialreiche und die Schaffung der Strukturen zur Unabhängigkeit kleinerer Nationen durch die UNO, eigentlich nur zwei Möglichkeiten: Unabhängigkeit oder Aufwertung zum Bundesstaat. Die Lösung ähnlich gelagerter Konflikte auf dem Festland (Alaska, ein demokratisch wählender Staat, wurde kurz vor Hawaii zum Bundesstaat) und eine gut organisierte Abstimmungskampagne auf den Hawaiianischen Inseln erbrachten ab März 1959 einen amerikanischen Bundesstaat im Herzen des Pazifiks.

Nach dem schwierigen Weg dorthin galt es nun, die Unausweichlichkeit dieser Entscheidung durch geeignete Maßnahmen ins allgemeine Bewusstsein zu bringen. Nach dem Votum kamen Karten wie die hier dargestellte auf, die für die Förderung von Wirtschaft und Tourismus werben und zudem ein eigenes (und nachhaltiges) Narrativ über die Beziehung Hawaiis zum Rest der Vereinigten Staaten schaffen sollten. Dabei wurde die Abschaffung der Monarchie als unverzichtbar dargestellt, weil sie nach amerikanischer Überzeugung für überflüssig erachtet wird, während Doles Einsetzung als Gouverneur vor dem gleichen Hintergrund als historisch unproblematisch erschien. Das Tüpfelchen auf dem i war das Wahlergebnis von 1959 (93 % der Wahlberechtigten stimmten für die Bundesstaats-Lösung), das als einstimmig in die Annalen einging. Dies war bei Weitem nicht der Fall, denn der größte Teil der hawaiianischen Ureinwohner war gar nicht gefragt worden.

„Aloha: eine Bildkarte der hawaiianischen Inseln, der 50. Bundesstaat der Vereinigten Staaten", 1960.

Die Stimme der Eingeborenen

Trotz aller Anstrengungen von Missionaren, Kolonialverwaltern und anderen Außenstehenden, das Erbe der Insulaner aufzuzeichnen und dann zu beseitigen, hatten viele pazifische Inseln im 20. Jahrhundert immer noch lebendige Traditionen, die von indigenen Gelehrten hochgehalten wurden. Eine wachsende Zahl von ihnen veröffentlichte historische Werke und Theorien unter eigenem Namen, anders, als es Te Rangikaheke mit George Grey ergangen war. Diese Wendung ist von großer Bedeutung, denn das Bemühen, selbst über die eigene Geschichte, die Legenden und Erinnerungen einer Kultur zu verfügen, ging Hand in Hand mit den Versuchen im 20. Jahrhundert, die Kontrolle über das eigene Land auf den Pazifikinseln zurückzugewinnen. Wie sich vielfach gezeigt hat, ist die Aberkennung der eigenen Geschichte ein wesentlicher Bestandteil der Aberkennung des eigenen Landes.

Das geistige Werk und die Regentschaft von Königin Sālote Tupou III. sind ein typisches Beispiel dafür. Sālote Tupou III. war Mitglied der konstitutionellen Monarchie, die aus dem Tuʻi-Tonga-System hervorging, das seit Jahrhunderten in Tonga regiert. Die Tatsache, dass die tongaischen Inseln niemals kolonisiert wurden, sondern lediglich ein britisches Protektorat waren, war besonders im 20. Jahrhundert ein wichtiger Bestandteil der tongaischen Identität. Regenten wie Sālote Tupou III., die die Erinnerung an die Traditionen wachhielten, sind wichtig für diese Inseln. Während ihrer Regentschaft förderte der Hof Kunst, Geschichte und Archäologie, und Sālote Tupou III. selbst war Dichterin und Komponistin. Ihre Arbeiten konzentrierten sich auf das Leben, die Geschichte und die Rolle der Monarchie auf Tonga. Deshalb war Tongas Identität kohärent und unabhängig und die Bevölkerung identifizierte sich mit der tongaischen Monarchie, als das britische Protektorat 1970 endete.

Viele pazifische Inseln hatten nicht wie Tonga solche traditionellen historischen Strukturen, die sie über die Kolonialzeit hinweg hätten aufrechterhalten können. Inseln wie Neuseeland und Hawaii hatten unter der Erosion ihrer traditionellen Überlieferung durch die Kolonisten gelitten. Dennoch gab es auf den Inseln auch Einzelne, die die Traditionen durch mündlich überlieferte Geschichten und Legenden am Leben hielten und für zukünftige Generationen erhalten wollten. Mary Kawena Pukui war eine hawaiianische Gelehrte, die von 1938 bis 1961 für das Bernice Pauahi Bishop Museum arbeitete. Während dieser Zeit sammelte sie zahllose Geschichten und Legenden aus hawaiianischen Gemeinden. Sie war auch Koautorin der Veröffentlichung über die Ortsnamen von Hawaii und eines hawaiianisch-englischen Wörterbuches. Die Aufzeichnung der Ortsnamen ist besonders wichtig, weil die Umbenennung in koloniale Bezeichnungen einen weiteren Teil der Entfremdung indigener Völker von ihrem Land darstellt; das trifft besonders auf Kulturen zu, in denen die Namensgebung einen hohen Stellenwert hat und besondere Bedeutungen vermittelt, wie auf Hawaii.

Aus den Arbeiten Einzelner, wie Sālote Tupou III. und Mary Kawena Pukui, ist ein neues Identitätsbewusstsein gewachsen, aus dem auch Entkolonialisierungsbewegungen entstanden, die sich für die Wiedereinsetzung indigener Verwaltungen auf ihrem eigenen Land starkmachten. Eines ihrer Ziele war, dass die pazifischen Inseln wieder authentisch wahrgenommen werden sollten.

Porträtfoto von Königin Sālote Tupou III.

Anspruch auf das eigene Land

Obwohl im 20. Jahrhundert die koloniale Herrschaft und Verwaltung in vielen Teilen des Pazifiks endete, gibt es immer noch viele Inseln, auf denen indigene Gemeinden nicht über ihr Land verfügen können und keine politischen Rechte in ihrer Verwaltung haben. Der Inselstaat Hawaii ist nicht der einzige Ort, an dem sich Kolonialregierungen nicht nur dauerhaft etablierten, sondern die Inseln auch vollständig als Siedlungsgebiet vereinnahmen konnten. Vancouver Island, heute Teil der Provinz British Columbia in Kanada, ist die Heimat zahlreicher First-Nation-Gruppen, die im 19. Jahrhundert mit Errichtung einer Fabrik durch die Hudson's Bay Company schrittweise enteignet wurden.

Durch die Enteignung haben die heute lebenden Nachfahren der Ureinwohner auf Inseln wie Vancouver Island keine politischen und kulturellen Rechte an den Teilen der Insel und den dazugehörigen Gewässern, an denen ihre Vorfahren lebten. Oft haben sie nur geringes Mitspracherecht in der Verwaltung und Entwicklung früherer und heutiger Stammesgebiete, wie beim Bau und Verlauf von Öl-Pipelines oder der Festlegung von Fischfangquoten. Vor allem aber lautet die vorherrschende Meinung, dass es die indigenen Völker versäumt hätten, bei der Behörde Anspruch auf ihr Land zu erheben. Deshalb sei es jetzt die Domäne kolonialer Regierungen und ihrer weißen Mehrheit.

Um dem entgegenzuwirken, bedarf es Menschen wie Mary Kawena Pukui, die die indigene Geschichte und Tradition erhalten, sie verbreiten und als Korrektiv der kolonialen Geschichtsschreibung an die Seite stellen.

Lawrence Paul Yuxweluptun, ein von den Küsten-Salish abstammender Künstler, nutzt seine Kunst, um die Wahrnehmung von Geschichte und Wesen indigener Völker zu verändern. In seinen Werken vermischt er indigene und koloniale künstlerische Traditionen. Oft ist die Gebietshoheit sein Thema, und mit Titeln wie *Ceremonies of Possession* in kolonialem Anstrich möchte er zeigen, dass der traditionelle indigene Besitzanspruch

ebenso schwer wiegt wie der von Forschern, Händlern und kolonialen Regierungen.

Künstler wie Yuxweluptun wollen mit ihren Werken die Aufmerksamkeit auf die indigene Kultur lenken. Die „Zeichnung ohne Titel – Langhaus von innen" ist zwar perspektivisch ähnlich geometrisch aufgebaut wie die Werke kolonialer Künstler wie Webber, zeigt aber eine veränderte Szenerie. Statt eine platte, reduktive Ansicht von Raum und Kultur zu präsentieren, ist Yuxweluptuns Werk von lebendiger First-Nation-Kultur bevölkert und gibt einen tieferen Einblick. Dadurch zerbricht er die koloniale Linse und bietet eine indigene Perspektive, die spiritualitäts- und bedeutungsgeladen ist. Auf diese Weise betont Yuxweluptun die zentrale Aussage seiner Arbeit, dass indigene Völker lange vor den kolonialen Kulturen die Inseln bevölkerten und weiterhin Einfluss auf die Sicht dieser Inseln und ihre Zukunft nehmen werden. Diese Künstler sind ein weiterer wichtiger Beitrag zur Entkolonisierung pazifischer Inseln.

(*Oben*) Lawrence Paul Yuxweluptun, Zeichnung ohne Titel (Im Innern eines Langhauses).

(*Links*) Im Innern eines Hauses im Nootka Sund, von John Webber, 1778.

Die Reisenden

Ein zentrales Thema dieses Buches ist die Tatsache, dass die Beziehungen zum Ozean lebenswichtig für die Gesellschaften auf den pazifischen Inseln ist. Vor allem polynesische Seefahrer segelten, nachdem es zu ersten Kontakten mit fremden Schiffen gekommen war, auf Walfängern oder Handelsschiffen um die Welt. Unternehmungen, wie sie einst zur Besiedlung von Inseln wie Neuseeland und Rapa Nui geführt hatten, wurden im 19. Jahrhundert nicht weitergeführt. Durch den Einfluss der kolonialen Seefahrt mit ihrer Navigationspraxis schwand die Bedeutung polynesischer Bootsbau- und Navigationsmethoden auf diesem Ozean.

Während des 20. Jahrhunderts wurden zahlreiche Versuche gestartet, die historische Bedeutung der polynesischen Navigation, ihre technischen Errungenschaften und ihr Potenzial, den Pazifik zu bereisen, wieder aufleben zu lassen. Wohl am eindrucksvollsten sind die weiten Reisen der *Hōkūle'a*, einer Reproduktion eines historischen *Wa'a kauluas* (Reisekatamarans). Ursprünglich eine Inspiration des Künstlers Herb Kāne, sollte die *Hōkūle'a* die hawaiianische Reisetradition wiederbeleben.

1976 verließ der Katamaran Hawaii, um mit Hilfe traditioneller Navigationsmethoden unter der Leitung des Steuermannes Mau Piailug nach Tahiti zu segeln. Die erfolgreiche Ankunft in Tahiti zeigte das Potenzial der polynesischen Navigationskunst, aber auch den Austausch zwischen den Inseln und ihren Gemeinschaften, durch den die pazifischen Inseln einst blühten und gediehen.

Seit ihrer ersten Reise segelte die *Hōkūle'a* nach Neuseeland und Rapa Nui und stellte dadurch die bahnbrechenden Reisen polynesischer Siedler nach, die zur Entstehung des polynesischen Dreiecks führten. Der Katamaran unternahm auch Reisen nach Japan und Nordamerika und legte so von der Vernetzung des Pazifiks Zeugnis ab, die schon lange bestand, bevor die Europäer im Pazifik ankamen – alles nur mithilfe traditioneller polynesischer Navigationstechniken. Die *Hōkūle'a* verkörpert das Thema dieses Buches, sie illustriert die Vernetzung des Pazifiks mit all den unterschiedlichen kulturellen Interaktionen und vor den geschichtlichen Hintergründen.

2014 setzten die *Hōkūle'a* und ein Schwesterschiff, die *Hikianalia*, die Segel und schickten sich an, den Horizont ihrer Navigationskünste in einer dreijährigen Weltumsegelung erneut zu erweitern. Die Reise unter dem Titel *Mālama Honua* (um für unsere Erde zu sorgen) sollte demonstrieren, dass die Polynesier dieselben Herausforderungen bestanden hätten wie die kolonialen Schiffe mit ihren Mannschaften. Die Aufgabe war, jenseits der durch zerstörerischen Konsum gekennzeichneten westlichen Lebenshaltung die Weltumsegelung auf eine natürliche Weise zu realisieren, die die Erde mit ihren Ozeanen ebenso respektiert wie die Menschen, die von ihr abhängig sind.

(*Links und rechts*) *Hōkūle'as* Schwesterschiff, *Hikianalia*, unter Segeln.

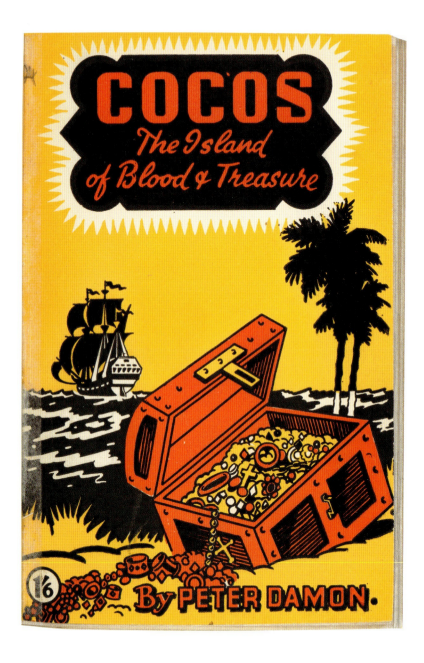
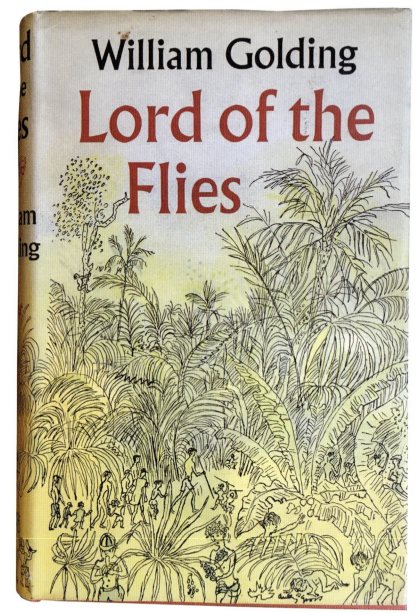

Buchtitel von Damons *Cocos, the Islands of Blood and Treasure* (links) und Goldings *Lord of the Flies* (Herr der Fliegen; rechts).

Geheimnisvolle Inseln

Im 20. Jahrhundert waren die pazifischen Inseln bereits in Literatur und Kultur Europas und Nordamerikas fest verankert. Wir haben bereits gesehen, wie viele bahnbrechende Werke der Belletristik des 18. und 19. Jahrhunderts Motive der pazifischen Inseln, wie Strände und einsame Inseln, verwendeten, um die Fantasie derer zu beflügeln, die diesen Ozean nie gesehen hatten. Dieser Trend hielt auch im 20. Jahrhundert an und wurde durch die damaligen Ereignisse in der Geschichte des Pazifiks bestärkt. William Goldings *Herr der Fliegen* (1954) spielt auf einer abgelegenen Pazifikinsel, die die üppige Kulisse für das Abgleiten der gestrandeten Jungen in Richtung Anarchie und Mord darstellt. Goldings Pazifikinsel-Hintergrund basiert auf der literarischen Vorstellung, die in den vorangegangenen Jahrhunderten aufgebaut worden war, und verbindet sich mit dem damaligen Weltgeschehen. Während das Ende der endgültigen Fassung einfach in einen beginnenden Krieg mündet, wurde in früheren Entwürfen ein nuklearer Aspekt erwähnt.

Im späten 20. Jahrhundert hielten die pazifischen Inseln, real oder erdacht, auch Einzug in die Filmwelt, ebenso wie die inspirierende Geografie der Pazifikregion. Die imaginäre Isolation einsamer Pazifikinseln bildet den Rahmen für Tom Hanks' einsamer Existenz nach einem Flugzeugabsturz im Film *Cast Away* (2000). Das großartige Panorama vulkanischer Pazifikinseln wie Hawaii und der Inseln vor der Küste Südamerikas boten den Raum, in dem sich die Vorstellungen des 20. Jahrhunderts austoben konnten. In Michael Crichtons Roman *Jurassic Park* (1990) wird aus der imaginären Pazifikinsel Isla Nublar eine fantastische Welt, angefüllt mit wiederauferstandenen Dinosauriern, die dort in eingezäuntem Gelände zukünftige Besucher faszinieren sollten. In Crichtons Roman und seiner Fortsetzung befindet sich Isla Nublar vor der Küste Costa Ricas, genau wie ihre reale Inspiration Isla del Coco. Diese Insel ragt steil aus dem Pazifik, ist dicht bewachsen und oft in Nebel gehüllt – die perfekte Kulisse für Crichtons außer Kontrolle geratene Menagerie. Mit seinem Roman gesellt er sich zu den Autoren, denen Berichte, Geschichten, Karten und Fotografien von den pazifischen Inseln in den vergangen Jahrhunderten als Inspiration dienten.

Besonders interessant an *Jurassic Park* ist die vielschichtige Beziehung zwischen den pazifischen Inseln, dem Buch und dem Film. Crichtons Inspiration mag zwar die Isla del Coco gewesen sein, jedoch war sie als Drehort für die Verfilmung dieses Bestsellers nicht geeignet. Stattdessen wurde eine andere Pazifikinsel mit steil abfallenden Klippen und ähnlichen Wetterverhältnissen als zugänglicherer Ersatz gewählt: die hawaiianische Insel Kauai. Ebenfalls interessant ist, wie entvölkert die pazifischen Inseln in den Vorstellungen des 20. Jahrhunderts sind. *Herr der Fliegen* spielt auf einer einsamen Insel (obwohl eine mit Schweinen, was auf eine koloniale Besiedlung in der Vergangenheit hindeutet), ebenso wie *Jurassic Park*, während die Romanverfilmung mit einem entvölkerten Hawaii als Schauplatz für Spielbergs Dinosaurier-Amoklauf aufwartet. In der Vorstellung englischsprachiger Literatur- und Filmwelten sind die pazifischen Inseln immer noch Orte, an denen man sich nach Herzenslust austoben kann; die Anwesenheit indigener Völker wird dabei völlig ignoriert. Bücher und dann Bomben entvölkerten die Pazifikinseln des 20. Jahrhunderts.

Surfen im Pazifik

Im Mai 1769 wurde Sir Joseph Banks, der sich mit James Cook auf der *Endeavour*-Expedition zur Aufzeichnung des Venustransits befand, Zeuge von etwas, das er für bemerkenswert hielt. Er schrieb in sein Tagebuch: „Inmitten der Brandungswellen schwammen zehn bis zwölf Eingeborene, die, immer wenn eine Welle vor ihnen brach, mit unendlicher Leichtigkeit unter ihr wegtauchten, um auf der anderen Seite wieder aufzutauchen; aber das größte Vergnügen bereitete der Hecksteven eines alten Kanus, den sie vor sich hielten und hinausschwammen, dann drehten sie das stumpfe Ende in die Welle, stiegen auf und wurden von der Welle manchmal sogar bis zum Strand getragen, meistens jedoch brach die Welle auf halben Weg über sie hinweg, dann tauchten sie auf der anderen Seite schnell wieder auf, mit dem Steven in Händen; dann schwammen sie wieder hinaus und wiederholten das Ganze."

Banks war wie die meisten damaligen Europäer ein schlechter Schwimmer. Für jemanden, der etwas für ihn so Fremdes beobachtete, brachte er aber die Technik und den Spaß des Surfens bemerkenswert gut auf den Punkt. Dennoch löste Banks' Beschreibung des Surfens keine Massenbegeisterung für dieses Badevergnügen aus; viel interessanter waren damals die europäischen Beschreibungen des Körperkults der Polynesier und ihrer eindrucksvollen Tätowierungen.

Das änderte sich im 19. Jahrhundert, besonders als eine größere Anzahl Europäer und Amerikaner die hawaiianischen Inseln besuchten. In den 1860er-Jahren probierten immer mehr Besucher und Siedler das Surfen und waren fasziniert davon. Mark Twain war auf seiner Reise zu den Inseln von der Grazie und Eleganz der „Surf-Badenden", wie er es nannte, so angetan, dass er beschloss, es selbst zu versuchen. Das Resultat war wenig elegant, wie Twain in seiner Erzählung *Durch Dick und Dünn* berichtet: „Ich hatte das Brett richtig platziert, und auch im richtigen Moment, aber ich war zu langsam. Das Brett landete nach einer Dreiviertelsekunde am Ufer, ich lief ungefähr zur selben auf Grund mit einigen Litern Wasser intus." Twain, hieß es, surfte nie wieder, aber viele taten es und einige koloniale Clubs auf Hawaii nahmen das Surfen als Wassersportart in ihr Freizeitprogramm auf. Das war eine Kehrtwende, weg von den Ansichten vieler Missionare und Kolonisten des späten 18. und frühen 19. Jahrhunderts, die das Surfen als vorchristliche polynesische Tradition betrachteten und deshalb davon abrieten.

Die Einbindung des Surfens in europäische und amerikanische Kolonialkulturen war von weithin sichtbarer Wirkung im 20. Jahrhundert. Das Surfen entwickelte sich zu einer eigenen Subkultur, die alte Wertvorstellungen in vielen Ländern infrage stellte und Umweltbewegungen für einen besseren Umgang mit den Weltmeeren hervorbrachte. Dennoch, obwohl der Sport das polynesische Erbe wiederbelebte und durch seine professionelle Organisation eine stärkere Präsenz auf den pazifischen Inseln hatte, war die Surfkultur des 20. Jahrhunderts tief verbunden mit dem dortigen kolonialen Leben. Das Surfen kam von den pazifischen Inseln und beeinflusste das Leben vieler Menschen auf der ganzen Welt, doch waren die Insulaner nicht unbedingt diejenigen, die es verbreiteten.

(*Oben*) Illustrationen aus Twains *Durch Dick und Dünn*: surfende Frauen (*links*) im Kontrast zu Twains fehlgeschlagenem Versuch (*rechts*).

(*Unten*) Webbers Ansicht von Karakakooa auf Hawaii, auf der im Vordergrund ein Surfer zu sehen ist, 1784.

Die Wissenschaft der Kolonisten

Wissenschaftlicher Fortschritt im Pazifik war immer schon mit Entdeckungsreisen und Kolonisation verbunden. Die berühmteste Forschungsexpedition des 18. Jahrhunderts, die von James Cook, Sir Joseph Banks und der Mannschaft der *Endeavour*, die den Auftrag hatte, in Tahiti den Venustransit aufzuzeichnen, hatte ihre Wurzeln in der damals expandierenden Wissenschaft. Seitdem gehörte ein wissenschaftliches Element zur Mehrzahl der Missionen dazu. Manche von ihnen hatten eine Gruppe von Wissenschaftlern an Bord, wie die Expeditionen, mit denen Charles Darwin, James Dwight Dana und andere in den Pazifik und zu seinen Inseln reisten. Die United States Exploring Expedition, die James Dana in den Pazifik brachte, nahm ihre wissenschaftliche Aufgabe sehr ernst. Zur gleichen Zeit weitete sich der amerikanische Einfluss im Pazifik des 19. Jahrhunderts aus. Wilkes' Expedition, die auf den Fidschi-Inseln für Blutvergießen sorgte und Orte wie Wai Momi (Pearl Harbor) kartografierte, hatte Auswirkungen auf die pazifischen Inseln bis ins 20. Jahrhundert und darüber hinaus.

Das Haleakalā-Observatorium.

Hawaii trug in vielerlei Hinsicht die Hauptlast dieser Wirkungen, denn Wilkes' Beobachtungen bildeten das Gerüst für Amerikas dortige Aktivitäten. Ein weiterer Ort, an dem seine Aktivitäten von dauerhaftem Einfluss waren, ist der Gipfel des Haleakalā, den Wilkes im Rahmen seines Aufenthaltes auf der Insel Maui erklomm und vermaß.

Haleakalā bedeutet „Haus der Sonne" und ist nach hawaiianischer Tradition der Sitz der Großmutter des Halbgottes Maui, der die Sonne einfing und ihren Lauf über den Himmel verlangsamte. Für Hawaiianer ist Haleakalā ein heiliger Ort und Wilkes' Aufstieg und Vermessung des Bergs und des Kraters war der Beginn einer permanenten Respektlosigkeit und, wie viele sagen, kontinuierlichen Entweihung dieses heiligen Orts. Heute ist der Haleakalā-Krater nicht nur Teil eines für Besucher offenen Nationalparks, sondern auch Standort einer wachsenden Anzahl von Observatorien. Auf dem Haleakalā herrschen die passenden atmosphärischen Bedingungen, klare Luft und kaum Lichtverschmutzung, zur Beobachtung des Nachthimmels. Für die Astronomie und die Wissenschaft im Allgemeinen sind diese Observatorien Teil der weltweiten Forschungsarbeit, die uns hilft, das Universum, das uns umgibt, besser zu verstehen. Für die Hawaiianer sind ihr Vorhandensein und der geplante Bau neuer, größerer Teleskope eine Entstellung ihres Heiligtums und das Ergebnis eines Missbrauchs des Gastrechts, das sie Besuchern traditionell gewähren.

Die Debatte über Haleakalās Status als heiliger und wissenschaftlicher Ort wird weitergehen; die Streitigkeiten über die Nutzung heiliger Orte oder das Land der Eingeborenen für wissenschaftliche Zwecke haben eine lange Geschichte. Cooks „Camp Venus" war ein Ort der Auseinandersetzung und Interaktion zwischen der Mannschaft der *Endeavour* und den Einwohnern Tahitis, die sie auf ihrer Insel empfingen. Wenngleich die Beobachtungen Cooks und die heutigen Observatorien Haleakalās von unschätzbarem Wert für unser Verständnis der Erde und des Universums waren und sind, gehen sie zulasten der Bewohner der pazifischen Inseln. Den Inselvölkern brachte der wissenschaftliche Fortschritt vor allem die Entweihung ihrer heiligen Orte.

Die Verschmutzung des Ozeans

Die Eingriffe in die Natur des Pazifiks durch den Menschen begannen schon vor Jahrtausenden; jede Gruppe brachte bedeutende Veränderungen für die Orte, die sie besiedelte. Frühe Seefahrer, die neu entdeckte Inseln zum ersten Mal besiedelten, veränderten die Ökosysteme direkt und indirekt, sowohl durch Bearbeitung und Bepflanzung des Bodens als auch durch Einführung invasiver Spezies. Auch Inselgesellschaften, die ihre Nahrungsmittel aus dem Meer bezogen, konnten durch Aktivitäten wie beispielsweise den Walfang das empfindliche Gleichgewicht ozeanischer Ökosysteme stören. Wenn Inselgesellschaften überleben wollen, müssen sie in ihrer Umgebung aktiv werden, aber diese Eingriffe verliefen, bis auf bemerkenswerte Ausnahmen wie Rapa Nui, auch in umweltverträglicher Weise. Zumindest kam es nicht zu katastrophalen Umweltschäden mit weitreichenden Konsequenzen.

Die Schädigung der Umwelt, die mit dem Vordringen der Europäer in den Pazifik begann, war jedoch größeren Ausmaßes. Kaufleute, die versuchten, den Gewürzhandel zu monopolisieren, zerstörten ganze Ökosysteme und schufen auslaugende Monokulturen auf den betroffenen Inseln. Pelzhändler rotteten die Pelztierbestände des Pazifiks nahezu aus, und Walfänger brachten ganze Spezies an den Rand ihrer Existenz. Diese Eingriffe wurden durch wirtschaftliche und soziale Strukturen befeuert, die Außenstehende in den Pazifik brachten. Dadurch wurden der lokale Tauschhandel zerstört und regionale Güter den gierigen Weltmärkten zugänglich gemacht, deren Nachfrage eine nachhaltige Bedarfsdeckung überstieg, wenn man in Fällen wie der Jagd auf Seeotter überhaupt von Nachhaltigkeit sprechen kann. Dazu kamen noch die katastrophalen Auswirkungen der Atomwaffentests.

Das 20. Jahrhundert ist gekennzeichnet durch die Mobilisierung von Gruppierungen, die auf die gefährliche Ausbeutung der Natur aufmerksam machen und sich für eine Veränderung einsetzen. Der Druck, Veränderungen herbeizuführen, zieht sich durch mehrere Bereiche. Greenpeace beispielsweise ist nicht nur für Kampagnen gegen Kernwaffentests bekannt, sondern auch treibende Kraft im Kampf für ein weltweites Walfangverbot. Mittlerweile konnte ein allgemeines Umweltbewusstsein geschaffen werden, das der zügellosen Ausbeutung natürlicher Ressourcen im Pazifik, die seit dem 16. Jahrhundert nahezu

unkontrolliert stattfand, entgegenwirkt. Doch während in einigen Bereichen Fortschritte gemacht wurden, schaden die Auswirkungen unserer Lebensgewohnheiten dem Ozean nach wie vor, vor allem durch industriellen Fischfang und durch den Müll unserer Wegwerfgesellschaft.

Der sogenannte Große Pazifische Müllstrudel wurde erstmals in den 1980er-Jahren offiziell beschrieben und in den letzten Jahrzehnten weiter beobachtet. Zwischen Kalifornien und Hawaii gibt es eine Ansammlung von Zivilisationsmüll, der durch dieselben Strömungen dorthin gelangt, die frühe europäische Seefahrer in den Pazifik führten. Der Strudel besteht zum Großteil aus Plastikabfall und weggeworfenen Schleppnetzen der Fischdampfer und hat mittlerweile ein Ausmaß von rund 1,6 Millionen Quadratkilometern angenommen – viereinhalbmal so groß wie Deutschland und etwas größer als das „Hawaii Oceanic Reserve", ein Meeresschutzgebiet, das unter der Präsidentschaft Obamas erheblich erweitert wurde. Der Große Pazifische Müllstrudel ist nicht nur eine Ansammlung von Abfall, sondern ein Mahnmal für die Auswirkung der Kolonisation und des westlichen Kapitalismus auf den Pazifik. Die Entfernung des Mülls reicht nicht aus, ein drastisches Umdenken ist erforderlich.

Ein Müllteppich treibt im Meer in Puerto Princesa, Palawan.

(*Links*) Eine Bierdose, eine Plastiktüte und eine Frühstücksfleischdose, fotografiert am Grund des Marianengrabens.

Versinkende Inseln

Die große Biodiversität und die verschiedenen Kulturen der pazifischen Inseln sind wichtige Themen dieses Buches. Wir wissen auch, dass das empfindliche Gleichwicht des Ökosystems einer Insel durch invasive Spezies, menschliche Gemeinschaften und Naturphänomene wie Erdbeben oder Vulkanausbrüche desaströs verändert werden kann. Es ist keine Überraschung, dass Pazifikinseln durch die Auswirkungen der Klimaerwärmung bedroht sind. Wie James Dana und andere bereits feststellten, entstanden viele von ihnen durch vulkanische Prozesse, Bildung von Korallenriffen, Sedimentierung und einige weitere Faktoren, die unabhängig voneinander oder in Kombination den felsigen Untergrund formten. Die Existenz der so entstandenen Landmassen in diesem weiten Ozean ist fragil; neue Windmuster können die Regenhäufigkeit verändern, was besonders Inseln mit geringem natürlichem Grundwasservorkommen träfe, auch Stürme und Sturmfluten können desaströse Auswirkungen haben. Veränderte Nahrungsbedingungen können zu neuen Migrationsmustern der Meerestiere führen, die die Inselbewohner zum Überleben benötigen. Heute ist der Klimawandel die größte Bedrohung für die pazifischen Inseln. Nicht nur, weil eine Klimaveränderung zu extremen Wetterverhältnissen mit einer höheren Wahrscheinlichkeit für Wirbelstürme führt; sie ist auch existenzbedrohend für die Inseln, ihre Ökosysteme und ihre Bevölkerung.

Durch diese Veränderungen drohen die Inseln nicht nur unbewohnbar zu werden, sondern auch komplett zu verschwinden. In den vorangegangenen Jahrzehnten wurden bereits kleinere Inseln im Westpazifik durch den steigenden Meeresspiegel, der mit dem Klimawandel einhergeht, zerstört. Die Salomoneninseln Rapita und Kakatina lagen vor der Küste der Insel Santa Isabel, wie auf dieser Karte zu sehen ist, die 1902 bei der Vermessungsfahrt der *HMS Dart* erstellt wurde. Heute gibt es diese Inseln nicht mehr, sie wurden durch den weltweiten Anstieg des Meeresspiegels zwischen den 1990er- und 2010er-Jahren zerstört. Der Anstieg beträgt rund 6,35 cm. Für Inseln wie Rapita und Kakatina reichte das aus, dass die Küstenlinie durch Stürme und Flutwellen erodierte, bis sie von der Landkarte verschwunden waren. Kakatina, Rapita und weitere verschwundene Inseln der Salomonen waren – abgesehen davon, dass sie ab und an von Fischern genutzt wurden – unbewohnt, aber ihr Verschwinden ist ein Warnsignal für weitere Inseln im Pazifik. Während dieses Buch geschrieben wurde, führten neuere Wetterereignisse vor Hawaii und Japan zur Zerstörung zweier kleiner Inseln, Verluste, die sich auf die Biodiversität und Gebietsansprüche beider Inselgruppen auswirken.

Auf den Salomonen mussten bereits ganze Gemeinden umgesiedelt werden, weil der gestiegene Meeresspiegel die Trinkwasservorräte mit Salzwasser überflutete. Das ist ein kleiner Vorgeschmack auf die Veränderungen, die weitere Inseln im Pazifik erwarten. Nicht nur Nationen mit niedrigen Bevölkerungszahlen sind bedroht. Städte in Hawaii und Japan sind bereits von den Auswirkungen vermehrter tropischer Stürme betroffen; die Bevölkerung anderer Inselnationen lebt hauptsächlich in Küstenstädten. Diejenigen von uns, die außerhalb der Pazifikregion wohnen, dürfen nicht vergessen, dass unsere Politik, unsere Wirtschaft und unsere alltäglichen Gewohnheiten immer noch dramatische Auswirkungen auf diejenigen haben, die auf den pazifischen Inseln leben, auch wenn sich die Kolonialmächte weitgehend zurückgezogen haben. Es liegt in unserer Verantwortung, wie viele Pazifikinseln zukünftig im Meer versinken werden.

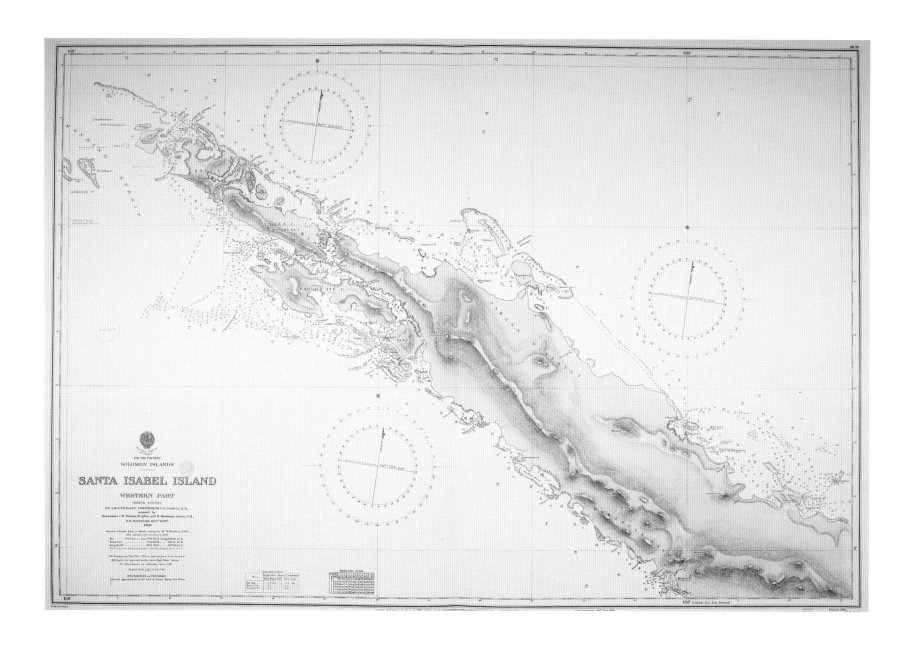

„Santa Isabel Island, Western Part", Admiralitätskarte aus der Vermessung von 1902 durch das Vermessungsschiff *HMS Dart*. Zwei bewohnte Inseln, die mittlerweile verschwunden sind, Rapita und Kakatina, sind hier noch verzeichnet.

Schlusswort: Umkämpfte Inseln

Seit Tausenden von Jahren üben die pazifischen Inseln eine große Anziehungskraft auf Menschen aus, die ein komplexes Netzwerk aus Interaktionen zwischen Mensch und Ozean geschaffen haben. Ihr kulturelles Erbe, von dem dieses Buch handelt, hat eine kürzere Geschichte, dennoch zeugt es von der historischen Verflechtung des pazifischen Raums, seiner Inseln, Ökosysteme und Völker. Das Buch greift auf viele Quellen aus der Sammlung der British Library zurück, und das war eine wohldurchdachte Entscheidung. Die Bezeichnung „British" in British Library bedeutet nicht, dass dort nur englischsprachiges Wissen aufbewahrt wird. Große Namen wie Cook, Banks und Raleigh spielen zwar eine wichtige Rolle – Sir Joseph Banks war einer derjenigen, die den Grundstein für diese Sammlung legte –, doch fordert dies keine verengte Sicht auf das, was dort zusammengetragen wurde.

Selbst in den Bibliotheken von Einzelpersonen wie Banks lag die Betonung stets auf der Sammlung von globalem Wissen, das viele Gebiete, Sprachen und Sichtweisen umfasst. Seit die Begründer dieser Sammlungen ihre Schätze zur Verfügung stellten, wurde der mehrsprachige und kulturübergreifende Anspruch beibehalten und in diesem Sinne bis zum heutigen Tag erweitert. Natürlich spiegeln die Sammlungen eine koloniale Perspektive wider und weniger die Sichtweise der indigenen Völker, bei denen die mündliche Überlieferung im Vordergrund steht, dennoch bieten sie uns unterschiedliche Blickwinkel auf diese Welt.

Während der Recherche zu meinem vorherigen Buch, *Lines in the Ice* (über die Geschichte der Suche nach der Nordwestpassage) stellte ich mir immer wieder eine Frage: „Warum segelte man in den Pazifik?", die schließlich zur Entstehung des vorliegenden Buches führte. Bei der Suche nach Antworten in den Sammlungen der British Library bot sich mir eine Sicht auf den Pazifik, die die historische Wahrnehmung dieses Ozeans in ein anderes Licht rückte. Heraus kam nicht nur eine einfache Geschichte über Menschen wie Cook und ein entstehendes britisches Kolonialreich im Pazifik, sondern etwas Vielschichtiges. Die Gebiete der umfangreichen Sammlung, die in mehr als zwei Jahrhunderten zusammengetragen wurde, beinhalten Asien, Europa, Russland, den amerikanischen Kontinent, Australien, die pazifischen Inseln und Myriaden von Sichtweisen auf diesen Ozean der Inseln. Dieses Buch beleuchtet sicherlich nicht jeden Aspekt des Pazifiks, aber es stellt manche Ansichten der englischsprachigen Welt über diesen Ozean infrage. Der Pazifik ist nicht durch James Cook oder Sir Joseph Banks definiert – Seefahrer und Händler mit ihren vernetzten, sich mit der Zeit wandelnden Kulturen kannten diesen Ozean lange vor den Europäern. Die pazifischen Inseln sind in ihrer Gesamtheit aber auch nicht durch die polynesische Kultur definiert, obwohl man sich das in Europa gerne vorstellt.

Die polynesische Kultur ist natürlich ein wichtiger Bestandteil des Pazifiks; sie verlieh den Inseln ihre Einzigartigkeit, nicht nur im Kontext früher Vernetzungen, sondern auch späterer Bemühungen – beispielsweise die Idee der Polynesischen Konföderation von Kalākaua –, die, wären sie erfolgreich gewesen, einen völlig anderen Ozean der Inseln erschaffen hätten. Es sind alle Inselvölker, die den Pazifik definieren, ob nordamerikanische First Nations, Aleuten aus dem Norden, Japaner, indigene Völker von Formosa (Taiwan), Polynesier, Melanesier oder noch andere Kulturen: Sie alle waren

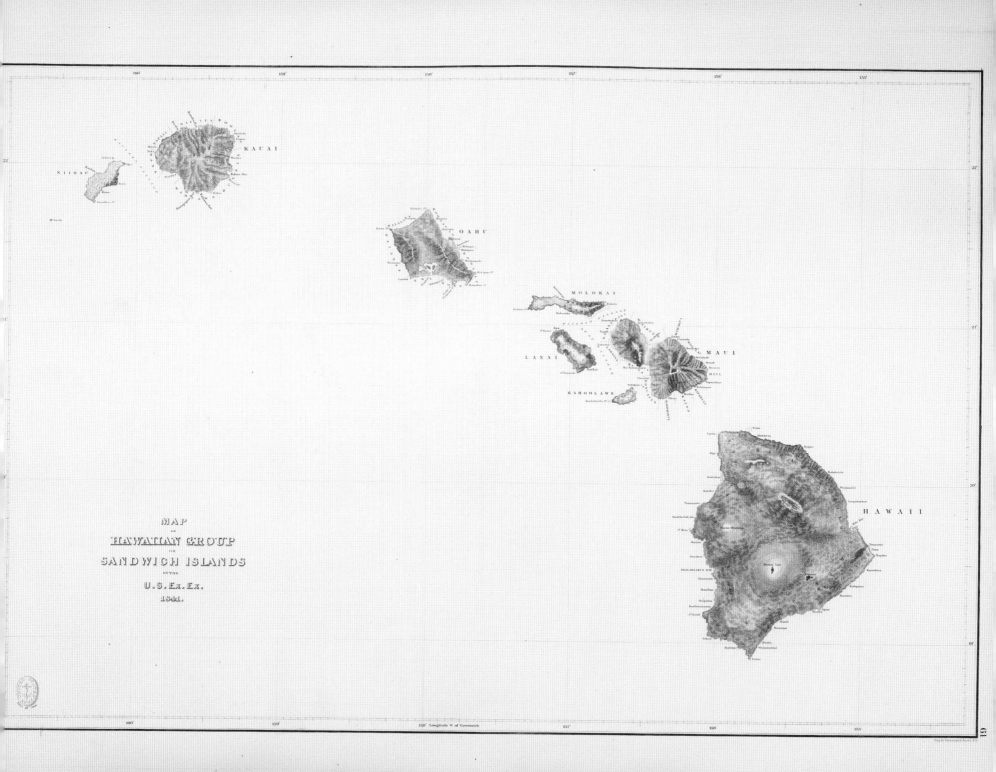

vor Ankunft der Europäer auf verschiedene Weise und zu verschiedenen Zeiten untereinander vernetzt. Danach nahmen diese Verbindungen neue Wege und bestanden in manchen Fällen über größere Entfernungen. Das ist ein wichtiger Punkt. Die Ankunft der Europäer im Pazifik – und all jener, die später kamen, wie die Amerikaner – bedeutete nicht das Ende aller bisherigen Verbindungen, die im pazifischen Raum über lange Zeit Bestand hatten. Die Europäer veränderten einige dieser Netzwerke, entwickelten neue und zerstörten jene, die sie behinderten, aber sie schufen keinen Ozean, der nur mit seinem entsprechenden Hinterland vernetzt ist. Die Themen dieses Buches stützen vielmehr die Thesen Epeli Hauʻofas und weiterer pazifischer Gelehrter, dass dieser Ozean ein Ozean der Inseln ist und eine komplexe Matrix aus Verbindungs- und Kommunikationspfaden zwischen diesen kleinen Landmassen darstellt.

Obwohl der vernetzte Pazifik nicht durch Männer wie Cook und Wilkes entstand, beeinflussten sie doch die Zukunft vieler Inseln in diesem Ozean. Sie sorgten für veränderte Machtverhältnisse und setzten eine Kette von Ereignissen in Gang, die fundamentale Veränderungen in den Inselkulturen, Schädigungen der Umwelt, Krankheit und oft auch Tod zur Folge hatte. Manche Inseln, wie Vancouver Island und Rapa Nui, litten unter eingeschleppten Krankheiten, Entführungen und seismischen Aktivitäten, die heute noch nachwirken. Aber auch Inseln, die es schafften, entweder mit den oder gegen die Kolonialmächte zu arbeiten, wie Japan oder Hawaii, fanden sich schließlich in der Situation wieder, dass fremde Kräfte ihr Schicksal und die Machtverhältnisse im Ozean um sie herum beeinflussten. Allgegenwärtige Erinnerungen an Gestalten wie Cook und La Pérouse lassen viele glauben, dass europäische Mächte im Pazifik die Kräfte im Gleichgewicht hielten und halten. In Wahrheit wurde die geopolitische Vormachtstellung im heutigen Pazifik durch andere geprägt: die weniger bekannten Reisen wie die United States Exploring Expedition und die täglichen Aktivitäten der Walfänger, Pelzjäger, Sandelholzhändler und anderen, die in den Häfen der amerikanischen Ostküste die Segel setzten.

Aus Sammlungen von Institutionen wie der British Library lässt sich vielfältig nachvollziehen, wie der Pazifik im Hinblick auf die geopolitischen Machtverhältnisse zur „Amerikanischen See" geworden ist. Dabei ist es wichtig, diese Sammlungen zu kennen und den geschichtlichen Hintergrund, den sie beschreiben, zu verstehen, nicht nur Information über vergangene Ereignisse, sondern auch zur Interpretation der Zukunft. Im 21. Jahrhundert sind die Verschmutzung des Pazifiks und die Zerstörung der Umwelt Themen, mit denen die Regierungen aller Nationen zu tun haben werden, denn wir müssen uns bewusst machen, dass unser historisches Wirken im Pazifik und weiteren Ozeanen den Pfad beschritt, der uns an diesen Punkt geführt hat. Die Abfallproduktion und die Klimaerwärmung begannen mit dem Gewürzhandel, gingen weiter mit dem Verkauf von Pelzen und dem Verbrennen von Walöl bis zu dem Punkt, an dem wir heute sind. Ebenso hilft uns das Verstehen der schwierigen Geschichte der pazifischen Inseln, die heutige geopolitische Situation zu begreifen. Wir haben gesehen, dass Formosa (Taiwan) vier Jahrhunderte lang von großer strategischer Bedeutung war. Wenn wir das Streben nach Kontrolle strategischer Seewege und Inseln verstehen, das die Vereinigten Staaten mit der schrittweisen Übernahme Hawaiis zeigten, können wir erahnen, dass in den aktuellen Spannungen wegen des Baus künstlicher Inseln im Südchinesischen Meer dieselbe Problematik dabei ist, sich ein Stück weiter zu entwickeln.

Das Buch zeigt auch, dass die politischen Intrigen und Machtkämpfe, die im Pazifik von diversen Nationen ausgefochten wurden, im Laufe der Zeit immer wieder aufflammen. Die amerikanische Vormachtstellung im Pazifik wird nicht ewig dauern, so wie es im Fall von Spanien, China und vielen anderen der Fall war. Was Bestand hat, sind die Völker und Kulturen der pazifischen Inseln. Sie haben sich durch Handel, Migration, Kolonisation und sonstige Einwirkungen weiterentwickelt, und bis jetzt hat der Ozean der vernetzten Inseln ausgehalten. Das wird zukünftig weiterhin der Fall sein, wenn wir durch eigenes Umdenken die Umweltkatastrophe, die diesem Ozean droht, verhindern.

Auswahlbibliografie

Andrade, T., *How Taiwan Became Chinese: Dutch, Spanish and Han Colonization in the Seventeenth century* (New York, 2007)

Armitage, D., and Bashford, A. (eds), *Pacific Histories: Ocean, Land, People* (London, 2014)

Beaglehole, J. C., *The Exploration of the Pacific* (London, 1966)

Bentley, J., *Seascapes: Maritime Histories, Littoral Cultures and Transoceanic Exchanges* (Honolulu, 2007)

Bockstoce, J. R., *The Opening of the Maritime Fur Trade at Bering Strait* (Philadelphia, 2005)

Borthwick, M., *Pacific Century: The Emergence of Modern Pacific Asia* (Boulder, 2007)

Camino, M. M., *Producing the Pacific: Maps and Narratives of Spanish Exploration, 1567–1606* (New York, 2005)

Campbell, I. C., *Worlds Apart: A History of the Pacific Islands* (Christchurch, 2003)

Chambers, N. (ed.), *Endeavouring Banks: Exploring Collections from the 'Endeavour' Voyage, 1768–1771* (London, 2016)

David, A., *The Charts and Coastal Views of Captain Cook's Voyages* (London, 1988)

Driver, F., *Geography Militant: Cultures of Exploration and Empire* (London, 2001)

Druett, J., *Tupaia: Captain Cook's Polynesian Navigator* (Santa Barbra, 2011)

Fischer, S. R., *Island at the End of the World: The Turbulent History of Easter Island* (London, 2005)

Fischer, S. R., *A History of the Pacific Islands* (London, 2013)

Flynn, D. O., and Giraldez, A. (eds), *The Pacific World: Lands, Peoples and History of the Pacific, 1500–1900* (London, 2009)

Frame, W., and Walker, L., *James Cook: The Voyages* (London, 2018; dt. *James Cook: die Reisen*, Hildesheim 2018)

Frankopan, P., *The Silk Road: A New History of the World* (London, 2015; dt. *Licht aus dem Osten. Eine neue Geschichte der Welt*, Reinbek 2016)

Gordon, A., *A Modern History of Japan: From Tokugawa Times to the Present* (Oxford, 2015)

Harris, P. R., *A History of the British Museum Library, 1753–1973* (London, 1998)

Hatfield, P. J., *Lines in the Ice: Exploring the Roof of the World* (London, 2016)

Hatfield, P. J., *Canada in the Frame: Copyright, Collections and the Image of Canada, 1895–1924* (London, 2018)

Hau'ofa, E., *We Are the Ocean: Selected Works* (Honolulu, 2008)

Haycox, S., Barnett, J., and Liburd, C. (eds), *Enlightenment and Exploration in the North Pacific, 1741–1805* (London, 1997)

Igler, D., *The Great Ocean: Pacific Worlds from Captain Cook to the Gold Rush* (Oxford, 2013)

Keighren, I. M., Withers, C. W. J., and Bell, B., *Travels Into Print: Exploration, Writing and Publishing with John Murray, 1773–1859* (Chicago, 2015)

Kirch, P. V., *The Lapita Peoples: Ancestors of the Oceanic World* (Oxford, 1997)

Kirch, P. V., *On the Road of the Winds: An Archaeological History of the Pacific Islands before European Contact* (Berkeley, 2000)

Lal, B. V., and Fortune, K. (eds), *The Pacific Islands: An Encyclopaedia* (Honolulu, 2000)

Lange, R., *Island Ministers: Indigenous Leadership in Nineteenth-Century Pacific Islands* (Canberra, 2005)

Lewis, D., *We the Navigators: The Ancient Art of Landfaring in the Pacific* (Honolulu, 1994)

Lidin, O., *Tanegashima: The Arrival of Europe in Japan* (Honolulu, 2002)

Mandelbrote, G., and Taylor, B. (eds), *Libraries within the Library: The Origins of the British Library's Printed Collections* (London, 2009)

Matsuda, M. K., *Pacific Worlds: A History of Seas, Peoples and Cultures* (Cambridge, 2015)

Murray, D., *Pirates of the South China Coast, 1790–1810* (Stanford, 1987)

Petersen, G., *Traditional Micronesian Societies: Adaptation, Integration and Political Organisation* (Honolulu, 2009)

Philbrick, N., *Away Off Shore: Nantucket Island and its People, 1602–1890* (New York, 2011)

Philbrick, N., *Sea of Glory: America's Voyage of Discovery, The US Exploring Expedition, 1838–1842* (New York, 2003; dt. *Dämonen der See. Die dramatische Expedition zur Erschließung des Pazifiks und der Antarktis (1838–1842)*, München 2006)

Quammen, D., *The Song of the Dodo: Island Biogeography in an Age of Extinctions* (New York, 1996; dt. *Der Gesang des Dodo. Eine Reise durch die Evolution der Inselwelten*, München 2001)

Salmond, A., *Two Worlds: First Meetings between Maoris and Europeans, 1642–1772* (Auckland, 1997)

Scarr, D., *A History of the Pacific Islands: Passages through Tropical Time* (Richmond, 2001)

Silva, N. K., *Aloha Betrayed: Native Hawaiian Resistance to American Colonialism* (Durham, 2004)

Slezkine, Y., *Arctic Mirrors: Russia and the Small Peoples of the North* (Ithaca, 1994)

Spriggs, M., *The Island Melanesians* (Oxford, 1997)

Taylor, J. G., *Indonesia: Peoples and Histories* (New Haven, 2004)

Thomas, N., *Islanders: The Pacific in the Age of Empire* (London, 2010)

Tonnessen, J. N., and Johnsen, A. O., *A History of Modern Whaling* (Berkeley, 1982)

Turner, J., *Spice: The History of a Temptation* (New York, 2008)

Van Dyke, P. A., *The Canton Trade: Life and Enterprise on the China Coast, 1700–1845* (Hong Kong, 2005)

Walker, B. L., *A Concise History of Japan* (Cambridge, 2015)

Worster, D., *Nature's Economy: A History of Ecological Ideas* (Cambridge, 1994)

Danksagung

Dieses Buch wäre ohne die Fragen, die sich aus *Lines in the Ice: Exploring the Roof of the World* ergaben, nicht zustande gekommen. Deshalb bin ich British Library Publishing besonders dankbar für die Möglichkeit, dieses Buch zu veröffentlichen und die faszinierende Recherche weiterzuführen. Besonders Rob Davies und Abbie Day waren eine große Hilfe und unendlich geduldig, während mich Familienzuwachs und neue Aufgaben zusätzlich in Beschlag nahmen.

Dank verdienen auch die Kollegen der British Library, die mich unterstützten oder mir einfach nur zuhörten, während ich in einer Mittagspause grübelte. Tom Harper und Nick Dykes halfen mir bei Fragen zu den Karten und machten mich noch auf wichtige Werke aufmerksam, während Hamish Todd und Kollegen eine große Hilfe bei der Recherche zum japanischen Material in diesem Buch waren. Dank schulde ich auch den Kollegen in den Lesesälen und Magazinen der Bibliothek: Sie sind diejenigen, die die vielen Werke heranschaffen, die man für ein Projekt wie dieses benötigt. Ohne ihre Bemühungen wären das vorliegende Buch und viele andere nie verwirklicht worden.

Abbie und Rob betreuten die Manuskriptbearbeitung, während Sally Nicholls unablässig die weitere Bildrecherche organisierte und die Rechte klärte. Nachdem ich zuvor ein Buch verfasst hatte, für das ich die Rechte an meinen eigenen Bildern zu klären hatte, weiß ich, was Sally und andere in der Bildrecherche leisten, damit diese schönen Bücher von British Library Publishing hergestellt werden können. Ebenso wären wir nicht in Lage, Bücher wie diese zu produzieren, wäre da nicht die Arbeit des Imaging-Teams der British Library und die Unterstützung all jener, die ihre Sammlungen zugänglich machten.

Besonderer Dank gebührt Bob Paterson und David Rumsey für ihre Unterstützung. Bob stellte freundlicherweise seine Ausgabe von *Tihookeanskie Skazki* (Pazifikgeschichten) zur Verfügung und erlaubte die Abbildung des Buchtitels; er war ein wunderbarer Berater. Einige Jahre hatte ich das Vergnügen, mit David Rumsey zu arbeiten, hauptsächlich während meiner Zeit als Kurator für digitale Kartografie in der Bibliothek; er stellte seine erstaunliche private Kartensammlung zur Verfügung, und ich bin ihm sehr dankbar für seine Erlaubnis, einiges davon für dieses Buch verwenden zu dürfen. Die komplette Sammlung ist unter www.davidrumsey.com zu finden. Dank gebührt auch meinem Team im Eccles Centre. Obwohl dieses Buch mein privates Projekt war, bedeutete die Tatsache, dass meine Kollegen Cara Rodway, Jean Petrovic und Philip Abraham wunderbare Arbeit leisten und jeden Tag so angenehm machen, dass ich viel mehr Energie für dieses Buch übrig hatte als erwartet. Ich schätze mich glücklich, mit ihnen allen zusammenarbeiten zu dürfen.

Ferner möchte ich allen Lesern der frühen Entwürfe zu diesem Buch danken, besonders Madeleine Hatfield und Klaus Dodds. Ihre Anregungen trugen zu vielen Verbesserungen bei. Wie immer, bin ich Madeleine für ihre vielfältigen Beiträge zu Dank verpflichtet. Ihre Gedanken, kritischen Anmerkungen, ihr scharfes Auge und ihre Geduld an den Abenden, an denen ich in Arbeit versank, waren ein wichtiger Beitrag zur Fertigstellung dieses Buches. Joshua und Brendan, unsere beiden Söhne, spielten ebenfalls eine wichtige Rolle. Das Buch zeigt uns, dass wir endlich die Verantwortung für unsere Umwelt übernehmen müssen. Für Joshua und Brendan und alle anderen in ihrer Generation ist dieses Buch ein Versprechen, dass ich alles daransetzen werde, diese Welt zu einem besseren Ort zu machen.

Bildnachweis

Umschlagbild. „Vue des Iles Radak sous l'aspect du Vaquois". Louis Choris, *Voyage Pittoresque du Monde*, Paris, 1822. British Library 803.m.19.

2–3. Gavriil Andreevich Sarychev, *Puteshestvie flota kapitana Sarycheva po sieverovostochnoi chasti Sibiri, Ledovitomu moriu i Vostochnomu okeanu [The Voyage of the Fleet of Captain Sarychev to Northeastern Siberia, the Frozen Sea, and the Eastern Ocean.]*, St. Petersburg, 1802. British Library 792.l.12.

4–5. Karte der Südsee. Claas Jansz Vooght, *De groote nieuwe vermeerderde zee-atlas ofte water-werelt*, Amsterdam, 1682. British Library Maps 7.Tab.126.

6. Luftaufnahme der Kiritimati (Weihnachtsinsel), Foto aus Sicht der Crew von Expedition 4 an Bord der Internationalen Raumstation, 16. Januar 2002. NASA.

8–9. Tupaia, Eine Szene in Tahiti, ca. 1769. British Library Add. 15508, f.14.

10–11. Sowek: Ein Pfahldorf an der Nordküste Neuguineas. Friedrich Ratzell, *The History of Mankind*, London, 1898. British Library 572*3343*.

12. Hokusai, Fischerboote bei Choshi in Shimosa, ca. 1833–84, aus der Reihe „One Thousand Pictures of the Ocean". Art Institute, Chicago.

15 oben links. Javanisches Kanu, Zeichnung von John Webber, ca. 1779. British Library Add. 15514 (54).

15 Mitte. Zweier-Kanu, Zeichnung von John Webber, ca. 1777. British Library Add. 15513 (26).

15 oben rechts & unten rechts. „Bateau des Iles Carolines"; Mitte links: „Bateau du port de San Francisco"; Mitte rechts: „Vue d'une ile dans le groupe Krusenstern". Louis Choris, *Voyage Pittoresque du Monde*, Paris, 1822. British Library 803.m.18.

15 unten links & Mitte. „Parao, Bateau de Passage de Manille, and Sarambeau, Radeau de Pêche de Manille". *Voyage de La Pérouse autour du Monde ... rédigé par M. L. A. Milet-Mureau*, Paris, 1797. British Library, 1899.r.27.

16. Vor Kurzem rekonstruiertes Lapita-Gefäß aus dem Vanuatu National Museum. Foto Stephen Alvarez/National Geographic.

19. Kupe mit einem Paddel, Waipapa Marae, Universität von Auckland. Foto Melanie Lovell-Smith, aus Te Ara – the Encyclopedia of New Zealand.

20. Hokusai, Walfang vor der Küste der Goto-Inseln, ca. 1831–1833, aus der Reihe „One Thousand Pictures of the Ocean". Art Institute, Chicago.

21 oben. Insulaner der Aleuten beim Walfang. Henry Wood Elliot, *Our Arctic Province. Alaska and the Seal Islands*, New York, 1886. British Library 10412.ff.28.

21 unten & 22–23. Ezu Saiyudan, Japanischer Walfang, 1803. British Library 16054.d.5.

24. Amerikanische Ureinwohner beim Fischen in Kalifornien. John Harris, *Navigantium atque Itinerantium Bibliotheca*, London, 1764. British Library G.7040–41.

25. Lachswehre der Kenaitze. Henry Wood Elliot, *Our Arctic Province. Alaska and the Seal Islands*, New York, 1886. British Library 10412, ff.28.

26. John Webber, Poulaho, König der Freundschaftsinseln, beim Kavatrinken, ca. 1779–80. British Library Add. 23920, f.101r.

28. Zheng He auf einem Boot. *Records of the Western Ocean*, ca. 1600. British Library 15331.f.2.

29. Zheng Hes Schiff und Route. *Wu Bei Zhi*, ca. 1644. Library of Congress, Washington, D.C.

30. Miniatur, Der große Khan. Marco Polo, *Le devisement du monde (Travels)*, ca. 1333–40. British Library Royal 19 d.1., f.61r.

31. Paolo Forlanis Weltkarte, 1571. British Library Maps K.Top.IV.5.

32. Joan Martines, Karte von Indonesien, 1578. British Library Harley 3450, f.5.

35. Karte der Banda-Inseln. François Valentijn, *Oud en Nieuw Oost-Indien Vervattende…*, Amsterdam, 1724. British Library G.7027–31.

36–37. Petrus Plancius, Insulae Moluccae, 1617. State Library of New South Wales, Sydney.

38. Achem, Sumatra. P. Barretto de Resende, *Maps and Plans of Portuguese and other fortresses in S. Africa and E. India*, 1646. British Library Sloane 197.

39. Moschee von Ternate. Jules Sébastien César Dumont D'Urville, *Voyage au Pole Sud et dans l'Océanie sur les corvettes l'Astrolabe et la Zélée, exécuté ... pendant les années 1837 ... 1840*, Paris, 1846. British Library 1262.k.13.

41. Battista Agnese, Weltkarte mit der Route von Magellans Flotte, 1540. British Library Egerton MS 2854, ff.13v–14.

42. Zeichnung des holländischen Gesandten. British Library Sloane 3060, f.501.

43. Taishokkan, Chinesische Gesandte vor Japan. British Library Or.12440 Vol. 1, f.12v.

44. Die Ostindienroute. British Library Harley 3450, f.3.

45. Drakes Passage. Nicola van Sype, *La heroike enterprinse faict par le signeur Draeck d'avoir circuit toute la terre*, Antwerpen 1581. British Library Maps C.2.a.7.(1.).

46. Michael Rogerius und P. Matthaeus Riccius bei ihrer Ankunft in China. Cornlius Hazart, *Kerckelycke Historie van de Gheheele Werldt*, Antwerpen, 1682. British Library 4520.e.3.

47. Johannes Vingboons, Ansicht auf Manila aus der Vogelperspektive, ca. 1665. Dutch National Archives.

48. Die *Centurion* greift eine spanische Galeone an. George Anson, *A Voyage Round the World*, London, 1748. British Library 212.e.1.

49. Karte mit der Route einer gekaperten Galeone. George Anson, *A Voyage Round the World*, London, 1748. British Library 212.e.1.

50 links. Drakes Angriff auf eine Galeone im März 1579. L. Hulsius, *Collection of Voyages and Travels*, Frankfurt, 1626. British Library C.114.c.21.

50 rechts. Karte der Galapagosinseln. John Harris, *Navigantium atque Itinerantium Bibliotheca*, London, 1764. British Library G.7040–41.

51. Galeone in einer Bucht auf den Philippinen. Theodor de Bry, *America*, Frankfurt, 1601. British Library G.6626.

52. *Neuguinea und die Salomonen*, 1602. British Library Maps C.39.a.4.

55. Karte von Quirós' „Espíritu Santo", kopiert von William Hack, 1698 (orig. 1606). British Library Harley 4034, f.245.

56. Insulaner aus Neuguinea. François Valentijn, *Oud en Nieuw Oost-Indien Vervattende…*, Amsterdam. 1724. British Library G.7027–31.

57. Dampiers Karte von Neuguinea und Neubritannien. John Harris, *Navigantium atque Itinerantium Bibliotheca*, London, 1764. British Library G.7040–41.

58. Karte von Manila. Hipolito Ximeniz, *Topographie de la ciurdad de Manila: capital de las yslas Philipinas*, Manila, ca. 1739. Maps K.Top.116.40.

59. Karte der Philippinen. Pedro Murillo Velarde, *Carta hydrographica y chorographica delas yslas Filipinas*, Manila, 1734.

60. Macau. John Harris, *Navigantium atque Itinerantium Bibliotheca*, London, 1764. British Library G.7040–41.

61. Jakarta. P. Barretto de Resende, *Maps and Plans of Portuguese and other fortresses in S. Africa and E. India*, 1646. British Library Sloane 197.

62. Holländische Portolankarte der Insel Formosa (Taiwan), 17. Jahrhundert. British Library Add. 34184, f.96.

63. Chinesisches Boot mit Bewaffnung zur Piratenabwehr. British Library Add. Or. 1976.

64. Karte von Nagasaki, ca. 1680. British Library Or.75.g.25.

65. Japanische Weltkarte mit unterschiedlichen Menschen aus der ganzen Welt, 1645. British Library Maps *920 (485.).

66. Albert Eckhout zugeschr., *Ostindischer Marktstand in Batavia*, 1640–66. Rijksmuseum, Amsterdam.

67 oben: Karte von Ambon, ca. 1606; unten: Wappen der Niederländischen Ostindien-Kompanie. Rijksmuseum, Amsterdam.

68. Ile de Cocos. Willem Shouten, *Journal ou Description du Merveileux Voyage…*, Amsterdam, 1619. British Library G.6736.

69 links: Karte; oben rechts: Boot von Eingeborenen; unten rechts: Handel mit Pazifikinsulanern. Willem Shouten, *Journal ou Description du Merveileux Voyage…*, Amsterdam, 1619. British Library G.6736.

70–71. Karte. Willem Shouten, *Journal ou Description du Merveileux Voyage…*, Amsterdam, 1619. British Library G.6736.

72. Sir Joseph Banks' Exemplar von Abel Tasmans Tagebuch. British Library Add. 8946, f.72.

73. Sir Joseph Banks' Exemplar von Abel Tasmans Tagebuch. British Library Add. 8946, f.129.

74. William Hack, Karte der Galapagosinseln, 1687. British Library Sloane 45, f.39.

75. Chiloé. William Hack, *Description of the Coast & Islands in the South Sea of America … From the original Spanish manuscripts & our late English Discoverers A Description of all the Ports Bays Rivers Harbours Islands Sands Rocks & Dangers from the Mouth of Calafornia to the Straghts of Lemaire as allso Peyps' [sic] Island in the North Sea near the Straghts of Magellan*, 1698. British Library Maps 7.tab.122.

76. Porträt von Hasekura. Scipione Amati, *Relation und grundtlicher Bericht von des Königreichs Voxu gottseliger Bekehrung*, Ingolstatt, 1617. British Library 1369.g.9.

78–79. „Débarquement à travers les Recifs de l'Isle de Roamnzoff". Louis Choris, *Voyage Pittoresque du Monde*, Paris, 1822. British Library 803.m.19.

80. Japanische Zeichnung von der *Brothers*. British Library Or 14755.

82. Fische und Pflanzen von Neuguinea. William Dampier, *A Collection of Voyages*, London, 1729. British Library 673.c.12.

83. Karte von Dampiers Reise 1699. William Dampier, *A Collection of Voyages*, London, 1729. British Library 673.c.12.

84 links: Herman Moll, *A New and Exact Map of the Coast Countries and Islands within the Limits of the South Sea Company*, London, 1726. British Library Maps K. Top.124.7.84; rechts: *Luzifers neue Ruderbarke*, ca. 1721. Satire on Robert Knight. Wellcome Collection.

87. Moai-Satuen. *Voyage de La Pérouse autour du Monde … rédigé par M. L. A. Milet-Mureau*, Paris, 1796. State Library of New South Wales, Sydney.

89. Alexander Johnston, *Physikalische Karte des Pazifischen Ozeans*. London, 1856. British Library Maps 48.f.17.

90. *A Map of the Discoveries made by the Russians on the North West Coast of America. Published by the Royal Academy of Sciences at St. Petersburg … Republished by Thomas Jefferys*, London, 1761. British Library 981.e.17.

93. Tupaias Zeichnung einer Marae, ca. 1769. British Library Add. 15508, ff.16 and 17.

95. Herman Spöring, *Fort Venus*, 1769. British Library Add. 7085, f.8 (a–d).

96. Sir Joseph Banks, porträtiert von Benjamin West, 1773. Museum of New Zealand Te Papa Tongarewa.

97. Sydney Parkinson, Maori-Porträts, ca. 1769. British Library Add 23920, f.54a.

98. Tupaias Karte der Inseln um Tahiti, ca. 1769. British Library Add. 21593C.

101. Charles Meryon, *Death of Marion Du Fresne*, ca. 1842. Alexander Turnbull Library/National Library of New Zealand.

102. Gerald Fitzgerald, *The Injured Islanders*, London, 1779. British Library 643.k.24.

105 oben links: „Missionary House and Environs in the Island of Otaheite"; oben rechts: „Great Morai of Temarre in Pappare in Otaheite"; unten links: „Morai and Altar in Attahooro with the Eatooa and Teees"; unten rechts: „The Afiatookas of FuttaFaihe at Mooa in Tongataboo." William Wilson, *A Missionary Voyage to the Southern Pacific Ocean*, London, 1799. British Library G.2861.

107. Porträt von Mai. British Library Add. 23921, f.45r.

108. Illustration hawaiianischer Artefakte. Louis Choris, *Voyage Pittoresque du Monde*, Paris, 1822. British Library 803.m.18.

109. John Webber, *Ansicht von Morai auf O'Whyhee*, ca. 1779. British Library Add. 15513, f.27.

110. John Webber, *Ansicht von Nootka Sound*, ca. 1779. British Library Add. 15514, f.7.

112. Brotfrucht. Louis Choris, *Voyage Pittoresque du Monde*, Paris, 1822. British Library 803.m.18.

113 oben: Die Ladefläche der HMS *Bounty*. William Bligh, *A Voyage to the South Sea*, London, 1792. British Library L.R.293.b.5; unten: *Plan eines Sklavenschiffs*. London, 1789. British Library 1881.d.8.

114. Friday Fletcher October Christian. John Shillibeer, *A Narrative of the Briton's Voyage to Pitcairn Island*, London 1818. British Library 566.d.21.

115. Pitcairn Island. John Shillibeer, *A Narrative of the Briton's Voyage to Pitcairn Island*, London 1818. British Library 566.d.21.

116 links: Szene aus Adrien Paul, *Willis the Pilot A sequel to the Swiss Family Robinson*, London, 1857. British Library 12842.ee.11; rechts: Queequeg mit seiner Harpune, Illustration von I. W. Taber. Herman Melville, *Moby Dick*, London, 1900. British Library 012622.ee.10.(4.).

117. Haiangriff, Illustration von R. M. Ballantyne, *The Coral Island*, London, 1858. British Library C.194.a.540.

118. Skizze von „Friendly Cove. John Meares, *Voyages made in the years 1788 and 1789, from China to the north west coast of America*, London, 1790. British Library G.2281.(1).

119. „Die Jungfernfahrt der Northwest America im Nootka Sund. Das erste Schiff, das in diesem Teil der Erde gebaut wurde". John Meares, *Voyages made in the years 1788 and 1789, from China to the north west coast of America*, London, 1790. British Library G.2281.(1).

120. Aleutische Inselbewohner. Gavriil Andreevich Sarychev, *Puteshestvīe flota kapitana Sarycheva po sieverovostochnoi chasti Sibiri, Ledovitomu moriu i Vostochnomu okeanu [The Voyage of the Fleet of Captain Sarychev to Northeastern Siberia, the Frozen Sea, and the Eastern Ocean.]*, St. Petersburg, 1802. British Library 792.l.12.

121. Karte der Beringstraße. Gavriil Andreevich Sarychev, *Puteshestvīe flota kapitana Sarycheva po sieverovostochnoi chasti Sibiri, Ledovitomu moriu i Vostochnomu okeanu [The Voyage of the Fleet of Captain Sarychev to Northeastern Siberia, the Frozen Sea, and the Eastern Ocean.]*, St. Petersburg, 1802. British Library 792.l.12.

122. Fregatten vor der Island of Mowee. *Voyage de La Pérouse autour du Monde ... rédigé par M. L. A. Milet-Mureau*, Paris, 1796. State Library of New South Wales, Sydney.

123. Karte von La Pérouses Reise aus dem posthum veröffentlichten Reisebericht. *Voyage de La Pérouse autour du Monde ... rédigé par M. L. A. Milet-Mureau*, Paris, 1797. British Library 1045.f.14.

124. King Kamehameha I von Hawaii. Louis Choris, *Voyage Pittoresque du Monde*, Paris, 1822. British Library 803.m.18.

125. Königin Ka'ahumanu. Louis Choris, *Voyage Pittoresque du Monde*, Paris, 1822. British Library 803.m.18.

126. Captain David Porter. David Porter, *A Voyage in the South Seas, in the years 1812, 1813, and 1814, with particular details of the Gallipagos and Washington Islands ...*, London, 1823. British Library 10493, ff.51.

127. Madisonville. David Porter, *A Voyage in the South Seas, in the years 1812, 1813, and 1814, with particular details of the Gallipagos and Washington Islands ...*, London, 1823. British Library 10493, ff.51.

128. Blick auf den russisch-amerikanischen Handelsposten Novo Arkhangelsk (heute Sitka). Staatsarchiv der russischen Marine, St. Petersburg.

129. Ansicht von Port Hanarourou. Louis Choris, *Voyage Pittoresque du Monde*, Paris, 1822. New York Public Library.

130. Nagasaki. A. J. von Krusenstern, *Voyage round the world in the years 1803, 1804, 1805 & 1806*, London 1813. British Library V.10129.

132–133. Japanische Zeichnungen von der Brothers, ihrer Crew und verschiedenen Objekten. British Library Or 14755.

134. Karte von Van-Diemens-Land mit Hobart und Launceston, 1838. British Library Maps 92488.(3.).

135. Hobart Town, Van-Diemens-Land, W. J. Huggins & E. Duncan, London, 1830. British Library Maps 188.r.1.(2.).

136. Gefängnis in Neukaledonien. *Picturesque Atlas of Australasia*, Sydney & Melbourne, 1861. British Library Maps 151.a.1.

137. Strafgefangene beim Straßenbau in Neukaledonien. *Picturesque Atlas of Australasia*, Sydney & Melbourne, 1861. British Library Maps 151.a.1.

138 links: Felice Beato, Foto von Prince Kung, 1860. British Library Photo 353/26; rechts: Felice Beato, Foto von Sir James Hope Grant, 1860. British Library Photo 353/(25).

139. Das eiserne Dampfschiff Nemesis der Ostindien-Kompanie zerstört am 7. Januar 1841 chinesische Kriegsschunken in Ansons Bay, E. Duncan, 1843. Mit freundlicher Genehmigung des Council of the National Army Museum.

140. Karte der Insel Nantucket und eines Teils von Martha's Vineyard, London, 1775. British Library Maps 184.m.3.

141. Einfahrt zur Bay of Islands mit der Flagge des Amerikanischen Konsuls James Reddy Clendon. National Library of Australia.

142. Ein Pottwal wird harpuniert. Robert Hamilton, *The Natural History of the ordinary cetacea or whales*, London, 1843. British Library 1150. a. 4.

143. M. F. Maury, Karte der Walbestände, 1852. Barry Lawrence Ruderman Antique Maps.

144 links: Beispiele von Finkenschnäbeln. Charles Darwin, *Journal of researches into the natural history and geology of the countries visited during the voyage of H.M.S. Beagle round the world, under the command of Capt. Fitz Roy, R.N.*, London, 1860. British Library RB.23.a.4931; unten: Galapagos-Meerechse. Charles Darwin, *The Zoology of the Voyage of H.M.S. Beagle, under the command of Captain Fitzroy, R.N., during the years 1832 to 1836 ...*, London, 1832. British Library 791.l.18.

145. Galapagos-Finken. Charles Darwin, *The Zoology of the Voyage of H.M.S. Beagle, under the command of Captain Fitzroy, R.N., during the years 1832 to 1836 ...*, London, 1832. British Library 791.l.18.

146. Karte des Oregon-Territoriums. Charles Wilkes, *Narrative of the U.S. Exploring Expedition*, Philadelphia, 1850. British Library Map 145.e.7.

147 oben: Karte der Route der US Exploring Expedition. Charles Wilkes, *Narrative of the U.S. Exploring Expedition*, Philadelphia, 1850. British Library Map 145.e.7; unten: Charles Wilkes. New York Public Library.

148. „Stammestanz, Feejee". Charles Wilkes, *Narrative of the U.S. Exploring Expedition*, Philadelphia, 1850. British Library Map 145.e.7.

149. „Karte der Fidschi-Inseln". Charles Wilkes, *Narrative of the U.S. Exploring Expedition*, Philadelphia, 1850. British Library Map 145.e.6.

151 oben Mitte, unten links und rechts: Naturhistorische Illustrationen, J. C. Dana. Charles Wilkes, *Narrative of the U.S. Exploring Expedition*, Philadelphia, 1850. British Library 14000.i; oben links: „Aprosmictus splendens" und „Aprosmictus personatus" von T. R. Peale; oben rechts: „Corvus hawaiiensis Peale" von T. R. Peale; unten Mitte: „Todiramphus vitiensis" von T. R. Peale. Charles Wilkes, *Narrative of the U.S. Exploring Expedition*, Philadelphia, 1850. British Library 14000.i.

152. Arbeiter aus dem Pazifik pflanzen Zuckerrohr. State Library of Queensland.

153. Rekrutierung von Arbeitern auf den Neuen Hebriden, 1892. State Library of Queensland.

154 links: Zwangsrekrutierung von Südseeinsulanern zur Arbeit auf den Plantagen von Queensland, 1893. State Library of Queensland; rechts: Beschlagnahme des Schoners *Daphne* durch die *HMS Rosario*. State Library of Victoria.

155. Insulaner an Deck eines Schiffes bei der Ankunft in Bundaberg, 1895. State Library of Queensland.

157. George Grey, *Polynesian mythology, and ancient traditional history of the New Zealand race as furnished by their priests and chiefs*, London, 1855. British Library 4505.c.11.

158. Japanische Schriftrolle, die die Ankunft von Commodore Perrys Schiffen. British Library Or.16453.

159. Ein Mann und ein Junge beobachten am Hafen ein amerikanisches Dampfschiff. Library of Congress, Washington, D.C.

160. Karte von Vancouver Island. George Vancouver, *Atlas*, London, 1798. British Library 1899.r.42.

161. Illustration von „English Camp", Insel San Juan. Beinecke Library, Yale University.

163. Karte der U.S. Air Force mit Zeitzonen und Datumsgrenze, 1947. British Library Maps 920.(430).

164. Foto von King David Kalakaua, ca. 1882. Hawaii State Archives.

165. Kalākauas Besuch der Vereinigten Staaten als Gast bei Präsident Grant, 1874 Frank Leslie's Illustrated Newspaper, 2 January 1875.

166. Persiflage auf die Handlungen Sanford B. Doles. Puck Magazine, 1 December 1897. Library of Congress, Washington, D.C.

167 oben: Karte des Pazifiks zeigt die strategische Bedeutung der Inseln. Lorrin A. Thurston, *A Hand-book on the Annexation of Hawaii*, St. Joseph, Michigan, 1897. British Library 8176.bb.37; unten: Karte mit dem Bereich des Pazifiks, für den Hawaii die einzige Möglichkeit bietet, Vorräte aufzufüllen. Lorrin A. Thurston, *A Hand-book on the Annexation of Hawaii*, St. Joseph, Michigan, 1897. British Library 8176.bb.37.

168. Kisaburō Oharas Oktopus-Karte, 1904. Cornell University Library.

169 oben: Schlacht von Tschemulpo. British Library N.Tab.2005.(12); unten: Uchida Kuichi, Der Meji-Kaiser, 1871. British Library Photo 1224//5 (1).

170–171. Hiroshima. *The Effects of Atomic Bombs on Hiroshima and Nagasaki*, United States Strategic Bombing Survey, Washington, 1946. British Library A.S.760/4 (1.).

172. Surfer im Hafen von Honolulu. Stereofoto, 1915. Library of Congress, Washington, D.C.

175. Karte des japanischen Königreiches, 1919. Private Sammlung.

176. Ein Pionier-Bataillon führt im Bois-de-Warnimont einen Haka für Joseph George Ward auf, 30. Juni 1918. Royal New Zealand Returned and Services' Association: New Zealand official negatives, World War 1914–1918. Alexander Turnbull Library, Wellington, New Zealand.

177. Karte zur Erinnerung an den Eintritt Japans in den Ersten Weltkrieg. The David Rumsey Map Collection, www.davidrumsey.com.

178. Der Angriff auf Pearl Harbor, Dezember 1941. Library of Congress. Washington, D.C.

179. Karte „Das erste Kriegsjahr in Fernost",1943. British Library Maps MOD MDR Misc 2285.

180. Nihon Kotsu Kosha, Karte von Hiroshima, 1947. The David Rumsey Map Collection, www.davidrumsey.com.

181. Detonation der Atombombe über Nagasaki. Nagasaki Prefecture Report. *The Effects of Atomic Bombs on Hiroshima and Nagasaki*, United States Strategic Bombing Survey, Washington, 1946. British Library A.S.760/4 (1.).

182. Blick in nordwestlicher Richtung vom Dach des beschädigten Rotkreuzkrankenhauses in Hiroshima. *The Effects of Atomic Bombs on Hiroshima and Nagasaki*, United States Strategic Bombing Survey, Washington, 1946. British Library A.S.760/4 (1.).

183. Nagasaki vor und nach dem Einschlag. *The Effects of Atomic Bombs on Hiroshima and Nagasaki*, United States Strategic Bombing Survey, Washington, 1946. British Library A.S.760/4 (1.).

184. Chen Zhengxiang, *Taiwan dili tuji [Geographical Atlas of Taiwan]*, Taipei, 1959. British Library (KB) CA 085 (T).

187. Pazifikgeschichten. *Tihookeanskie Skazki*, Petrogad, 1923. Private Sammlung.

188. Tomoyuki Tanaka, *Gojira [Godzilla]*, Poster, 1954. Toho co. Ltd.

189 Großkreis-Distanzen und Azimute vom Eniwetok-Atoll. British Librayr Maps X.12606.

190. Ernest Dudley Chase, *Aloha. A Pictorial Map of the Hawaiian Islands, The United States' Fiftieth State*, Maui, 1960. The David Rumsey Map Collection, www.davidrumsey.com.

193. Porträtfoto von Königin Sālote Tupou III., 1968. Photo Luis Marden/National Geographic/Getty Images.

194. In Innern eines Hauses im Nootka Sund, John Webber, ca. 1780. British Library Add. 23921, f.83.

195. Lawrence Paul Yuxweluptun, Ohne Titel (Im Innern eines Langhauses), Reservation, 1987. Mit freundlicher Genehmigung von Lawrence Paul Yuxweluptun. Photo Scott Massey/Site Photography.

196 & 197. Hikianalia. Polynesian Voyaging Society.

198 links: Peter Damon, *Cocos. Island of blood and treasure*, Dublin, 1946. British Library 012635.b.32; rechts: William Golding, *Lord of the Flies*, London, 1954. British Library Cup.409.c.59.

201 oben: Surfende Frauen (links) im Kontrast zu Twains fehlgeschlagenem Versuch. Mark Twain, *Roughing It*, Hartford, 1872. British Library 1560/629; unten: John Webbers „Ansicht von Karakakooa auf Hawaii". James Cook, *A Voyage to the Pacific Ocean*, London, 1784. British Library Maps 36.f.8.

202. Das Haleakalā-Observatorium, Maui, Hawaii, 2018. Fotodrohne.

204 links: Eine Bierdose in 3780 Metern Tiefe, Enigma Seamount. Mit freundlicher Genehmigung von 222. Mitte: Eine Plastiktüte, vermutlich von Bord eines Fischerboots, ebenfalls in Enigma Seamount; rechts: Frühstücksfleischdose in 4947 Metern Tiefe fotografiert am Grund des Marianengrabens. Mit freundlicher Genehmigung des NOAA Office of Ocean Exploration and Research, 2016 Deepwater Exploration of the Marianas.

205. Ein Müllteppich treibt im Meer in Puerto Princesa, Palawan. Photo southeast asia/Alamy Stock Photo.

207. Santa Isabel Island, Western Part, Admiralitätskarte aus der Vermessung von 1902 durch das Vermessungsschiff *HMS Dart*. British Library Maps B. A. C.12 (3402).

209. Karte der Sandwich-Inseln [Hawaii]. Charles Wilkes, *Narrative of the U.S. Exploring Expedition*, Philadelphia, 1850. British Library Map 145.e.6.212.

212. Joan Martines, Karte von Japan und der Küste Chinas, 1578. British Library Harley 3450, f.16.

221. „Vue de l'Isle de St. Paul dans la mer de Kamtchatka (avec des lions marins)". Louis Choris, *Voyage Pittoresque du Monde*, Paris, 1822. British Library 803.m.19.

224. „Pirogue douhle sous son Hangard (Ile Vavao)". Jules Sébastien César Dumont D'Urville, *Voyage au Pole Sud et dans l'Océanie sur les corvettes l'Astrolabe et la Zélée, exécuté ... pendant les années 1837 ... 1840*, Paris, 1846. British Library 1262.k.13.

Register

(Kursive Seitenzahlen beziehen sich auf Bilder/Überschriften.)

Aborigines 21
Acapulco 49
Achem *38, 39*
Adams, John 115
Agnese, Battista *40, 41*
Ahutoru 106
Alaska 111, 120–121, 122, 162, 191
Aleuten 7, 17, 20, *21*, 24, 91, 120–121, *120, 121,* 208
Ambon 67
Amerikanische See 146–147, 209
Amerikanisches Amt für Waffen und Hydrografie 142, *143*
Angkor Wat 30
Anson, George *61*
Aotearoa siehe Neuseeland
Australia del Espíritu Santo 54
Australische Ureinwohner 7, 99
Austronesier 17

Balboa, Vasco Núñez de 9, 40
Banda-Inseln *34,* 35
Banksinsel 111
Banks, Sir Joseph 9, 14, *73,* 83, 93, 96–97, *97,* 99, 106, 112–113, *113,* 150, 173, 200, 203, 208
Bay of Islands 100, 141, *141*
Bering, Vitus Johannsen *90,* 91, *91,* 120–121
Beidarka (Kajak) 14, 91
Bikini-Atoll 189
Billings, Joseph 120–121
Bligh, William 112–113, *113,* 114, 148

Bodega y Quadra, Juan Francisco de la 118
Bolivien 67
Botany Bay 123
Bougainville, Louis de 100, 106
Brasilien 40
British Library 97, 98, 208, 209, 211, 214
Brothers 131, *132–133*
Buache, Philippe 111

Cape Virgenes 40
Cacafuego 50, 51
Callao 53, 54
Chenggong 63, 185
Chile 116, 127, 153
Choris, Louis *108,* 113, *124, 129*
Christian, Fletcher October *114,* 115, *115*
Chumash 24, *25*
Clendon, James R, 141, *141*
Cocos (Insel) *68, 198,* 199
Coen, Jan Pieterszoon 69
Columbus 103
Cook, Capt. James 7–9, 14, 30, 77, 83, 92–112, 99, *107,* 118–119, 122–123, 126, 128, 134, 145, 146, 156, 200, 203, 208, 209
Costa Rica 199

Damon, Peter *198*
Dampier, Capt. William 57, *57,* 82–83, *82, 85,* 96
Dana, James Dwight 144, 150, *150,* 173, 203, 206
Darwin, Charles 9, 144–145, *145,* 150, 173, 203

Datumsgrenze 115, 162, *162, 163*
de Bry, Theodor *51*
Deshima (Insel) 65
Die Wunder der Welt 30, *30, 31*
Diepenbeeck, A. van *47*
Dillon, Capt. Peter 123
Dole, Sanford Ballard 166, *166,* 191
Drake, Sir Francis 45, *45,* 50, 51, 68, 74, 116
du Fresne, Marc Joseph Marion 100, *101*

Eckhout, Albert *67*
El Niño 88
Elfenbeinhandel 50
Ellis, William Wade 108, *108*
Emma, Königing 164
Eniwetak-Atoll 188, *188, 189*
Espíritu Santo (Insel) 54, *54, 55*

Fidschi 17, 147, 148–149, *148, 149,* 203
First Nations 194, 195, 208
Forlani, Paolo 30, *31*
Formosa (Taiwan) 17, 60, *62,* 63, *63,* 103, 185, 186, 208, 209
Fort Venus 94, *95,* 100
Franklin, Sir John 123
Friday (Thursday) 115
Frobisher, Martin 44

gaijin (outsiders) 43
Galapagosinseln *50,* 75, 85, 144–145, *145*
Gama, Vasco da 34
Gastaldi, Giacomo 30
Gaytan, Juan 108
Geschichte von Japan (Kaempfer) *42,* 43

Gesellschaftsinseln 99
Gewürzhandel 34, 38, 50, 67, 80
Gewürzinseln 34, *35, 36–37,* 38, 40, 43, 48, 66, 103
Godzilla (*Gojira*) *188,* 189
Golding, William *198,* 199
Grant, Ulysses S. *165*
Great Barrier Reef 94, 123
Grey, Sir George 156, *156,* 192
Großer Khan (Kublai Khan) 30, *30, 31*
Großer Pazifischer Müllstrudel 205
Guangzhou (Kanton) 63, 111, 138, 139

Hack, William *54,* 75
Haka *176, 177*
Haleakalā *202,* 203, *203*
Harris, John 24, *50, 57, 61*
Hasekura Tsunenga *76,* 77, 106
Hau'ofa, Epeli 13, 99, 174, 210
Hawaii 92, 103, 108–9, *108,* 111, 122, 124–125, 128–129, 140, 147, 150, 156, 164, 166–167, *167,* 168, 178, 186, *190,* 191, *191,* 192, 196, 198, 200, 203, 205, 206, 210
Hawkesworth, John 97
Herr der Fliegen (Golding) 117, *198,* 199
Hikianalia 196, *196, 197*
Hirohito, Kaiser 180
Hiroshige-Farbholzschnitt *159*
Hiroshima 180, *180, 181, 182, 183,* 188, 189
Hobart Town 134, 135
Hōkūle'a 196, *196*
Hokusai 21
Houtman, Frederik de 67
Hudson, Henry 44

Hudson's Bay Company 161, 194
Humboldt, Alexander von 144

Indonesien 17, *32*, 33, *33*, 34, *67*, 69, 186
„Insulae Moluccae " *35*, *36–37*

Jakarta (Batavia) 58, *61*, *67*, 96, 99
Japanisches Meer 43
Java 186
Johnston, Alexander *88*

Ka'ahumanu, Königin *124*, *125*
Kaempfer, Engelbert *43*
Kaiju 7, *188*
Kakatina (Insel) 206, *207*
Kalākaua, König 164–165, *164*, *165*, 166, 168, 173, 177, 178, 208
Kamehameha Dynastie 109, 124–125, *124*, 128, 164
Kamtschatka 111
Kanaken 137
Kane, Herb 196
Kap der guten Hoffnung 34, 68, 131
Kap Hoorn 44, 45, 67, 68, 82, 127, 131
Karakakooa 200, *201*
Kava 26, 27, *27*
Khan, Kublai (der große Khan) 30, *30*, *31*
Khmer 30
Kiritimati (Weihnachtsinsel) *6*, 7, *7*
Kisaburo Ohara *169*
Knight, Robert *84*
Koxinga 63, 185
Krusenstern, Adam Johann von 131
Küsten-Salish 24, 194
Küstenländer *84*
Kung (Yixin), Prinz *138*
Kupe 18, *19*
Kuramārōtini 18
Kwajalein-Atoll 162

La Pérouse (Jean-François de Galaup) 77, 86, 122–3, *122*, *123*, 209
Lachs 20, *24*, 25, *25*
Lapita 17, 18, 53, 56, 63, 77, 92
Le Maire, Jacob 68–9

Le-Maire-Straße 69
Legazpi, Don Miguel Lopez de 48
Lili'uokalani, Königin 166
Lim Ah Hong 63
Lima 153
Literatur (Bücher) 116–117, *116*, *117*, 140–1, *198*, *199*, *200*
„Luzifers neue Ruderbarke" *84*

Macau 58, *61*, 131
McKinley, William 167
Madisonville *126*, *127*
Magellan, Ferdinand (Fernão de Magalhães) 40, 44, 48, *68*, 69
Magellanstraße 40, 45, 68
Mai (Omai) 106, *107*, 111
Majapahiten 38
Malacca, Enrique de 41, 77, 106
Malakka 34, 38, 40, 44, 58
Malaiische Halbinsel 34, 38, 42, 44, 63, 81, 86, 93
Mālama Honua 196
Manifest Destiny 158, 160–161, 166
Manila 46, *47*, 49, 50, 51, 57, 58, 82
Maori 13, 18, 73, 94, 97, 99, 100, 141, 157
Mappae mundi 33
Maquinna (Häuptling) 118–119, 128
Mar Pacifico (Stiller Ozean) 40
Marae *92*, *93*
Marco Polo 30–31, 33, 53
Marianengraben *204*, *205*
Marquesas-Inseln 54, 127
Marsh, William (Wiremu Maihi) 156
Marshallinseln 188
Martha's Vineyard *140*, *141*
Martines, Joan 33, *33*, *44*
Mas a Tierra 117
Mau Piailug 196
Meares, John 118, *119*
Meiji-Restoration 168, *169*, 173
Melanesier 17, 18, 27, 53
Mendaña de Neyra, Álvaro de 53, 54
Mendoza, García Hurtado de (Graf von Cañete) 54

Meneses, Don Jorge de 57
Mercator, Gerard 33
Mercator-Projektionsweltkarten 162
Mikronesier 17, 18, 27, 53, 186
Ming Dynastie 28, 63
Moai-Statuen *86*, *87*
Moll, Herman *84*, *85*
Morus, Thomas 54
Mowee (Insel) 122
Müll *204*, *205*
Muralag 21
Murray, John 156

Nagasaki 65, *65*, 66, *130*, 131, *131*, 180, *181*, *183*, 188, 189
Nantucket 106, 140–141, *140*, *141*
Navigantium (Harris) 25, *50*, *57*, *61*
Neubritannien (Nova Britannia) 57
Neue Hebriden *151*
Neues Jerusalem 54
Neuguinea (Nova Guinea) 17, 53, 56–57, *56*, *57*, 77, 82
Neukaledonien 17, *136*, 137, *137*
Neufundland 96
Neuseeland 8, 13–14, 18, 66, 73, 92, 94, 100, 136, 140–141, 156, 176, 192, 196
New South Wales 153
Ngare 100, *101*
Ngāti Tumatakokiri 73
Nihon Kotsu Kosha 180, *181*
Nootka 111, 118–19, *119*
Nordostpassage 7, 44
Nordwestpassage 7, 44, 51, 107, 108, 111, 120, 208
Norfolk Island 136
Nostra Sengnora de Covadonga 48
Novo Arkhangelsk (Sitka) *129*
Nuesta Señora de la Concepción (*Cacafuego*) *50*, 51
Nuu-Chah-Nulth 20, 24, 25, *110*, 111, *111*, 128

Ökosystem 7, 13, 14, 20, 25,26, 34, 73, 80, 86, 204–205, 207, 208
Opium 138–9, 148, 168
Oro-Kult 92

Ostindien-Kompanie (VOC) 34, 57, 66–67, *67*, 68–69, 72–73, 75, 83, 84, 86, 138, *139*
Ostindischer Marktstand in Batavia *66*, *67*
Oud en Nieuw Oost-Indien 34, *34*, *35*, *56*, *57*
Ozean der Inseln 8, 13, *98*, 99, *99*
Ozeanien 53

Palawan (Insel) *205*
Parameswara 38
Parkinson, Sydney *96*, *97*
Pearl Harbor s. Wai Momi
Pelagisches Reich 174, *174*, *175*, 184
Perry, Cmdre Matthew 158–159, *159*, 158, 161, 168, 174
Perry, Francis *61*
Peru 53, 54
Philippinen 27, 29, 33, 41, 44, 46, 48, 50, *51*, 58, 60, 77, 159, 162, 167, 186
„Physikalische Karte des Pazifischen Ozeans" *88*, *89*
Piraterie 38, 60, 63, 74, 82, 84
Pitcairn (Insel) *115*
Plancius, Petrus *35*
Plantagen 34, 112, 139, *153*, *154*, 190
Porter, Kapitän David 126–167, *126*
Potosí 67
Poulaho … 26, *27*
Puck 166
Pukui, Mary Kawena 192, 194
Pu'uloa 178

Qing-Dynastie 63, 138, 185
Quirós, Pedro Fernandes de 54, *54*, 57

Raiatea 14, 92, 96, 99, 106
Rapa Nui (Osterinsel) 17, 86–87, 88, 92, 99, 103, 122, 153, 196, 204, 209
Rapita (Insel) 206, *207*
Records of the Western Ocean 29
Relation und Grundtlicher Bericht … 76
Retes, Íñigo Ortiz de 57
Riccius, P. Matthaeus 46, *47*
Robinson Crusoe 117
Rogerius, Michael 46, *47*

Roggeveen, Jacob 86
Roi Mata 18
Rousseau, Jean-Jacques 106
Russisch–amerikanischer Handelsposten *128, 129*

Saiyudan, Ezu *21*
Sakoku-Edikt 64–65, 131
Salomon, König 53
Salomonen (Inseln) 17, 53, 54, 123, 179, 206
Sālote Tupou III., Königin 192, *193*
Samoa 17, 176
San Juan (Insel) 160, *161*
Santa Isabel (Insel) *207*
Sarychev, Gavril 120–121, *121*
Schouten, Willem 67, 68–69, *68, 69, 70*
Selkirk, Alexander 117
Sharp, Capt. Bartholomew 74–75, 82–83, 85, 116
Seide 43, 50
Shōgun Ieyasu 64
Siam 38
Singapur 131
Sklaverei 34, 67, *113*, 120, 138–139, 151–153
Solander, Daniel 96
Spanische See 48, 50–51, 53, 66, 74, 77, 85, 126
Spöring, H. D. *94*, 96
Stevens, John L. 166
Strand 152, 198, 200,
Südseeinseln 122, *154,*
Südseemärchen 186
Sumatra *39*, 60
Swift, Jonathan 116

Tabu 108
Tahiti *8–9*, 14, 18, 92, 94, 96–97, *98*, 99, *99*, 100, 103, 104, 106, 108, 111, 112, 196, 203
Taipeh 185
Taishokkan 43, *43*
Taiwan *s.* Formosa
Tanegashima 43
Tasman, Abel Janzoon 72–73, *73*, 94, 148
Tasmanien 72, 136

Te Rangikaheke 156, 192
Ternate *39*
Terra Australis (großes südliches Land) (Locach) 30, 33, 53, 54, 57, *70–71*, 72, 73, 82–83, 86, 94
The Injured Islanders (1779) *102*, 103, *103*
Tiat (Plankenboot) 24
Tihookeanskie Skazki 186, *187*
Tokugawa-Shogunat 64, 168
Tomoyuki Tanaka 189
Tonga 17, 66, 67, 69, 192
Torres, Luis Váez de 57
Torres-Strait-Insulaner 21
Trepang (Seegurken) 21
Tuba 27, 50
Tu'i Tonga 18, 192
Tupaia 9, *9*, 14, 92, *92*, 96, 99, *99*, 106
Twain, Mark 200, *200, 201*

United States Exporing Expedition 114, 144, 146, *146, 147, 149, 150*, 178, 203, 209
Uraga-Bucht *158, 159*
Urdaneta, André de 48–9
Urville, Jules Dumont d' *39*

Valparaiso 127
Van-Diemens-Land 72, 73, *134*, 136
Vancouver Island 7, 20, 24, 25, 111, 118, 121, 128, 156, 160–161, *160*, 194, 209
Vanikoro (Insel) 123
Vanuatu 17, *17*, 18, 54
Veidovi (Häuptling) 149
Venus 94, *94, 95*, 100, 106, 200, 203
Vietnam 186
Vingboons, Johannes *47*

Wa'a kaulua 14, 196
Wai Momi (Pearl Harbor) 147, 178–179, *178*, 203
Waipapa Marae *19*
Walfang 20–21, *20, 21–23*, 109, 114, 124, 126, 129, 140–141, 142, *142, 143*, 146, 153, 166, 173, 204
Ward, Joseph George *176, 177*
Webber, John 27, *27*, 111, 195, *200*
West, Benjamin 96, *97*

Wilkes, Leutnant Charles 114, 146–147, *147*, 148–149, 150, 158, 160, 179, 203, 209
Wilson, Capt. James 104
Wubei Zhi 29

Xiamen 139

Yuan-Dynastie 30
Yuquot 118
Yuxweluptun, Lawrence Paul 194, 195, *195*

Zheng Chenggong (Koxinga) 63, 185
Zheng He 28, *28, 29*

EQVINOC

mamora
euey
quilmata
beleiton
marilantes
foror nacapua tubas
amandura tabana
calapara
puloar
bambam
tubau libala c: Guinapao gulino
ruda
java majori siretta libaira
brulano dipoi beru zolon
suo marito

tubua
pallo nucopara timor

ISOLI MALV

cimara
Isola di jauaminori
c: di Gojaui

lap